W0088470

Inhalt

Einleitung

Au Clos du Château, in den späten sechziger Jahren erbaut, liegt am Rand eines kleinen, malerischen Dorfes etwa dreißig Kilometer von Genf entfernt. Auf drei Seiten ist es von sanft ansteigenden Weinbergen umgeben. Das Grundstück hat zwei Ebenen: Der obere, abgeschiedenere Teil ist mehr oder weniger wie ein traditioneller Garten angelegt, während der untere ein richtiges Freizeitparadies ist – samt Whirlpool, Sauna und einem Swimmingpool, den man mit einer originellen hydraulischen Vorrichtung abdecken kann, wenn er nicht in Gebrauch ist.

In der Ferne schimmert der Genfer See im Sonnenlicht, und an klaren Tagen kann man den Mont Blanc sehen, der sich majestätisch am Horizont erhebt. Mit dem steilen Dach aus roten und grauen Ziegeln und mit dem efeuumrankten Türmchen (in dem sich die halbkreisförmige Eingangshalle befindet) wirkt Au Clos du Château ausgesprochen elegant, aber gleichzeitig ganz unprätentiös – passend zu seinem absolut unprätentiösen Besitzer: Peter Ustinov.

Im Haus herrscht eine entspannte und freundliche Atmosphäre. Bei meiner Ankunft hört man aus den Schlafzimmer im Erdgeschoß die Fernsehübertragung eines Tennisspiels, das über Satellit empfangen wird; irgendwo klingelt ein Telefon, und ab und zu dringt Geschirrgeklapper aus der Küche, wo Amandio, der portugiesische Haushälter der Ustinovs, das Mittagessen zubereitet.

In dem hellen und geräumigen Salon sind die Wände mit sonnengelbem Stoff tapeziert; Seidenvorhänge im gleichen Farbton umrahmen die vier großen Fenster. Überall entdeckt man Hinweise darauf, was für ein aktives, vielbeschäftigtes Leben Peter Ustinov führt. Als ich ihn besuchte, hatte er gerade eine zweimonatige Reise durch England, Deutschland, die Tschechoslowakei, Italien, Holland, Kanada und die USA hinter sich und war erst drei Tage zuvor aus Moskau zurückgekehrt. Nun war er schon wieder auf dem Sprung nach Cancun in Mexiko, wo er mit seiner Frau Hélène einen Monat verbringen wollte.

Überall wo Platz ist – vor allem auf den Tischchen neben den beiden hellbraunen Ledersofas und auf dem gläsernen Couchtisch – stapeln sich in buntem Durcheinander Papiere, Drehbücher, Briefe, Bücher und Zeitschriften. Außerdem unzählige klassische

Schallplatten – Ustinov liebt Musik. Eine Sammlung erlesener Kunstschätze zeigt seinen Sinn für schöne und seltene Objekte. An einer Wand steht, etwas verdeckt durch ein hohes weißes Bücherregal, ein antiker chinesischer Wandschirm aus handbemalter Seide, mit den typischen stilisierten Blumen auf dunklem Hintergrund. Peter Ustinov hat ihn irgendwo in Paris aufgetrieben. Daneben zwei »naive« Holzfiguren, mexikanische Soldaten in blauer Uniform. Auf dem Klavier – einem Bösendorfer Stutzflügel – sieht man zwei Skulpturen von Ustinovs Sohn Igor und vor dem offenen Kamin eine bronzene Buddha-Büste in holder Eintracht mit einer Statue, die, in Robe und Tiara, einem altehrwürdigen Bischof gleicht. Ustinov entdeckte sie in einem Antiquitätengeschäft in San Antonio, Texas. Sie stammt aus einer mexikanischen Kathedrale und stellt keinen Geringeren als Gottvater selbst dar.

In diesem Raum, dem durch die großzügige Fensterfront gewisse Beschränkungen auferlegt sind, hängen an den Wänden weniger Bilder als man bei einem Mann mit so viel Kunstverstand erwarten würde – Ustinov besitzt eine Privatsammlung von Gemälden und Zeichnungen, auf die jeder Kenner stolz wäre. Um nur ein paar Beispiele zu nennen: eine wunderschöne Studie eines lesenden Mädchens von Renoir; eine Kopie von Rubens' *Krönung der Katharina de Medici,* die so gekonnt gemacht ist, daß es sich »um einen Delacroix oder einen Isabey« handeln könnte; drei Studien von Alfred Stevens, einem Freund Manets und ein großes Aquarell von Kokoschka. Unter den Zeichnungen sind Werke von Daumier, Forain, Sabattini, Valotton und Steinlen, außerdem Skizzen von Tiepolo und Zeichnungen von Rowlandson.

Im Salon von Clos du Château ist jedoch keines der erwähnten Bilder zu finden. Hier hängt über dem Kamin ein Werk von Cuyp – eine *Grisaille* mit Reiter und Knappen, in gedämpften Braun- und Grautönen – und daneben zwei moderne japanische Gemälde. Am faszinierendsten – zumindest meiner Meinung nach – ist das große abstrakte Bild von Rufino Tamayo, Mexikos bedeutendstem zeitgenössischem Maler, ein Geschenk von Elizabeth Taylor und Richard Burton. Zwei kunstvoll gerahmte Bilder lehnen ganz unauffällig an der Wand. Das eine ist ein nachdenkliches Porträt von Peters Vater, das andere ein Brustbild von Peter als 13jährigem Jungen. Beide sind Werke seiner berühmten Mutter, der Malerin und Designerin Nadia Benois.

Peter Ustinov und seine dritte Frau Hélène du Lau d'Allemans in seinem schweizer Weinberg vor dem Chalet (1974).

»Ich hab' sie erst mal dahingestellt«, erklärt Peter, »weil ich mich nicht recht entscheiden kann, ob ich sie dem Familienmuseum in Rußland vermachen soll.«

Ustinov hat dieses eher bescheidene aber eigenwillige Chalet 1971 gekauft. Das Ambiente strahlt Gemütlichkeit und unaufdringliche Vornehmheit aus. Im Gegensatz zu vielen »Star«-Residenzen in England und vor allem in den USA ist Au Clos du Château zuerst und vor allem ein Zuhause, weder ordinär noch protzig, und spiegelt sehr stark die Persönlichkeit seines Besitzers wider.

»Ich mag keine Räume, die von Innenarchitekten gestaltet worden sind«, erklärt Ustinov, »da habe ich immer das Gefühl, ich sitze auf der Bühne – gleich geht der Vorhang auf, und ich kann meinen Text nicht.«

Bei aller Geselligkeit genießt Ustinov die Ruhe und Abgeschiedenheit seines Heims. »Die Schweiz ist der ideale Ort, um zu arbeiten oder zu schreiben«, bemerkte er einmal. »Man wird in Frieden gelassen. Seit Strawinsky hier in der Nähe sein *Sacre du printemps* komponiert hat, kann die Leute in der Gegend nichts mehr erschüttern.«

Während wir uns hier unterhalten, kann man sich kaum vorstellen, daß Peter Ustinov, der mir in einem leuchtend blauen Pullover und einer bequemen hellgrauen Hose gegenübersitzt, die Ruhe und den Frieden dieser Umgebung stören könnte. Er gilt als ungeheuer konzentriert und zielstrebig, egal wo er gerade ist – einmal begann er während einer turbulenten Party ein Theaterstück zu schreiben. Zu Hause arbeitet er im ersten Stock, in einem spärlich möblierten Studio, das man über eine Wendeltreppe erreicht. Der Raum quillt über mit Büchern, Papieren und Schallplatten. Auf dem Schreibtisch stehen verschiedene Auszeichnungen – als erstes fällt einem der Oscar auf, den er 1960 für die Rolle des Batiatus in *Spartacus* bekommen hat (»Batiatus ist ein mieser kleiner Geschäftsmann, dabei aber sehr menschlich«); ein Emmy – einer von dreien –, mit dem er für die Titelrolle der Fernsehproduktion von *The Life of Samuel Johnson* (Das Leben des Samuel Johnson) ausgezeichnet wurde, und der Drama-Preis des *Evening Standard* – entworfen von Henry Moore – für sein Stück *Romanoff and Juliet* (Romanoff und Julia), das 1956 in London uraufgeführt wurde.

Um nicht abgelenkt zu werden, ist der Schreibtisch so aufgestellt, daß man ins Zimmer schaut. Unendlich viele Briefe warten darauf, beantwortet zu werden – darunter Anfragen, ob er ein neues Buch schreiben oder an einer Veranstaltung teilnehmen oder ein neues Produkt unterstützen möchte. Ustinov zeigt mir die erste ökologische Armbanduhr der Welt, ganz aus »unbedrohtem« Holz hergestellt. »Ich wollte gerade sagen ›Ja, das gefällt mir‹, da hat die Firma Konkurs gemacht« erzählt er lachend.

Peter Ustinov bekommt Fan-Post aus der ganzen Welt. Die meisten Briefe werden sackweise in sein Pariser Büro geschickt, das Liliane Couturier leitet. Seit über zwanzig Jahren arbeitet sie als seine Sekretärin. »Es kommt so viel Post, daß Peter sie unmöglich allein bewältigen kann«, meint Liliane. »Am liebsten würde er alle Briefe persönlich beantworten, aber dafür hat er keine Zeit.«

Wir begeben uns auf die untere Terrassenebene, wo Ustinov mir seinen Weinkeller zeigt: Weine aus Burgund und vom Clos du Château. In seinen Weinbergen gedeiht ein leichter Weißwein – jedes Jahr gut 4000 Flaschen, die großenteils in der näheren Umgebung verkauft werden. »Ein anspruchsloses Weinchen«, erklärt Ustinov auf seine typische Art, »ein bißchen kribbelig, ideal für Hochzeiten, Scheidungen, Taufen, Jubiläumsfeiern und solche Sachen«.

Peter Ustinov, der einmal als »Englands Ein-Mann-Leuchtturm der Glasnost« bezeichnet wurde, empfängt im Clos du Château viele Gäste. »Die Schweiz ist sehr international«, meint Hélène Ustinov, »und weil wir in der Nähe von Genf wohnen, schauen viele Leute bei Peter herein«. VIPs und Journalisten, Filmemacher und Geschäftsleute pilgern zum Clos du Château, wenn sie in Genf sind, und in einem Interview der *Sunday Times* vom September 1989 erzählte Peter Ustinov der Journalistin Valerie Grove von einem solchen Besuch:

> »Ein paar wichtige Vertreter des Schweizer Roten Kreuzes kamen in einer sehr ernsten Angelegenheit zu mir, und als sie meine Satelittschüssel sahen, meinten sie: ›Wir dachten, nur öffentliche Gebäude hätten so etwas.‹ ›Nein, Privathäuser auch‹, habe ich geantwortet, ›möchten Sie irgend etwas sehen?‹ Sie schauten auf die Uhr und sagten: ›Ja, gern.‹
> Und dann hörte man, mitten in der Schweiz, mitten am Vormittag, wie Dr. Ruth sagt (und Ustinov ahmt die Stimme perfekt nach): und übertreibt's nicht mit den Vibratoren, Mädchen! Vergeßt eines nicht: es gibt nichts, was den Penis ersetzen könnte.« – »Ich muß sagen«, fügt Ustinov hinzu, »Dr. Ruth ist in der Schweiz völlig fehl am Platz«.

Wie die meisten Leute findet Ustinov das Fernsehen ärgerlich und unterhaltsam zugleich. Michael O'Mara, einer seiner britischen Verleger, erzählte mir: »Peter liegt für sein Leben gern auf seinem riesigen Bett – wie Nero oder so jemand – und sieht fern. Er empfängt amerikanische Nachrichten, die er maßlos witzig findet. Dann sitzt er vor dem großen Bildschirm und unterhält sich dauernd mit ihm. Egal, was er sich ansieht – er ist immer völlig absorbiert. Nehmen Sie ›Irangate‹: Solche Skandale findet Peter einerseits widerlich, aber andererseits auch irgendwie amüsant. Alles, was er sieht, geht zum einen Ohr hinein – und kommt durch den Mund wieder heraus. Wenn er zum Beispiel die Berichte über ›Irangate‹ verfolgt, dann kann es sein, daß er plötzlich seinem Haushälter zuruft – der übrigens kein Wort Englisch versteht: ›Würden Sie mir bitte noch ein Glas von diesem gottverdammten Wein bringen?‹ – und das in einem waschechten amerikanischen Akzent. Tonfall und Ausdrucksweise, alles stimmt. Unglaublich komisch.«

Peter Ustinov ist der geborene Unterhaltungskünstler – er möchte, daß sich alle Leute in seiner Umgebung wohl fühlen. Als im November 1972 die Silberhochzeit von Königin Elizabeth und Prinz Philip gefeiert wurde und der Prinz von Wales und Prinzessin Anne einen exklusiven Gala-Abend veranstalteten, fungierte Peter Ustinov als Conférencier. Anschließend sagte Prinz Charles zu ihm: »Ihre Genialität ist unübertroffen.«

»Lachen ist die beste Medizin«, sagt Ustinov. »Humor ist das, was uns von den Tieren unterscheidet, und Witz ist meine Art, ernst zu sein. Ich finde, eine Komödie ist in Wirklichkeit eine schiefgegangene Tragödie und eine Tragödie eine schiefgegangene Komödie. Im Leben liegen die Extreme nah beieinander. Ich bin schnell gerührt und empfinde Humor sehr stark als stabilisierenden Faktor, weil er leicht in Ironie verwandelt werden kann. Es gibt vieles, was mir ungeheuer wichtig ist, aber wenn ich darüber rede, kommt es eher ironisch heraus und nicht dramatisch und bedeutungsschwer.« Bis vor einiger Zeit mag das gestimmt haben. Aber inzwischen ist Ustinov reifer und eine Art »Elder Statesman« geworden (wie Lady [Molly] Daubeny die Witwe des Impresario Sir Peter Daubeny, es formuliert). Seine Beobachtungen und Stellungnahmen – ob sie sich nun auf seine Arbeit für die UNICEF und die UNESCO beziehen oder ob sie sein Engagement für die Dritte Welt und für Rußland betreffen – sind heute so »dramatisch«, daß seine Stimme nicht nur gehört, sondern auch ernst genommen wird, unabhängig von seinem Ruf als Künstler.

Während meiner Recherchen für dieses Buch habe ich unzählige Briefe erhalten. Eines dieser Schreiben verdeutlicht nicht nur die Kraft, die Ustinov als Mensch und als Persönlichkeit des öffentlichen Lebens ausstrahlt, sondern sagt auch etwas über die tiefe Menschenliebe dieses Mannes. Sir Yehudi Menuhin schreibt:

»Man könnte in Peter Ustinov leicht nur den liebenswürdigen und geistreichen Menschen sehen, der eine große Gabe hat, jede

Situation, jede Unterhaltung sprachlich und darstellerisch nachzuahmen und zu karikieren, kurz, einen Mann mit einem hinreißenden Unterhaltungstalent.

Hinter dieser Fassade verbirgt sich jedoch ein sensibler und einfühlsamer Mensch, der mit jedem vernachlässigten Kind auf unserer ausgebeuteten Erde leidet, den jede Ungerechtigkeit, jede Dummheit und Eitelkeit quält und empört.

Niemand sieht genauer als er die Absurditäten und die Paradoxien des Lebens – er durchschaut die fatale Neigung des *Homo sapiens,* lieber im Namen heiligen Zorns zu töten und sich dann hinter einer hohen Mauer von Angst und Vorurteilen zu verstecken als gemeinsam mit anderen zu lernen und zu arbeiten. Ich habe versucht, Ihnen etwas über den wirklichen Peter mitzuteilen, dessen Genie darin besteht, sich selbst über andere zu identifizieren.«

Peter Ustinov als UNICEF-Botschafter zwischen Gunter Sachs und Thomas Gottschalk.

Als ich vom Clos du Château wegging, wurde es bereits dunkel. Die Fensterläden waren geschlossen, und die Tischlampen erfüllten den Salon mit warmem, gedämpftem Licht. Hélène hatte am nächsten Morgen einen Termin mit dem Gardinenschneider und war bereits nach Paris aufgebrochen, wo sie in der Vier-Zimmer-Wohnung übernachtete, die Ustinov seit zwanzig Jahren sein eigen nennt. Er selbst hatte sich in seine »Klause« zurückgezogen, um an seinem zwölften Buch zu arbeiten, einem Roman über die erste irdische Begegnung zwischen Gott und dem Teufel, mit dem Titel *The Old Man and Mr. Smith* (Der alte Mann und Mr. Smith). Während Amandio mich in mein Hotel in Genf zurückfuhr, ging ich in Gedanken die Ereignisse und Gespräche des Tages noch einmal durch und dachte über unsere Begegnungen in den vergangenen zweieinhalb Jahren nach.

Manchmal fragte ich mich, ob das Bild, das ich von Ustinov gewonnen hatte, wirklich so klar war, wie ich es mir wünschte. Kannte ich diesen Mann gut genug um einigermaßen kompetent über ihn schreiben zu können? Wo lagen seine Fehler und Schwächen? In dieser Hinsicht war ich nicht weit gekommen.

Niemand hatte viel darüber zu berichten. Einmal sagte ich zu ihm: »Peter, offenbar haben Sie nicht viele Leichen im Schrank.« Seine Antwort war typisch: »Um die Leichen mache ich mir keine Sorgen. Ich kann mich nur nicht erinnern, wo ich die Schränke gelassen habe.«

Einen Augenblick lang glaubte ich zu verstehen, was der verstorbene Geoffrey Willans, Ustinovs erster Biograph, gemeint hatte, als er sagte: »Es gibt so viele verschiedene Aspekte seiner Persönlichkeit auszuleuchten, daß die Suche nach dem wirklichen Peter Ustinov zu einem fast aussichtslosen Unterfangen wird.« Das klang in meinen Ohren etwas zu melodramatisch – ich konnte es nicht ganz ernst nehmen. Die »Suche« nach Ustinov war – und ist – eine schwierige Aufgabe, aber ein Gefühl von Aussichtslosigkeit hatte ich nie.

Allerdings schrieb Willans 1956 über einen Mann, der gerade erst Mitte dreißig war. Als ich Peter kennenlernte, war er bereits 66 und die dazwischenliegenden Jahre hatten noch einiges hinzugefügt, was »ausgeleuchtet« werden mußte. Doch es gibt eine wichtige Konstante in Ustinovs Leben, und das ist seine ausgeprägte Individualität. Sein Image hat ihn nie gekümmert.

»Ich lasse mich nicht von dem beeinflussen, was die Leute den-

Sir Peter Ustinov liest aus seinem Buch »Ich und Ich. Erinnerungen eines Weltbürgers«.

ken« sagte er einmal zu dem Schriftsteller und Fernsehjournalisten Tony Thomas. »Ich glaube nicht, daß ich in dem, was ich mache, einem bestimmten Bild von mir folge. Heutzutage interessiert man sich ja tendenziell mehr für das Image als für die Person – das Spiegelbild des Narziß ist interessanter als Narziß selbst –, und wir kommen alle in Schwierigkeiten, wenn das Image die Person, die es anschaut, nicht mag.« Mir gegenüber drückte Peter den gleichen Gedanken etwas einfacher aus: »Ich hasse das Wort Image. Über mich selbst oder über die Fähigkeiten, die mir zugeschrieben werden, denke ich nicht nach. Ich tue mein Bestes, aber wie gut ich es mache, sollen die anderen beurteilen.« Schauspieler, Schriftsteller, Romancier, Stückeschreiber, Erzähler, Komiker, Regisseur, Produzent, Botschafter des guten Willens, Karikaturist und vor allem Philanthrop – Ustinovs geistige

15

und künstlerische Talente sind fast zu zahlreich und zu vielfältig, um sie alle zu nennen. Wenn man jedoch zu der Liste noch die Begriffe »schwer faßbar« und »enigmatisch« hinzufügt, wird die Beschreibung schon etwas vollständiger.

Aber wer oder was ist nun der *wirkliche* Peter Ustinov? »Der Mann ist so komplex«, meint der Schauspieler Paul Rogers, »daß es schon fast eine Anmaßung ist, ihn beschreiben zu wollen.«

Auch Lauren Bacall sieht Ustinov als absolute Ausnahmeerscheinung. »Er lebt ganz im Augenblick und weiß genau, wer er ist und was er will. Er konzentriert sich ausschließlich auf das, was er gerade tut, und läßt sich von keinem dazwischenfunken.«

Für Angela Fox, die Mutter der Schauspieler Edward und James Fox, ist Ustinov ein »bunter Schmetterling, ein geniales Energiebündel. Man kann sich eine Weile an ihm freuen, und dann flattert er wieder davon, um anderswo für Stimmung zu sorgen.«

Der österreichische Präsident Kurt Waldheim war bei seiner ersten Begegnung mit Peter Ustinov noch Generalsekretär der Vereinten Nationen in New York. Seine Schilderung des Künstlers erinnert an die von Yehudi Menuhin: »Ich schätze Peter Ustinov sehr, als Künstler und als Menschen. Sein enormes Talent und sein erfrischender Humor haben unzähligen Menschen Freude gebracht. Es ist sein wichtigstes Ziel, das menschliche Leid auf dieser Welt zu lindern. Seine Arbeit für humanitäre Zwecke verdient größten Respekt.«

Ehe ich anfing, mich mit seinem Leben zu beschäftigen, kannte ich Peter Ustinov vor allem als Schauspieler und Autor. Ich wußte nicht, welch hohes Ansehen er als Mensch genießt – von Moskau bis Washington. Zu seinen Bewunderern gehören führende Politiker und Staatsmänner, Könige und Prinzen, Mitglieder der internationalen Geschäftswelt, Vertreter von Wohltätigkeitsorganisationen und nicht zu letzt Künstler aller Art.

Ihr Respekt rührt nicht nur daher, daß man Ustinovs geistige Fähigkeiten bewundert – »eine einschüchternde Intelligenz«, wie es ein Journalist einmal formulierte –, er hat auch sehr viel damit zu tun, daß Ustinov im Lauf seines Lebens immer wieder zu sozialpolitischen Themen Stellung bezogen hat, die sich nicht auf eine bestimmte Nation beschränken, sondern die ganze Welt betreffen.

»Seine Sichtweise des Weltgeschehens ist unglaublich direkt«

sagt Frank Muir, ein renommierter britischer Schriftsteller und selbst ein hochintelligenter Mann. »Er sieht alles ganz unkompliziert – nicht vereinfachend sondern nur ohne Schnörkel. Alles, was auf der Welt passiert wird für ihn zur Anekdote. Nicht, daß er es mühsam in eine Form zwängen müßte – er greift es einfach auf, und das ist eine sehr, sehr seltene Gabe.

Das Problem mit Peter Ustinov – und das kann man ruhig mal sagen – ist, daß er über jede Kritik erhaben ist. Man braucht gar nicht erst zu versuchen, ihn mit anderen Leuten zu vergleichen, und man braucht nichts zu beschönigen. Wir haben es schlicht und ergreifend mit einem *außergewöhnlichen* Menschen zu tun.

Wenn Ustinov »über jede Kritik erhaben« ist, wie Muir sagt, dann liegt das daran, daß man selten Grund hat, ihn zu kritisieren. Das läßt sich vielleicht damit erklären, daß Ustinovs Denken geprägt ist von Toleranz, gesundem Menschenverstand, Großzügigkeit und – viel leicht am wichtigsten – von einer tief empfundenen Achtung vor dem Menschen. Er verabscheut jede Art von Heuchelei, Kleinlichkeit und Voreingenommenheit.

»Peter Ustinovs Integrität wird von allen anerkannt«, meint der frühere britische Premierminister Edward Heath. »Natürlich ist jemand, der so viel Humor hat, sympathisch und beliebt – es gibt wenige Menschen auf der Welt, die so viel Humor haben. Gleichzeitig ist er sehr ernst, wenn er sich für etwas einsetzt, was ihm am Herzen liegt.

Ich glaube, im Grund will er vor allem eines ausdrücken: ›Wir sind alle Menschen, einer wie der andere. Wäre es da nicht vernünftiger, wenn wir das begreifen und uns vertragen?‹ Das ist seine ›Botschaft‹, denke ich, und insbesondere in den achtziger Jahren war das ganz entscheidend – während die Supermächte sich gegenseitig beschimpften, wies Ustinov immer wieder darauf hin, daß wir uns in einer ganz bestimmten geschichtlichen Situation befinden und daß Geschichte sehr vieles erklärt. Wir sollten an unseren Gemeinsamkeiten arbeiten und nicht nur unsere Unterschiede sehen.«

Daß es keine Grenzen gibt, weder kulturelle noch geographische, die Peter Ustinovs aktiven Lebensstil einschränken könnten, hat sowohl mit seinem eigenen kosmopolitischen Erbe zu tun als auch mit seiner strikten Weigerung, die Existenz solcher Grenzen anzuerkennen. Bevor wir also den Versuch machen, diesen Mann zu verstehen, müssen wir seinen Hintergrund kennenlernen Ustinov besitzt zwar viele Eigenschaften eines typischen Engländers, aber im strengen Sinn ist er nur von Geburt Brite – genealogisch gesehen ist er alles andere als das. Nach seinen eigenen Worten ist er »eine Promenadenmischung mit einem hoffnungslosen Stammbaum«.

Der Stammbaum

Peter Ustinovs Genealogie ist kompliziert und verwirrend – genau wie die der Zarenfamilie der Romanows, der mehrere seiner Vorfahren vom Ende des achtzehnten Jahrhunderts bis zur russischen Revolution 1917 in niedrigen und auch in gehobeneren Stellungen dienten. Das zaristische Rußland stand damals auf dem Höhepunkt seiner Macht und war ein Land extremer Gegensätze: teils westlich orientiert, teils noch unterentwickelt; rigide strukturiert und extrem feudalistisch.

Adrian Michailowitsch Ustinov, Peters Urururgroßvater, war in den Salzminen von Sibirien zu Reichtum gekommen, zu einer Zeit, als es, wie Ustinov in seiner Autobiographie *Dear me* (Ich und Ich) schreibt, »für junge Russen durchaus üblich war, nach Sibirien zu gehen und dort ihr Glück zu suchen«.

Der etwa dreijährige Peter Ustinov mit seinen Eltern Klop und Nadia.

»Dieses riesige Land« fährt er fort, »bestand nicht nur aus Straf-
kolonien, wie man es sich im Westen vorstellt, sondern war ein
Land ungeahnter Reichtümer, in dem man ein Vermögen machen
konnte.« Begünstigter dieses Vermögens war Adrians Sohn Michail Adrianowitsch, der bei seinem Tod im Jahr 1838 in der
Provinz Saratow 240.000 Hektar Landbesitz auf beiden Seiten der
Wolga hinterließ, außerdem 6000 Leibeigene und 16 Kirchen, die
er auf seinem Grund und Boden erbaut hatte, durch den eine zehn
Kilometer lange private Eisenbahnlinie führte.

Trotz seiner Leibesfülle – ein Vermächtnis, das er allen direkten
männlichen Nachkommen weitergab – erreichte dieser robuste
Mensch, der 1730 geboren worden war, das biblische Alter von
108 Jahren. Mit Ende siebzig wurde er Witwer, doch Michail
Adrianowitsch ließ sich durch sein hohes Alter nicht daran hin-
dern, wieder zu heiraten und Kinder zu zeugen. Mit 78 Jahren
heiratete er in zweiter Ehe Marfa Andrejewna Wechniakowa, und
die beiden bekamen fünf Söhne.

Der jüngste von ihnen, Grigori Michailowitsch, Peters Urgroßva-
ter, wurde nach einem recht ausschweifenden und freizügigen
Leben nur 54 Jahre alt. Dazu Peter Ustinov:

> »Grigori Michailowitsch heiratete eine außergewöhnlich schö-
> ne Frau, Maria Iwanowna Panschina, die das in der Nähe von
> Moskau gelegene Dorf Troitskoje als Mitgift in die Ehe brachte.
> Er scheint sie miserabel behandelt zu haben; sie lebte in einem
> seiner beiden Stadthäuser in St. Petersburg, während er sich im
> anderen mit halbwüchsigen Bauernmädchen aus seinen Lände-
> reien amüsierte und nur gelegentlich aus dem Schlafzimmer
> auftauchte, um sich mit ›Zakousi‹, eingelegten Heringen, Salz-
> gurken und ähnlichem zu stärken. Dann widmete er sich mit
> neuer Kraft seinen Opfern, von denen er am liebsten zwei oder
> drei gleichzeitig vernaschte. «

Es ist nicht verwunderlich, daß Grigori Michailowitschs Verhalten seine drei Söhne stark beeinflußte. Einer von ihnen, Plato
Grigorewitsch – Peter Ustinovs Großvater –, trat zum Protestan-
tismus über und heiratete ein Fräulein Maria Metzler, die Tochter
eines deutschen Pastors. Durch sie entfernte er sich vom russisch-
orthodoxen Glauben. Schon bald wollte Plato jedoch nichts mehr
von ihr wissen, denn in der Hochzeitsnacht entdeckte er, daß sie
keine Jungfrau mehr war. Er ließ sich schließlich scheiden, nach-

dem Maria auch noch eine Affäre mit dem Gärtner gehabt hatte und anschließend mit einem Kapitän durchgebrannt war. Vorher wurde er allerdings aus seiner Heimat verbannt – wegen einer Tat, die als Hochverrat galt. Seine Sturheit – ein typisch Ustinovscher Charakterzug – und der leidenschaftliche Glaubenseifer, den man gerade bei Konvertiten oft antrifft, hatten Plato Grigorewitsch in Schwierigkeiten mit der Staatsgewalt gebracht. Als Offizier der kaiserlichen Armee hatte er zwar einen Treueeid auf den Zaren geleistet, sich jedoch geweigert, auch auf die russisch-orthodoxe Kirche oder den »wahren Glauben« zu schwören. Die Strafe war hart: Verbannung nach Sibirien.

Mit Sicherheit wären Plato Grigorewitschs Ländereien konfisziert und sein Name aus der sogenannten vornehmen Gesellschaft gestrichen worden, hätte nicht rechtzeitig einer seiner Onkel eingegriffen, der Bruder seines verstorbenen, wenig betrauerten Vaters. Michail Michailowitsch Ustinov war Diplomat und arbeitete als Botschafter am osmanischen Hof im damaligen Konstantinopel. Er befand sich gerade in St. Petersburg, vermutlich auf Urlaub, und während eines weinseligen Abends am Kartentisch unterhielt er sich lange und ausführlich mit seinem Freund und Vorgesetzten, Zar Alexander II. Aus gegebenem Anlaß legte Michailowitsch in einem günstigen Augenblick ein gutes Wort für seinen renitenten Neffen ein.

Das Ergebnis war, daß Zar Alexander Plato Grigorewitschs Strafe abmilderte: Platos Grundbesitz in Saratow wurde nicht konfisziert, sondern durfte verkauft werden. Außerdem wurde Plato nicht auf Lebenszeit nach Sibirien verbannt. Statt dessen mußte er die nächsten vierzig Jahre im Ausland verbringen.

Beladen mit Bargeld verließ Plato Grigorewitsch Rußland. Sein Geld deponierte er übrigens nie in einer Bank. Er wusch es immer in Karbollösung bevor er es berührte und selbst dann trug er Handschuhe, um jeden direkten Kontakt zu vermeiden. Nun begab er sich in das kleine Königreich Karls I. von Württemberg. Plato Grigorewitsch war ein musikalischer, hochgebildeter Mann, der mehrere alte Sprachen beherrschte, darunter Latein und Griechisch, Aramäisch, Sanskrit, Arabisch und Hebräisch. In Stuttgart gewann er die Freundschaft des Königs und dessen russischer Gemahlin, der ehemaligen Großfürstin Olga Hikolajewana. Sie war die dritte Tochter von Zar Nikolaus I. und die Schwester Alexanders II.

Plato Grigorewitsch nahm die deutsche Nationalität an und erhielt den Titel Baron Plato von Ustinov. Doch obwohl er in den Adelsstand erhoben und allenthalben mit offenen Armen aufgenommen wurde, befand Plato, daß Württemberg nichts für ihn sei. Selbst die Freundschaft mit König Karl und Königin Olga änderte nichts daran – er zog weiter. Eine Zeitlang lebte er in Südfrankreich, dann in der Schweiz und in Italien, wo er sich in Nervi bei Genua ein Haus baute. Jedoch hielt es ihn auch da nicht lange – sein religiöser Eifer trieb ihn ins Heilige Land.

Palästina behagte ihm sehr, sowohl in historischer als auch in spiritueller Hinsicht, und er kaufte sich in Jaffa ein Stück Land. Dort baute er sich ein Haus aus weißem Marmor, mit eigenem Schwimmbad und einem üppigen Garten voller exotischer Bäume, Palmen, Büsche, Blumen und aromatischer Kräuter, die er großenteils aus den botanischen Gärten Europas importierte. Diese private Oase wuchs und gedieh, und bald schon bevölkerte er sie mit allen möglichen Papageien und Affen.

Plato wurde ein bekannter und geachteter Mann, der überall gern gesehen war: in der russischen Kolonie, bei den Benediktinermönchen, mit denen er über theologische Fragen und über Kunstwerke, Inschriften und Münzen diskutieren konnte, und bei der großen Gruppe deutscher Auswanderer, die in der Hafenstadt wohnten. Unter ihnen war auch die zwanzigjährige Magdalena Hall, die als eine Schönheit galt, eine junge Frau »mit großen, mandelförmigen bernsteinfarbenen Augen, ebenmäßig geschnittenen Gesichtszügen und dichtem braunem Haar«.

Ihren Namen hatte Magdalena der Tatsache zu verdanken, daß sie 1868 während der Schlacht von Magdala in einem Zelt geboren wurde. Diese Schlacht wurde südlich von Tigris in Abessinien, dem heutigen Äthiopien, geschlagen, zwischen britischen Truppen und einer von dem verrückten König Theodor von Amhara befehligten Miliz. Magdalena war die Tochter eines Schweizer Pastors aus Rheinfelden bei Basel und dessen halb portugiesischer, halb abessinischer Ehefrau. Pfarrer Hall hielt sich in Afrika auf, um das Wort Gottes zu verbreiten. Aus irgendeinem seltsamen Grund erklärte er sich bereit, für König Theodor eine Kanone zu bauen.

Als er damit fertig war, kettete man den unglücklichen Mann an seine eigene Erfindung: Während der Schlacht von Magdala wurde er so gewaltig durchgerüttelt, daß er das Bewußtsein verlor,

Peter Ustinov und seine Kinder Igor, Andrea und Pavla während der Vorbereitungsphase zu ›Die Verdammten der Meere‹ (1961).

und gleichzeitig brachte seine Frau in einer anderen Ecke des Schlachtfelds ihre Tochter zur Welt.

Plato von Ustinov war bereits 48, als er 1888 im von den Türken regierten Jaffa mit der Familie Hall Freundschaft schloß. Im selben Jahr noch hielt er während einer gemeinsamen Reise nach Venedig um Magdalenas Hand an, und zwar auf dem Dach des Markusdoms.

Nach vierjähriger Ehe und drei oder vier Fehlgeburten gebar Magdalena einen Sohn. Sie hatte schon fast die Hoffnung aufgegeben, je Kinder zu bekommen, aber es folgten noch vier weitere. Der Älteste wurde auf den Namen Jonah getauft, nach dem biblischen Propheten, der drei Tage im Bauch eines Walfischs verbrachte, bis Gott sich seiner erbarmte: »Der Herr sprach zu dem Fisch, und der Wal spie Jona ans Land.« Dieses Land war Jaffa.

Jonah kam zwei Monate zu früh auf die Welt und wog nur etwa tausend Gramm. Während Magdalena von der Entbindung genaß, hielt Plato seinen Sohn am Leben, indem er ihm mit einem Füllfederhalter tropfenweise Milch einflößte.

Als Kind war Jonah, der seinen Namen – nicht ohne Grund – haßte, sehr zart und empfindlich. Nachdem er die Gefahren, die eine Frühgeburt mit sich bringt, überstanden hatte, starb er fast an einer Grippe, und in späteren Jahren erkrankte er häufig an Malaria. Aus Sorge und Liebe verwöhnten Magdalena und Plato ihn nach Strich und Faden. In ihren Augen konnte er nichts falsch machen. Seine Mutter behauptete, sie habe ihn noch gestillt, als er schon über zwei Jahre alt war.

Zu Hause, in Jaffa – und in Jerusalem, wo seine Eltern ihren Winterwohnsitz hatten –, wuchsen Jonah, seine Brüder Peter (oder »Petja«), Platon und Gregory sowie die einzige Schwester Tabitha (»Bitha«) in einer kosmopolitischen Atmosphäre auf: umgeben von russischen Kindermädchen, arabischen Bediensteten und den französischen, englischen, deutschen und russischen Freunden, die bei Plato und Magdalena aus und ein gingen. Das Leben im Ustinovschen Haushalt wurde allerdings sehr stark vom »Baron« dominiert. Später sagte Jonah einmal, sein Vater sei der intelligenteste Mensch, dem er je begegnet sei. Doch es gab viele Seiten an Plato, die sein Sohn ablehnte oder die ihm peinlich waren, vor allem sein exzentrisches Auftreten. Er hatte beispielsweise die Angewohnheit, sich von Kopf bis Fuß in Weiß zu kleiden, unabhängig von Jahreszeit, Klima und Aufenthaltsort. Außerdem stieß sich Jonah an der lauten, durchdringenden Stimme des Vaters, und er ärgerte sich über dessen Rücksichtslosigkeit und den Mangel an Takt, etwa, wenn er bei Familienpicknicks splitternackt am Strand spazierenging.

Als Erwachsener versuchte Jonah alles zu vermeiden, was ihn an die negativen Seiten seines Vaters erinnerte. Während der Schulzeit orientierte er sich allerdings noch stark am Vorbild seines Vaters. Zuerst ging er auf die regionale Schule für deutsche Kinder in Jaffa. Mit 13 Jahren wurde er nach Düsseldorf geschickt und dort aufgrund seiner Begabung und seiner schulischen Leistungen als bester Schüler ausgezeichnet. Anschließend besuchte er die Universität von Grenoble.

Kurz nachdem Jonah seine Ausbildung abgeschlossen hatte, brach der Erste Weltkrieg aus, und als deutsche Staatsbürger sahen sich Jonah und sein Bruder Peter verpflichtet, nach Deutschland zu gehen. Ihr Vater begab sich nach London, in der Hoffnung, dort seine großartige Sammlung römischer, griechischer und ägyptischer Antiquitäten verkaufen zu können, um seine schwindenden Finanzen aufzufrischen. Die Häuser in Jaffa und Jerusalem hatte er bereits verkauft, das letztere an den Kaiser Haile Selassie. Nun wollte er nach Rußland zurück. Mit Hilfe des russischen Botschafters in London reichte er ein Gesuch bei Zar Nikolaus II. ein, dem Enkel des Zaren, der ihn mehr als ein halbes Jahrhundert zuvor des Landes verwiesen hatte.

Nikolaus II. stimmte seiner Rückkehr zu. Ehe Plato England verließ, brachte er seine beiden jüngeren Söhne, Platon und Gregory, in das südlich von London gelegene Internat in Denmark Hill. Freunde versprachen, sich um die beiden Jungen zu kümmern, und nun konnten sich Plato, Magdalena und ihre Tochter Tabitha auf den Weg nach St. Petersburg machen, dem Krieg und der Revolution entgegen.

Zu Beginn des Ersten Weltkriegs hatten sich Jonah von Ustinov und sein Bruder bei der deutschen Armee gemeldet. Sie wurden sehr bald zur Luftwaffe versetzt. Das war ganz nach Jonahs Geschmack. Statt in den Ardennen im Schützengraben zu liegen, wurden Peter und er, beide ausgebildete Offiziere, in Privathäusern und manchmal sogar in Schlössern einquartiert und lebten in Städten, in denen es immer genug hübsche Mädchen gab, um zwei selbstbewußte junge Männer die irdischeren Freuden des Daseins genießen zu lassen.

Jonah stand dem Krieg also recht positiv gegenüber. Er hatte Gefallen an der Gefahr – und der Kameradschaft in der Offiziersmesse. Aber an einem Tag im Juli 1917 fand die recht sorglose Stimmung ein jähes Ende. Es war Freitag, der 13. Als Jonah aufwachte, saß sein Bruder an seinem Bett. Peter mußte an diesem

Morgen über die alliierten Linien bei Ypres fliegen, um den Postsack mit Briefen britischer Kriegsgefangener abzuwerfen, und er wollte sich vorher noch von Jonah verabschieden. Dieser wünschte ihm Glück und sagte er solle schnell wieder zurückkommen. Er sei sehr müde, meinte Peter – wenn er zurück sei, werde er sofort wieder ins Bett gehen und »schlafen, schlafen, schlafen«. Mit den Worten: »Ich könnte dauernd schlafen«, verließ Peter das Zimmer. Später am Morgen führte Jonah den Suchtrupp an. der Peters Leiche entdeckte: im Niemandsland, auf der Tragfläche seiner Maschine. Peter war abgeschossen worden.

Trotz aller Trauer blieb Jonah nach außen hin ruhig und gelassen. Er war in der Offiziersmesse schon immer sehr beliebt gewesen, und seine stoische Haltung angesichts dieses schmerzlichen Verlusts – der ihn härter traf als alles, was ihm später widerfahren sollte – brachte ihm zusätzliche Sympathien ein.

Als Flieger wurde er immer wieder in den Kriegsberichten erwähnt. Außerdem erhielt er viele Auszeichnungen. »Ich weiß gar nicht, warum«, meinte er später, »ich habe nie jemanden getötet oder irgend etwas erfolgreich bombardiert. Außerdem bestand meine Tätigkeit hauptsächlich darin, zu fotografieren und über alles zu berichten, was mir hinter den feindlichen Linien auffiel.«

Im letzten Kriegsjahr wurde Jonah zum Stabsoffizier befördert. Er war für die Verhöre von Kriegsgefangenen verantwortlich. Als in Deutschland die revolutionären Unruhen ausbrachen, wandte er sich an einflußreiche Freunde in Berlin und fragte an, ob sie ihm Arbeit vermitteln könnten. Er erhielt mehrere Angebote und entschloß sich schließlich, als Korrespondent einer angesehenen deutschen Nachrichtenagentur, des Wolff-Telegraphen-Büros, nach Amsterdam zu gehen. Zu seinem Aufgabenbereich gehörte es, sämtliche niederländischen und englischen Zeitungen zu lesen, die wichtigsten Artikel herauszusuchen und sie telefonisch an die Zentrale in Berlin durchzugeben.

Mit Beginn der Russischen Revolution hatte Jonah den Kontakt zu seinen Eltern und seiner Schwester verloren. Im April 1920, also nach drei Jahren, wollte er persönlich herausfinden, wo sie waren und wie es ihnen ging. Mit Hilfe des deutschen Botschafters in Den Haag und eines Beamten im Berliner Auswärtigen Amt gelang es ihm, nach Rußland zu reisen, und zwar mit einem Schiff voller Kriegsgefangener, die in ihre Heimat zurückkehrten. Er hatte Glück und fand das Haus in St. Petersburg (das nun Leningrad hieß), in welches Plato, Magdalena und Bitha bei ihrer Rückkehr sechs Jahre zuvor gezogen waren. Es war ganz in der Nähe der Kunstakademie auf dem Wasiljewski Ostrow, der Basiliusinsel.

Als er über die Schwelle trat, zerschlugen sich jedoch alle Hoffnungen auf eine baldige Wiedervereinigung mit seiner Familie. Er erfuhr, daß sein Vater 1919 an der Ruhr gestorben war und daß seine Mutter und Schwester inzwischen in Pskow lebten, gut 250 Kilometer von Leningrad entfernt. Seine Schwester arbeitete dort auf dem Postamt.

Zwar herrschte kein Chaos mehr – wie unmittelbar nach dem Ende des Zarenreichs –, doch Angst und Mißtrauen regierten das »Land des Schreckens«. Als Außenseiter war Jonah davon wenig betroffen, aber dennoch war eine gewisse Vorsicht geboten. Er mußte beim Hauptquartier der *Tscheka,* der gefürchteten Geheimpolizei, die Reiseerlaubnis einholen, um nach Pskow fahren zu können. Jonah schaffte es, einen der Kommissare um den Finger zu wickeln. Dieser Mann bewahrte in seiner Schreibtischschublade nicht nur Pistolen und Handgranaten auf, sondern auch Flaschen mit französischem Parfüm, für das er eine Schwäche hatte. Nachdem Jonah endlose Fragen beantwortet und unzählige Formulare ausgefüllt hatte, wurde ihm mitgeteilt, er müsse sich in regelmäßigen Abständen bei der *Tscheka* melden, als wäre er ein Strafentlassener auf Bewährung. Immerhin gab ihm der Kommissar die erforderlichen Dokumente und Fahrkarten, und Jonah konnte seine Verwandten besuchen, die seinem Kommen mit gespannter Erwartung entgegensahen.

Während seines Aufenthalts in Leningrad wohnte Jonah bei einem Freund der Familie, der für die provisorische Regierung arbeitete und ihm eine Sekretärin vermittelte, eine junge Frau namens Valeria Poleschouk. Durch sie lernte er Nadescha Benois kennen, besser bekannt als »Nadia«. Die *Times* beschrieb Nadia am Ende ihres Lebens als eine »unwiderstehliche Persönlichkeit; hübsch, impulsiv, großzügig, geistreich und fröhlich, mit einer tiefen Stimme und einem herzlichen Lachen, bei dem jedem warm ums Herz wird«. Nadia war das siebte und jüngste Kind von Professor Louis (»Leontij«) Benois und dessen Frau Maria Alexandrowna Saponjikow.

Anfangs sahen sich Nadia und Jonah nur in Gesellschaft von Freunden. Im Juni 1920 – nach 14 Tagen – wurde ihre Beziehung

Peter Ustinov, seine Mutter Nadia Benois und Roger Livesey 1947 bei den Dreharbeiten zu ›Vice Versa‹.

intensiver, und sie nutzten jede Gelegenheit, allein miteinander zu sein. Am Arm ihres dunkelhaarigen Verehrers promenierte Nadia am Ufer der Newa, die zwischen den Stadtpalais und Villen der nun verschwundenen Aristokratie dahinfließt. »Jonah ist ziemlich klein, aber breitschultrig«, beschrieb Nadia. »Für seine Körpergröße ist sein Kopf ein bißchen zu groß geraten. Er hat eine breite, schöne Stirn und mandelförmige, etwas hervorquellende Augen.« Sie führte Jonah bei ihren Freunden ein; gemeinsam besuchten die beiden Konzerte und Tanzveranstaltungen im Haus der Künste, und Jonah lernte auch drei ihrer Onkel kennen. Einmal nahm Nadia ihn mit in die *Eremitage,* der Katharina die Große ihren Namen gegeben hatte. Als Teil des Winterpalais, der offiziellen Residenz der Zaren, war dieses Museum nur privilegierten Besuchern zugänglich gewesen.

Inzwischen stand die *Eremitage* allen offen. Die Volkskommissa-re hielten sich an Lenins Maxime, daß »der Aufbau der sozialisti-schen Gesellschaft nicht geleistet werden kann ohne die kulturel-len Werte welche die Menschheit im Verlauf ihrer Geschichte geschaffen hat«. Heute beherbergt das Museum gut drei Millionen wertvoller Kunstschätze. Vor mehr als einem halben Jahrhundert war die Sammlung um einiges kleiner, aber Nadia wollte Jonah eigentlich nur ein ganz bestimmtes Werk zeigen – eine Madonna von Leonardo da Vinci.

Das großartige Gemälde zeigt eine junge, mädchenhafte Madon-na, die in der Hand eine kleine rosa rote Blume hält (deren Blütenblätter die Kreuzigung symbolisieren), welche sie ihrem Kind reicht. Seit Beginn des 19. Jahrhunderts hatte sich die Madonna im Besitz von Nadias Familie befunden. Die Vorfahren mütterlicherseits hatten das Bild von reisenden italienischen Quacksalbern gekauft, die es als Tauschmittel benutzten, ohne seinen eigentlichen Wert zu erkennen.

Kurz nach dem Besuch in der *Eremitage* wurden Nadia und Jonah von Valeria Poleschouk zu einem Chorkonzert in einer kleinen Kirche eingeladen. Während sie der Musik lauschten, verehrte Jonah Nadia einen Silberring mit einem flachen schwarzen Stein, in den der Kopf einer ägyptischen Prinzessin eingraviert war: Nadias Verlobungsring. Als Gegengabe schenkte Nadia Jonah einen neuen Namen. Zuerst nannte sie ihn »Klopik«, was »kleine Wanze« bedeutet. Später wurde daraus »Klop«, »große Wanze«, und diesen Namen behielt Jonah sein ganzes Leben lang.

Die Eltern

Nadia Benois war 23 Jahre alt und studierte Kunst, als sie Klop kennenlernte. Ihre Vorfahren kamen aus Frankreich und Italien – brave Bauern auf einer Seite, auf der anderen Opernsänger, Komponisten, Maler, Bildhauer, Bühnenbildner und auch mehrere Architekten.

Der früheste bekannte Ahne ist François Benois. Er wurde um 1660 geboren und war Weinbauer in Sezanne, einem Dorf in der französischen Champagne. Sein Sohn Denis, ein gewöhnlicher Landarbeiter, heiratete Marie Brochot, eine Wäscherin aus Coulommiers en Brie. Die beiden hatten einen Sohn namens Nicolas Denis, der nach Höherem strebte und Schulmeister in dem Dörfchen Saint-Ouen-sur-Morin wurde. Dessen Sohn Nicolas wiederum heiratete eine gewisse Marie Catherine Lorin, Tochter eines Schlossers aus Rebais, und wurde ebenfalls Dorfschullehrer. Sein Sohn Louis-Jules (1770–1822) – auch Jules-César genannt – tat sich auf dem Gebiet der kulinarischen Künste hervor und begründete den russischen Zweig der Familie Benois.

Zu Beginn seiner Laufbahn arbeitete Louis-Jules als Konditor für Anne Léon, den Herzog von Montmorency, der, um den Wirren der Französischen Revolution zu entgehen, in die Niederlande floh und von dort weiter nach St. Petersburg. Nachdem das Geschrei des Pöbels verhallt war und die Schinderkarren nicht mehr zur Guillotine rasselten, kehrte der Herzog nach Frankreich zurück, wohingegen sein Konditor, der inzwischen bei der holländischen Gesandtschaft Küchenchef geworden war, in der russischen Hauptstadt blieb. Wenig später wurde er von Zar Paul, dem Sohn Katharinas der Großen, als *Maître de Bouche* angestellt.

Über diese Beförderung schreibt Peter Ustinov:

>»Wer es für einen Glücksfall hält, daß er so rasch dieses hohe Amt erreichte, sollte daran erinnert werden, daß der *Maître de Bouche* bei Paul I. eine ähnliche Funktion erfüllte wie der Vorkoster am Hofe Neros. Beide Herrscher bewegten sich immer am Rand des Wahnsinns, waren aber normal genug, um ständig Angst vor Attentaten zu haben und genau dieses Schicksal ereilte sie schließlich beide.
>Jeder Russe wäre wahrscheinlich lieber zu Fuß nach Wladiwo-

Peter Ustinov moderiert ›The Mighty Continent – Europa im 20. Jahrhundert‹.

stok marschiert als die Aufgabe zu übernehmen, den Gaumen eines so degenerierten Monarchen zu verwöhnen. Nur ein tüchtiger Einwanderer, der nicht ahnte, welche Probleme ihn erwarteten, konnte in diesem Amt erfolgreich sein.«

Louis-Jules meisterte die Schwierigkeiten souverän und überlebte sämtliche Launen seines unberechenbaren Arbeitgebers. Schließlich gelang es ihm sogar, Fräulein Concordia Groppe zu heiraten, die Hebamme der Zarin Marie Feodorowna. Von den 17 Kindern, die Concordia ihrem Gemahl schenkte, gewann ein Sohn, nämlich Nicholas Benois (1813 – 1899), hohes Ansehen als Hofarchitekt. Er war der Patensohn der Zarin und ein Protégé von Konstantin Ton, dem Erbauer des großen Kremlpalastes in Moskau. Zu seinen Freunden zählten Zar Nikolaus I. und literarische Größen wie Gogol und Sternberg; er erbaute zwei elegante Pavillons auf dem Gelände des prächtigen Peterhofs, der heute den Namen Petrodworets trägt; mehrere Jahre lang war er Leiter der technischen Abteilung des Stadtrats von St. Petersburg. Und außerdem trug er durch seine Heirat mit Camilla Cavos wesentlich zum Ansehen der Familie bei.

Camilla war die Tochter von Albert Cavos, der nicht nur durch den Bau des Petersburger Marynskijtheaters (heute Kirow genannt) berühmt wurde, sondern auch durch den Wiederaufbau des Bolschoitheaters in Moskau, welches durch einen Brand zerstört worden war. Camillas Großeltern waren der italienische Komponist Catterino Cavos und die Opernsängerin Camilla Baglioni. 1798, im Alter von 23 Jahren, war der in Venedig geborene Catterino Cavos nach St. Petersburg gezogen, wo er noch im selben Jahr der neue und gleichzeitig letzte italienische Intendant des kaiserlichen Theaters wurde. Mit Leib und Seele widmete er sich seiner Arbeit. Während der ersten Jahrzehnte des 19. Jahrhunderts spielte er eine sehr wichtige Rolle in der russischen Opernwelt; von 1828 bis 1831 war er Kapellmeister des italienischen Ensembles und von 1832 bis 1849 des deutschen und des russischen. Am stärksten beeinflußte er die russische Musikwelt jedoch durch seine Kompositionen.

Als Zar Paul I. – dem wir bereits als Dienstherr von Louis-Jules Benois begegnet sind – italienische Opern verbot, paßte sich Cavos mühelos an: *Der unsichtbare Prinz* (1805), *Ilja, der Held* (1807), *Der Kosakenpoet* (1812), *Dobrynja Nikitsch* (1818) und *Der Feuervogel* (1823) waren allesamt von russischen Themen inspiriert. Das berühmteste seiner Werke ist allerdings der 1823 entstandene *Iwan Sussanin*. Als Cavos 1840 im Alter von 65 Jahren starb, wurde er auf dem russischen Künstler- und Literatenfriedhof Lawra begraben.

Über ein Jahrhundert später besuchte sein Urururenkel Peter Ustinov St- Petersburg, damals Leningrad.

»Ich entdeckte Cavos' Grab auf dem Lawra-Friedhof. Niemand in meiner Familie hatte gewußt, daß das Grab dort war. Es liegt klein und bescheiden zwischen den Grabsteinen seiner Musikerkollegen: Tschaikowsky, Glinka, Borodin, Mussorgski, von den großen Schriftstellern und Malern ganz zu schweigen. An diesem stillen, feuchten Ort erinnert ein einfacher Stein aus schwarzem Marmor an Cavos die einzige Inschrift – in goldenen Lettern – in dieser slawischen Walhalla der Künste, die mit lateinischen Buchstaben und in lateinischer Sprache geschrieben ist.«

Catterino Cavos war schon zehn Jahre tot, als seine Enkeltochter Camilla ihrem Gatten Nicholas Benois das erste ihrer sechs Kinder schenkte, von denen allerdings nur fünf überlebten. Der jüngste Sohn war Alexandré (1870–1960), von seinen Freunden »Shoura« genannt und unbestritten das berühmteste Mitglied der Benois-Dynastie. Peter, sein Großneffe, und seine Mutter Nadia liebten ihn sehr. Er war ein Freund und Mentor von Sergej Diaghilew, entwarf Bühnenbilder für die *Balletts Russes,* betätigte sich als Kunstkritiker, Maler, Historiker, Autor und zeitweilig auch als Direktor der *Eremitage.* Der bekannte Schriftsteller und Ballettkritiker Richard Buckle nannte Alexandré ein Beispiel an »romantischer Bildung, typisch für den Einfluß, den das Frankreich des 18. Jahrhunderts auf die Hauptstadt Peters des Großen ausübte, und für das russische *Fin de siècle,* das gleichzeitig eine *Renaissance* war«.

Mit der finanziellen Unterstützung der Prinzessin Tenischewa wurde Alexandre Benois, »ein sanfter, fleißiger, amüsanter Mann, der sich allen Formen der Kunst und des Kunsthandwerks widmete«, zum entscheidenden Mann bei der berühmten Zeitschrift *Mir Iskustwa* (Welt der Kunst). Gemeinsam mit Leon Bakst und Sergej Diaghilew, den er 1890 kennengelernt hatte, machte er die Zeitschrift zu einem Forum aller russischen Künste. Er war fest davon überzeugt, »daß Rußland auf der Schwelle eines silbernen Zeitalters stand und als ein in jeder Hinsicht gleichberechtigter Partner der europäischen Kultur betrachtet werden könnte«. *Mir Iskustwa* war aber nicht das einzige Projekt, bei dem Benois und Diaghilew zusammenarbeiteten.

Für die *Balletts Russes,* deren künstlerische Leitung er übernahm, entwarf Alexandre fünf Ballette. Er war verantwortlich für Buch, Bühnenbild und Kostüme von *Le Pavillon d'Armide,* getanzt von Anna Pawlowa und dem jungen Nijinskij (1907 im Marynskij-theater), und für Libretto, Bühnenbild und Kostüme von *Petruschka.* Mit dem Moskauer Maler Golowin entwarf Benois außerdem die Bühnenbilder und Kostüme für Diaghilews Produktion von Mussorgskis Oper *Boris Godunow,* die 1908 in der Pariser Oper aufgeführt wurde.

Trotz seiner ausgeprägten Sanftmut besaß Benois ein impulsives

Künstlertemperament – manchmal bekam er Wutanfälle, tobte und schmollte. Diaghilew provozierte diese Ausbrüche hin und wieder ganz bewußt. Einmal stritten sich die beiden, weil Léon Bakst und nicht Benois als Verfasser des Librettos von *Der Feuervogel* angegeben worden war; und als Alexandre hörte, daß Diaghilew ihn nicht für die Tournee der *Balletts Russes* nach Berlin und Paris eingeplant hatte, wurde er so wütend, daß er mit der Faust eine Fensterscheibe zertrümmerte und sich dabei eine Arterie verletzte.

Zu seinen Neffen gehörten der Komponist Alexandre Tscherepnin, der Maler Eugène Lanceray und der sowjetische Filmregisseurs Andrej Frolow. Alexandre genoß großes Ansehen als Autor und Kunsthistoriker. Beispielsweise katalogisierte er den Bestand des Museums für russische Malerei im Michailowskipalast, verfaßte ein Buch über die russische Schule der Malerei und bereitete 1902 einen prächtig illustrierten Band über Tsarkoje Selo vor (heute »Puschkin« genannt), eine Lieblingsresidenz der letzten russischen Zaren.

Alexandre Benois starb am 9. Februar 1960 in Paris, im Alter von neunzig Jahren. Kurz davor hatte er in London noch die »Nußknacker-Inszenierung« von Anton Dolin besucht, für die er neue Bühnenbilder und Kostüme entworfen hatte. Im Januar 1960 erschien sein letztes Buch in Großbritannien. Es war der Schlußteil seiner Lebenserinnerungen, von Baronin (Moura) Budberg, einer Freundin der Familie, aus dem Französischen übersetzt. In diesem Buch beschreibt er seine älteren Brüder Albert und Louis (Leontij), die beide, wie schon ihr Vater, Architekten waren.

»Unser Vater hatte uns allen dreien seine künstlerische Begabung vererbt und eine große Liebe zur Kunst vermittelt. Leontij war der begabteste von uns, glaube ich, Albert, ein führender Vertreter der russischen Aquarellmalerei, war technisch virtuos, aber seine Fingerfertigkeit war nicht der entscheidende Faktor bei seiner Malerei. Leontij hingegen besaß ein angeborenes technisches Geschick. Daß er sein Talent für Stift und Pinsel der Architektur widmete, war in gewisser Weise nur logisch und konsequent.

Leontijs Karriere begann mit einem außergewöhnlichen Erfolg. Er schloß die Kunstakademie in St. Petersburg ein Jahr früher ab als vorgeschrieben und wurde mit einer Goldmedaille ausgezeichnet. Diesen Preis hatte fünfzig Jahre zuvor schon unser Vater erhalten, doch für die Akademie war es etwas ganz Seltenes.

Professor Louis Benois, Peter Ustinovs Großvater mütterlicherseits, neigte zu Korpulenz, was ihm den Spitznamen »Grosgros« einbrachte. Seine Laufbahn als Architekt begann mit einem etwas

Peter Ustinov bei einer eher seltenen Ruhepause.

makabren Auftrag, der mit einem der schrecklichsten Vorfälle während der Regierungsjahre der Romanows zusammenhing. Auf Alexander II. wurden sieben Attentate verübt. Dieser Zar war derjenige gewesen, der dafür gesorgt hatte, daß Plato Grigorewitsch, Peter Ustinovs Großvater väterlicherseits, nicht nach Sibirien verbannt, sondern nur des Landes verwiesen wurde. Überhaupt galt er als der liberalste russische Herrscher des 19. Jahrhunderts – vor allem, weil er die Leibeigenschaft abschaffte. Als Alexander II. am 13. März 1881 durch die Straßen von St. Petersburg fuhr, warf ein Attentäter eine Bombe unter seine Kutsche. Die Pferde wurden schwer verletzt; die Kutscher des Zaren und die Mitglieder der Kosakeneskorte erlitten schlimme Wunden. Erstaunlicherweise stieg Alexander völlig unversehrt aus der zerstörten Equipage. Als er sich nach dem Täter erkundigte, der bereits festgenommen worden war, stürzte sich ein anderer Anarchist auf ihn. Mit den Worten: »Es ist zu früh, Gott zu danken«, schleuderte er eine zweite Bombe dem Zaren direkt vor die Füße. Durch die Explosion verlor Alexander II. ein Bein und ein Auge, er erlitt eine gefährliche Bauchverletzung und sein ganzes Gesicht wurde entstellt. Der Zar war jedoch immer noch bei Bewußtsein und flüsterte, man solle ihn ins Winterpalais bringen. Dort hauchte er sein Leben aus – in Gegenwart seines Sohns – des späteren Zaren Alexander III., seiner Schwiegertochter »Minny« (Marie Feodorowna) und seines Enkels, der als Nikolaus II. der letzte Monarch Rußlands wurde.

Nun sollte an der Stelle, wo dieses Attentat verübt worden war, Louis Benois eine vorläufige hölzerne Kapelle erbauen. Sein Bruder Alexandre schrieb über diese Kirche:

»Sie war zwar bescheiden, aber ihre graziöse Eleganz wurde allgemein bewundert. Ein Jahr später beteiligte sich Leontij an dem Wettbewerb für die Kirche, die an derselben Stelle errichtet werden sollte. Sein Entwurf war inspiriert vom Werk Bartolomeo Francesco Rastrellis, des italienischen Architekten, der mehrere Paläste in und um St. Petersburg gebaut hatte, darunter das Winterpalais und den Palast Katharinas der Großen in Tsarkoje Selo. Es war ein wunderschöner und sehr beeindruckender Entwurf – vielleicht das Beste, was er geschaffen hat.«

Bei der endgültigen »Blutkirche« entschied man sich allerdings gegen Louis Benois' Plan. Die Kommission wählte statt dessen

Peter Ustinov besucht anläßlich der Filmfestspiele 1960 Venedig.

das Werk eines anderen Architekten, der eine »klägliche Imitation der Basilius-Kirche in Moskau« erbaute, »einen Schandfleck im Stadtbild von St. Petersburg«.

Leontij Benois wurde nie zu einem der großen Architekten Rußlands – seine Entwürfe, so meinte sein jüngerer Bruder, litten unter einer gewissen »Nachlässigkeit« –, aber er baute mehrere Geschäftshäuser in St. Petersburg, außerdem die Russische Kirche in Darmstadt und die majestätische Kathedrale in Warschau, die später, als Polen um seine Unabhängigkeit kämpfte, zerstört wurde.

Alle, die Louis Benois kannten, mochten ihn sehr. Zu seinen Freunden gehörten unter anderem der Onkel Nikolaus' II., der Großfürst Wladimir, und dessen deutsche Ehefrau, die Großfürstin Marie Pawlowna, eine großzügige Mäzenin der schönen

Künste. Louis war ein liebevoller und warmherziger Mensch, und es lohnt sich, ausführlich zu zitieren, was sein Bruder Alexandre über ihn sagt – nicht nur, weil es uns etwas über Leontij Louis mitteilt, sondern weil die Beschreibung auch auf Peter Ustinov zutrifft, der viele Eigenschaften seines Großvaters geerbt hat.

>Louis war ruhig und vernünftig, nie aggressiv oder stur, höchstens manchmal etwas temperamentvoll. Sehr human, freundlich und ehrlich, ein Mensch guten Willens im wahrsten Sinn des Wortes – alle liebten und bewunderten ihn. Heuchelei, Hinterhältigkeit und Niedertracht waren ihm fremd, und obwohl er manchmal impulsiv und aufbrausend war, dauerten diese Gefühlswallungen doch nie lange, und er beruhigte sich immer schnell wieder. Jede Form von Unrecht oder Verlogenheit war ihm verhaßt, und sein ganzes Leben über verlor er nie die Fähigkeit sich zu empören – sei es über das Weltgeschehen, über spezifische Aspekte des Lebens in Rußland, die er als entwürdigend empfand, oder über unsinnige Entscheidungen der Regierung.«

Während der letzten 15 oder 16 Jahre seines Lebens stand Louis Benois in enger Verbindung mit der Kunstakademie von St. Petersburg. Er wurde zum Rektor ernannt, und auch nachdem die Bolschewiken diesen Posten offiziell abgeschafft hatten, behielt er seine Professur bei, sehr zur Freude seiner Studenten, bei denen er sehr beliebt war. Als er 1928 starb, bekam er ein Staatsbegräbnis – auch das neue Regime zollte ihm Tribut. Seine Leiche lag im runden Auditorium der Akademie aufgebahrt, und Mozarts *Requiem* wurde gesungen. Am Tag der Beerdigung trugen seine Studenten, die auch die Totenwache übernommen hatten, den Sarg zum Nowodiewitschi-Friedhof.

Louis Benois und seine Frau Mascha hatten um 1880 geheiratet und sieben Kinder großgezogen. Ein Sohn, Alexandre, kam während der Revolution ums Leben. Als sich Nadia, ihre jüngste Tochter, im Sommer 1920 verliebte und heiraten wollte, gehörten ihre Eltern zu den letzten, die davon erfuhren. Nadia und Klop Ustinov waren sich am 1. Juni 1920 das erstemal begegnet und verlobten sich schon zwei Wochen später. Daß Nadia ihren Eltern nichts erzählte, lag daran, daß sie ihre Eltern nicht beunruhigen wollte. Schließlich hatte sie nicht nur vor, sich an einen Mann zu binden, den sie kaum kannte – sie mußte auch Familie und Heimat verlassen, um ihrem Ehemann in ein neues und unbekanntes Leben in Westeuropa zu folgen.

Trotzdem ist kaum anzunehmen, daß Louis und Mascha nichts von Nadias Plänen ahnten. Ende Juni nahm das Mädchen endlich allen Mut zusammen und erzählte zuerst ihrer Mutter und dann auch ihrem Vater, sie habe sich mit Klop verlobt. In ihren Memoiren, *Klop and the Ustinov Family* (Klop [Oh, diese Ustinovs]), schreibt Nadia, ihr Verlobter sei fasziniert gewesen von ihrem Vater und habe großen Respekt für ihn empfunden. Sie fährt fort:

> »Meiner Mutter gegenüber war er eher zurückhaltend, bis sie durch eine sehr charmante Geste seine Zuneigung gewann. Von unserer Verlobung war noch keine Rede gewesen. Nach dem Tee ging ich mit Klop auf mein Zimmer. Etwas später kam meine Mutter zu uns, mit einem wunderhübschen kleinen Sa-

Peter Ustinov und sein Hirtenhund »Polly« (1974).

mowar. Sie stellte ihn auf den Tisch und sagte: ›Diesen Samowar hat mir meine Mutter gegeben, als Nadias Vater und ich geheiratet haben. Ich schenke ihn jetzt euch, mit allen guten Wünschen – und hoffe, daß ihr genauso glücklich werdet wie mein Mann und ich.‹ «

Während Nadia und ihre Familie sich an die Hochzeitsvorbereitungen machten, erfuhr Klop, daß man in Moskau seinen Aufenthalt in Leningrad mißtrauisch beobachte. Er ging nach wie vor regelmäßig zu seinen Freunden von der *Tscheka* und mußte nun um eine Ausreisegenehmigung ersuchen. Da er nicht wollte, daß Nadia sich wegen der potentiellen Gefahren sorgte, ließ er sich nicht anmerken, wie sehr ihn der Gedanke bedrückte, Moskau könnte ihm vor der Abfahrt noch einen Strich durch die Rechnung machen. Er gab sich weiterhin unbeschwert und selbstbewußt, innerlich war er jedoch zunehmend beunruhigt.

Die Hochzeit wurde am 17. Juli in der protestantischen Katharinenkirche auf der Basiliusinsel gefeiert. Etwa einen Monat später ergab sich eine Fluchtmöglichkeit, und gemeinsam mit seiner Frau verließ Klop Rußland, ähnlich getarnt wie bei der Einreise: Er gab sich wieder als Kriegsgefangener aus – diesmal als deutscher.

Für Klop, Nadia und ihre Mitreisenden – echte Kriegsgefangene, manche mit russischen Ehefrauen – war die Reise eine endlose Strapaze: unbequeme Züge, in denen außer den Passagieren noch jede Menge Frachtgut transportiert wurde, dann Übergangslager und Hotelzimmer. Schließlich erreichte das frischvermählte Paar Berlin, wo es etwa eine Woche blieb. Dann ging es weiter nach Amsterdam. Klop hatte dort nicht nur seinen Job bei Wolffs Büro, sondern auch eine kleine Wohnung, in der die beiden lebten, bis Klop an die Londoner Dienststelle der Agentur versetzt wurde und sie ein etwas geregelteres Leben beginnen konnten.

Widder, Aszendent Krebs

Als Nadia Benois Ustinov, in einen schweren Pelzmantel gehüllt, drei Tage vor Weihnachten im smogverseuchten London ankam, war sie im sechsten Monat schwanger. Die Vorstellung, in einer Stadt zu leben, in der es so viel Nebel und Schmutz gab, machte ihr Angst, aber sie begab sich tapfer zu der Wohnung in der Heathcote Street, die Klop, der vorausgereist war, bereits angemietet hatte. Heathcote Street ist eine Querstraße der Hauptverkehrsader Gray's Inn Road und liegt nur ein paar Minuten von den Bahnhöfen King's Cross und St. Pancras entfernt in einem wenig attraktiven Teil Londons.

Drei Monate später zogen Nadia und Klop aus dieser etwas heruntergekommenen viktorianischen Gegend in eine größere und hellere Wohnung im obersten Stock eines Hauses in Nord-

Peter Ustinov im Kreise der Familie.

41

london. Von dort wurde Nadia in die Entbindungsklinik in der Adelaide Road im Stadtteil Swiss Cottage eingeliefert, wo sie am 16. April 1921 gegen elf Uhr morgens ihrem einzigen Sohn das Leben schenkte.

Obwohl sie es nicht wollte, wurde ihr Chloroform verabreicht. Deshalb erinnerte sie sich später an nichts – außer, daß sie verärgert darüber war, daß sie »diesen Moment, den ich so herbeigesehnt hatte«, nicht bewußt erlebt hatte. Peter wurde im Sternzeichen des Widders geboren, des ersten Zeichens im Tierkreis, mit Krebs im Aszendenten und dem Mond im Löwen – eine planetarische Konstellation, die den »dynamischen« Pfad ankündigte, den er im Leben einschlagen sollte. Überhaupt war er in jeder Hinsicht genau das Wunderkind, das seine Mutter erwartet hatte. Sie war überzeugt, daß ihm eine große Zukunft bevorstehe. Mehr als dreißig Jahre später meinte sie zu dem Schauspieler Robin Bailey: »Ich wußte schon vor seiner Geburt, daß er ein Genie ist.« Peter Ustinovs erste Aktivität im Alter von nur wenigen Stunden wies allerdings eher auf körperliche Kraft als auf geistige Regheit hin. Als die Krankenschwester ihn beim Baden umdrehte, um seinen Rücken zu waschen, beobachtete Nadia mit Erstaunen, daß er »den Kopf hob, als wollte er das Zimmer inspizieren«. Das geschah öfter, und jedesmal flötete die Schwester entzückt: »Wirklich ein kräftiger Bursche – stimmts, Schnuckelchen? Jawohl, das bist du, mein kleiner Engel.«

Mehr als fünfzig Jahre später meinte Peter dazu: »Für den Fall allgemeiner Skepsis muß ich ergänzen, daß ich immer einen ungewöhnlich kräftigen Hals hatte.« Das war sicher von Vorteil, denn das Baby, das elf Pfund wog, war kugelrund, und nur wenn es den Kopf hob, konnte man feststellen, ob es – nach Peters eigenen Worten – »richtig herum lag oder nicht«.

Peter war in Leningrad gezeugt worden und als Embryo, sozusagen »getarnt als extraschweres Gepäckstück«, nach London eingereist. Drei Monate später, am ersten Hochzeitstag seiner Eltern, wurde Peter in Schwäbisch Gmünd getauft, einer »hübschen alten Stadt ein paar Kilometer östlich von Stuttgart«, im ehemaligen Königreich Württemberg gelegen, das seit 1871 zu Deutschland gehörte.

Daß die Eltern diese weite Reise unternahmen, lag an Klops alter Mutter, Magdalena von Ustinov. Sie hatte die Erlaubnis bekommen, Pskow zu verlassen, nachdem ihr Sohn die notwendigen

Papiere beschafft hatte, und lebte seither in Kairo. Als Tochter eines Schweizer Pastors (der seine Verbindung zu dem verrückten König von Amhara fast mit dem Leben bezahlt hätte) war sie mit den biblischen Geschichten aufgewachsen, die sie auch noch im Alter so tief berührten, daß sie sofort in Tränen ausbrach, wenn sie in der Bibel las. Nachdem sie von der Geburt ihres Enkelsohns erfahren hatte, wollte sie unbedingt, daß die Taufe in Kairo stattfinde – das Kind müsse seinen Lebensweg auf angemessen biblische Art antreten und mit Jordanwasser getauft werden.

Klop konnte die lange Fahrt nicht bezahlen und versuchte, seiner Mutter diese Idee auszureden, indem er einen Kompromiß vorschlug. »Da die geographischen Kenntnisse meiner Großmutter eher dürftig waren«, schreibt Peter, »ließ sie sich davon überzeugen, daß Schwäbisch Gmünd auf halber Strecke zwischen London und Kairo liegt«. Also vereinbarte man, sich dort zu treffen.

In Begleitung ihrer Tochter Bitha, ihrer beiden unverheirateten Schwestern Christina und Augusta und ihrer zwei jüngeren Söhne, Platon und Gregory (genannt »Tontschik« und »Grischa«), kam Magdalena im Sanatorium Schönblick an. Nadia beschrieb das Sanatorium geringschätzig als »riesiges, langweiliges Gebäude oben auf einem Berg, umgeben von einem dunklen Tannenwald und voller alter Frauen und pensionierter protestantischer Pastoren«. Die Taufe wurde in der Hauskapelle gefeiert. 1989 ließ sich Peter das Register zeigen, in das dieses Ereignis ordnungsgemäß eingetragen ist.

Am 17. Juli 1921 versammelte sich die Gemeinde um den Taufstein. Magdalena drängte sich nach vorn. Fest entschlossen, zumindest einen Teil ihres ursprünglichen Plans zu verwirklichen, hatte sie eine alte tönerne Wärmflasche voller Jordanwasser mitgebracht. Aber das Schicksal war Magdalena nicht wohlgesonnen. »Als sie dem Pfarrer – einem alten Mann, der am Tatterich litt – die Flasche reichte, ließ er sie fallen. Sie zersprang in tausend Stücke, während sich das Jordanwasser (und seine ganzen Amöben) über den Fußboden ergoß und in den Ritzen des Mosaiks versickerte. Meine Großmutter, die sehr nahe am Wasser gebaut hatte und bei jeder Gelegenheit in Tränen ausbrach, schluchzte bitterlich – man hätte mich mühelos mit ihren Tränen taufen können.«

Statt dessen wurde Peter mit regionalem – allerdings geweihtem – Wasser getauft, und zwar auf den Namen Petrus Alexandrus –

oder einfacher: Peter Alexander. Als er im September 1989 das Sanatorium Schönblick besuchte, entdeckte Ustinov nicht nur seinen Namen im Register, sondern fand auch heraus, daß er bei seiner Taufe von nicht weniger als acht Patinnen begleitet wurde, jedoch von nur einem Paten – seinem Onkel Tontschik.

»Mein Vater flirtete gern, das wissen Sie ja«, sagt Peter, »und ich weiß, weshalb ich acht Patinnen hatte. Ich wurde als eine Art Pfand eingesetzt.« Zum Teil waren Klops Flirts von Erfolg gekrönt. Seiner Frau gegenüber verheimlichte er sie nie. Eine von Peters zahlreichen Patentanten mit dem schönen Namen Trudl Weiffenbach wird sogar in Nadias Lebenserinnerungen erwähnt:

> »Trudl war ein Mädchen, das Klop während des Kriegs in München kennengelernt hatte. ›Weißt du‹, erklärte er mir, ›Trudl mochte mich sehr, aber sie war damals viel zu jung, und ich hatte mehr mit ihrer älteren Schwester zu tun. Trotzdem hoffte Trudl, daß ich sie eines Tages heiraten würde. Tja – jetzt ist es zu spät, und weil sie nicht die Mutter meines Kindes sein kann, will ich sie wenigstens bitten, seine Patin zu werden.«

Das Leben in England war Anfang der zwanziger Jahre geprägt von Not und Entbehrung einerseits, von Optimismus und Lebenslust andererseits. Im Januar 1921 waren fast 100.000 Menschen arbeitslos, im Hochsommer war die Zahl bereits auf 2,2 Millionen angestiegen. Der Bergarbeiterstreik im April hatte dazu geführt, daß der Notstand ausgerufen und die Kohlen rationiert wurden. Die andere Seite der Medaille waren die Extravaganzen der Reichen. Die Kinder der »Oberen Zehntausend« tummelten sich in Nachtclubs und auf Partys, und Opportunisten versuchten überall Vorteile herauszuschlagen. Irgendwo zwischen den beiden Extremen waren all diejenigen angesiedelt, die – weder reich noch arm – einigermaßen über die Runden kamen. Und zu ihnen gehörten Nadia und Klop.

In den ersten drei oder vier Londoner Jahren lebten die Ustinovs relativ zurückgezogen, allerdings nicht ganz freiwillig. Klop ging seiner Arbeit nach (vieles konnte er zu Hause erledigen), und Nadia kümmerte sich um den kleinen Peter. Wenn sie Gäste hatten, was vor allem Klop immer sehr gefiel, waren es in der Regel die wenigen Russen und Deutschen, mit denen sie seit ihrer Ankunft Freundschaft geschlossen hatten. Diese erzwungene Isolation rührte vor allem daher, daß die Briten, die besonders Klop

Peter Ustinov (links hinter dem Lehrer stehend) als Eleve der West-minster School.

sehr bewunderte, Fremden gegenüber im allgemeinen sehr vor-sichtig sind. Für ihre englischen Nachbarn waren die Ustinovs, »feindliche Ausländer«, und man beäugte sie mißtrauisch. Mit der Zeit tauten die Nachbarn allerdings etwas auf, und Klop und Nadia wurden allmählich akzeptiert. Ihr Freundeskreis vergrößerte sich, ihr Lebensstil wurde lockerer - und sie luden sehr viel öfter Gäste zu sich ein – kurz gesagt, ihr Leben wurde angenehmer und interessanter.

Bisher hatten sie in einer möblierten Wohnung gelebt, denn 1921 war es für sie als Ausländer schwierig genug gewesen, überhaupt etwas zu finden. Jetzt konnten sie in eine größere und unmöblierte Wohnung ziehen, und zwar in Carlisle Mansions, an der Grenze zwischen den Stadtteilen Pimlico und Chelsea, ganz in der Nähe des Sloane Square. Es machte ihnen Spaß, die Wohnung selbst einzurichten. Einige Möbel kauften sie bei Harrods. Klop konnte von Freunden seines Schwagers einen Bechstein-Flügel erwerben, was sein Entertainer-Herz erfreute. Außerdem schafften sie sich ein tragbares Grammophon an, und Peter erinnert sich noch heute, wie seine Eltern damals zu dem beliebten Schlager *Tea For Two* tanzten.

Unter dem Einfluß ihres Ehemanns hatte Nadia inzwischen erste Schritte in Richtung einer eigenen – – und erfolgreichen – Karriere als Malerin und Bühnenbildnerin unternommen. Anfangs drängte Klop allerdings etwas zu heftig, und obwohl Nadia protestierte, bestand er darauf, daß sie Gemälde ausstellte, die sie selbst noch nicht für gut genug hielt. Nadia sollte recht behalten – die Bilder wurden zurückgeschickt.
Mit der Zeit wuchs ihr Selbstbewußtsein, und 1929 machte sie in der Tooth's Gallery ihre erste Ausstellung, der noch viele folgen sollten. Als Augustus John Nadias Bilder sah, war er sehr beeindruckt von ihrer Arbeit und schickte ihr einen bewundernden Brief, der mit den Worten schloß: »*Très belle artiste je vous salue!*« Im folgenden Jahr kaufte die Kunstgalerie von Manchester eines ihrer Gemälde, und wenig später zogen auch die Tate Gallery und das Carnegie Institute nach.
Wie ihr berühmter Onkel wurde auch Nadia gebeten, Bühnenbilder für Ballett und Theater zu entwerfen. Für das *Ballet Rambert* gestaltete sie unter anderem *The Descent of Hebe, Bonnet Over the Windmill, Lady into Fox* und *Dark Elegies.* Der Höhepunkt ihrer Laufbahn war allerdings im März 1939, als sie aus Anlaß eines Staatsbesuchs des französischen Präsidenten Lebrun aufgefordert wurde, Bühnenbild und Kostüme für den ersten und dritten Akt von *The Sleeping Princess* zu entwerfen. Die Aufführung fand im Royal Opera House in Covent Garden statt. Das Innere des Gebäudes war für diese Gelegenheit von Rex Whistler neu dekoriert worden, und an dem Gala-Abend waren Präsident und Madame Lebrun, König George VI., Königin Elizabeth und die Königsmutter Mary anwesend.
Klop war zwar stolz auf die Malerei seiner Frau und freute sich über die Anerkennung, die ihr im Lauf der Jahre zuteil wurde, mischte sich aber immer sehr diktatorisch ein. Das ärgerte Peter.

»Er hatte ganz bestimmte Vorstellungen, wie ein Gemälde auszu-
sehen habe«, meint er heute. »Zum Beispiel konnte er sagen:
›Cèzanne hätte das Haus blau gemalt.‹ Und wenn meine Mutter
dann antwortet: ›Ich bin aber nicht Cèzanne‹, erklärte er spitz: ›Na
ja, wenn du nichts dazulernen willst...‹ So in dem Stil. Einmal
vernichtete sie ein Bild, das mir unglaublich gut gefiel, und als ich
fragte: ›Warum hast du das getan?‹, sagte sie nur: ›Es hat ihm nicht
gefallen.‹«

Peter Ustinov und seine Hunde (1959).

Klops tyrannisches Verhalten beschränkte sich nicht auf die Kunst. Genau wie sein Vater war Klop ein Autokrat, der nicht nur den ganzen Haushalt dirigiert, sondern auch Frau und Sohn vorschreiben wollte, wie sie zu leben hätten. In einer Kleinfamilie mit drei Personen erwuchsen daraus enorme Spannungen, was vor allem für Nadia eine große Belastung bedeutete. Sie bemühte sich, ihre eigene Identität zu bewahren und gleichzeitig noch eine Gratwanderung zwischen ihrer Rolle als Ehefrau und Mutter zu vollbringen. Dabei mußte sie mit Klops Launen fertig werden, mit seinen explosiven und manchmal auch gehässigen Ausbrüchen. Geduldig hörte sie sich die Erzählungen von seinen amourösen Abenteuern an und versuchte, den »brüchigen Hausfrieden «aufrechtzuerhalten, der umso mehr ins Wanken geriet, je älter Peter wurde.

»Es gab viel zuviel Streit zu Hause«, schrieb Peter in seinen Memoiren, »und die Auseinandersetzungen verschärften sich noch, als ich älter wurde und eine eigene Meinung entwickelte, mit der ich nicht hinterm Berg hielt.«

Für Peter war der Wendepunkt in der Beziehung zu seinem Vater, als Nadia jenes Bild zerstörte.

> »Mein Zorn war grenzenlos. Die Heftigkeit meines Gefühlsausbruchs überraschte meine Eltern, und zum erstenmal in meinem Leben brüllten sie mich beide an. Ich knallte meine Zimmertür hinter mir zu und schloß mich ein. Auf einmal verspürte ich eine nie gekannte Kraft. Es war die Wut eines Erwachsenen. Zum erstenmal hatte ich einen eigenen Standpunkt vertreten – jedenfalls kam es mir so vor. Ich reagierte von da an mit kalkulierter Kälte und ließ mich von den sarkastischen Bemerkungen meines Vaters und auch von den Vernunftappellen meiner Mutter nicht beeindrucken. Die häusliche Atmosphäre war nicht mehr wechselhaft, sondern fast nur noch düster und angespannt. Diesen schrecklichen Tag müßte ich eigentlich in meinem Lebenskalender rot anstreichen. In meinen Augen hatte ich mich selbst gefunden.«

Peter war damals etwas älter als zehn – ein Alter, in dem bei einem Kind der Wunsch nach Unabhängigkeit erwacht. Aber in seinem Zorn ging er weiter als die meisten – er entdeckte plötzlich sein eigenes Ich, den Menschen, der zu dem Individualisten heranwachsen sollte, den wir heute kennen. In diesem Augenblick

Peter Ustinov (3. von rechts, sitzend) in Uniform (1943).

begann Peter erwachsen zu werden, und die Allmacht seines Vaters war dahin.

Die Umwelt und die zahlreichen, teils prominenten Freunde und Bekannten sahen Klop aus der Distanz in einem anderen Licht. Dame Rebecca West meinte beispielsweise in einem Fernsehinterview aus den späten fünfziger Jahren, Harold Macmillan sei »der genialste Geschichtenerzähler, dem ich je begegnet bin – außer Peter Ustinovs Vater«. Als Gastgeber und Unterhalter war Klop in seinem Element. »Er hat immer gesagt, es ist eine große Begabung, wenn man Menschen zum Lachen bringen kann, und mehr brauche es nicht«, meinte Peter einmal zu mir. »Für ihn war Oberflächlichkeit etwas Positives. Da war er absolut hedonistisch. Im alten Griechenland wäre er sicher Philosoph gewesen. Er lebte ein etwas absurdes Leben, aber er lebte es gut.«

In seinem Alltag als Journalist und dann als Presseattaché bei der deutschen Botschaft in London (er übernahm diesen Posten Mitte der zwanziger Jahre) zeigte Klop Intelligenz, Weltgewandtheit, Geist und Witz. Seine Schwächen wurden nur in seinen eigenen vier Wänden sichtbar. In Peters eigenen Worten: »Nur als Vater war er manchmal unerträglich – und als Ehemann.

In der häufig sehr schwierigen Ehe mit einem Mann, der in der Presse einmal als »selbstgerechter Snob« bezeichnet wurde, hatte Nadia zweifellos einiges durchzumachen. Aber sie hörte nie auf, Klop zu lieben – auch das steht außer Frage. In der Einleitung zu den Memoiren seiner Mutter, die 1973, zwei Jahre vor ihrem Tod, veröffentlicht wurden, schrieb Peter Ustinov:

> »Ich kann mir eigentlich keine andere Lebenspartnerin für meinen Vater vorstellen als meine Mutter. Sie lernte, ihn nicht zu ernst und nicht zu leicht zu nehmen. Sie beugte sich im Wind, aber sie zerbrach nicht. Im Grunde war sie viel zäher als er, und tief im Herzen wußte sie das – und mein Vater wußte es sicher auch.«

Peter hatte ein sehr gutes Verhältnis zu seiner Mutter. Für ihn war Nadia »eine bemerkenswerte Frau, eine Schwester, Tante, manchmal Tochter, jedoch ohne den süßlich-klebrigen Besitzanspruch, der traditionell gewisse Aspekte des Mutterseins ausmacht.«

In den Augen seiner Mutter besaß Peter schon als Kind »eine ›alte‹ Seele – viel weiser als mancher Erwachsene«. Sehr früh zeigte sich, daß er ein gutes Ohr für Akzente, Sprachen und jede Art von Geräuschen hatte – er konnte alles nachahmen. Nadia erzählte gern eine Anekdote von einer Hollandreise mit dem damals dreijährigen Peter. Er spielte im Sand, als ein kleiner Holländer angerannt kam und holländisch zu plappern begann.

> »Peter schaute zuerst ein bißchen verdutzt drein, aber dann dachte er wohl, das sei ein neues Spiel, und antwortete mit einem absolut holländisch klingenden Redeschwall. Jetzt war der andere Junge ganz durcheinander. Was er hörte, klang zwar holländisch, aber er verstand kein Wort. Er drehte sich auf dem Absatz um und rannte weg, so schnell er nur konnte. Peter blickte ihm erstaunt nach, und als er unser Gelächter hörte, kam er angerannt, um mit uns zu lachen.«

Ein andermal fragte Peter beim Tee in der Deutschen Botschaft die Ehefrau des Botschafters, ob die aus Hamburg stamme, wo der Koch seiner Eltern herkam. Als sie bejahte, schlug er vor, sie sollten sich lieber auf deutsch unterhalten: »Sie sprechen nämlich miserabel Englisch, wissen Sie.«

Imitationen waren also offensichtlich nicht nur Klops Stärke. Peters Unterhaltungswert wurde hoch geschätzt – allerdings nicht von seiner Kinderfrau, die es gar nicht mochte, wenn Gäste

Peter Ustinov auf der Berlinale 1955.

gebeten wurden, Peter beim Baden zuzusehen, weil das nackte Kind angeblich »einem jungen Bacchus der etruskischen Schule« glich.

Peters frühreifes Talent als Entertainer zeigte sich das erstemal, als er gerade zwei Jahre alt war. Klop setzte dem Kleinen seinen Filzhut auf den Kopf und forderte ihn auf, er solle sagen: »Ich bin Lloyd George, und ihr seid Halunken.« Später merkten Klop und Nadia, daß ihr Sohn sehr viel mehr aufnahm, als sie gedacht hatten. Mit viereinhalb fragte Peter seinen Vater plötzlich beim Frühstück: »Was heißt konservativ, liberal und Labour?« Wie seine Frau berichtet, versuchte Klop zu erklären: »Konservative sind Leute, die nichts verändern wollen, Labour-Anhänger sind Leute, die alles ganz schnell verändern wollen, und die Liberalen sind Leute, die zwar eine Veränderung wollen, aber langsam und schrittweise.«

»Dann bin ich ein Liberaler«, verkündete Peter ohne Zögern. Als seine verblüfften Eltern wissen wollten, warum, erläuterte er: »Wenn man schnell verändert, gerät alles durcheinander, aber wenn es gar keine Veränderungen gibt, dann gibt es auch keine Geschichte.« Peter ist zwar nie im eigentlichen Sinn politisch aktiv gewesen, aber er besitzt einen wesentlich schärferen Durchblick als viele Leute, die ein politisches Amt bekleiden. Interessant ist, daß er weder seine Lebenseinstellung noch seine Philosophie je geändert hat.

Als Kind war Peter ständig mit Erwachsenen zusammen – mit seinen Eltern, ihrem kosmopolitischen Freundeskreis und mit seinen verschiedenen Kindermädchen. Trotzdem oder vielleicht gerade deswegen war er ein Einzelgänger, phantasievoll und selbstgenügsam. Da er keine Geschwister und eigentlich auch keine Spielkameraden besaß, schuf er sich seine eigene Welt, in der Autos eine wichtige Rolle spielten – er konnte nicht nur die Motorengeräusche verschiedenster Marken erkennen und nachahmen, sondern spielte eine ganze Zeitlang immer wieder, er sei ein Amilcar (ein damals bekannter französischer Sportwagen, der zwischen 1921 und 1939 gebaut wurde), wobei er alles exakt imitierte: Beschleunigung, Schalten, Bremsen, die quietschenden Reifen und vor allem die schrille Hupe.

»Warum ich mir ausgerechnet diesen zierlichen Wagen ausgesucht habe, der aussieht wie ein wütender Käfer, das weiß ich nicht, aber ich vermute, daß es der Wunschtraum eines rundlichen kleinen Jungen war, sich in einen stromlinienförmigen, federleichten Boliden zu verwandeln. Ich stellte morgens den Motor an und hörte erst auf, wenn ich abends im Rückwärtsgang ins Bett fuhr und den Zündschlüssel herumdrehte. Es war eine ausgezeichnete Fluchtmöglichkeit. Ich brauchte keine Fragen zu beantworten und ging jedem Kontakt aus dem Weg, ob vernünftig oder unvernünftig. Diesen Luxus konnte ich mir in meiner sicheren und unverrückbaren Welt erlauben.«

Peter Ustinov – oder von Ustinov, wie er damals noch hieß – kam mit sechs Jahren zur Schule. Um die Gebühren von Mr. Gibbs' Preparatory School in der Sloane Street bezahlen zu können, zogen Klop und Nadia von Carlisle Mansions in eine billigere Wohnung in Lexham Gardens, einen Komplex aus hohen viktorianischen Gebäuden in einem weniger eleganten Viertel des Stadtteils Kensington.

Mr. Gibbs' Knabenschule war nicht in das englische Erziehungssystem integriert, deshalb trugen die Kinder keine richtige Schuluniform, sondern nur eine rote Mütze und einen roten Pullover. Jeder, der sich noch an die Qualen seines ersten Schultags erinnern kann, wird sich in dem kleinen Peter wiedererkennen, der sich verzweifelt an seine Mutter klammerte, als er in ein Klassenzimmer voller fremder Kinder gebracht wurde, die ihn neugierig oder sogar feindselig anstarrten. Sie kannten sich untereinander schon ein bißchen, denn das Schuljahr hatte schon eine Woche vorher begonnen.

Für einen Jungen, dessen Mutter halb Französin und halb Russin und dessen Vater von seiner Staatsbürgerschaft her Deutscher war und der eigentlich nur den Lebensstil eines Künstlerhaushalts kannte, war es eine schwierige Umstellung, mit englischen Kindern aus wohlhabenden Kreisen zur Schule zu gehen. »Old Gibby« besaß nicht viel Taktgefühl und auch nicht das nötige Einfühlungsvermögen, um zu merken, daß es das Selbstvertrauen und die Arbeitshaltung eines Kindes keineswegs fördert, wenn man auf seinen Schwächen herumhackt Peter hatte damals beispielsweise noch Mühe, eine Schleife zu binden. »Oh, Usti-Busti – kann seine Schnürsenkel nicht binden«, intonierte der Schulleiter, »komm mal her... Mr. Gibbs wird ihm schon helfen, na klar. Setz dich, Dickerchen.«

Kricket gehörte für Jungen zum Lehrplan. Als Peter diese einschläfernde Sportart kennenlernte, spürte er zum erstenmal, daß er »eigentlich Ausländer war«. Das Spiel ist zwar hübsch anzusehen, wenn man an einem warmen Sommernachmittag auf einer grünen Dorfwiese sitzt, aber es ist nicht jedermanns Sache – und Peter war all es andere als begeistert. Genausowenig wie von Fußball. Dieses Spiel wurde in Gibbs' Schule von einer gewissen Miß Dacie unterrichtet, die außerdem Musik lehrte und Peter viel Sympathie entgegenbrachte.

Geoffrey Willans, Ustinovs erster Biograph, berichtet uns, Peter sei Peter sei nicht besonders geschickt gewesen.

> »Er galt als unpraktisch. Fast immer zog er das falsche Hemd an – ein rotes, wenn er für die Weißen spielen sollte, und umgekehrt. Manchmal trug er beide übereinander, das falsche oben. Er gestand später, das komme daher, weil er unbedingt auf der Siegerseite sein wollte. Er kann für ein Fußballteam kein großer Gewinn gewesen sein. Da ihn diese barbarische Sportart sehr irritierte, rannte er meistens in die falsche Richtung, weg vom Ball. Miß Dacie erinnert sich, daß er den Ball einmal traf – und dann aufs eigene Tor schoß.«

Peter selbst schreibt:

> »An Mr Gibbs' Schule lernte ich zu überleben, indem ich die tölpelhaften und komischen Seiten meiner Persönlichkeit betonte und meinen heimlichen Ehrgeiz unterdrückte – aus Furcht, ich könnte sonst die von der Natur besser ausgestatteten Schüler provozieren. Bei Fußballspielen war ich oft Torwart, teils weil ich mit dem Ball nicht der Schnellste war, teils weil ich breit war und deshalb mehr Raum im Tor ausfüllte als ein schlanker Junge – also standen theoretisch die Chancen besser, daß ich unabsichtlich einen Ball abwehrte, einfach weil er mich traf.«

Peters sportliche Leistungen ließen also sehr zu wünschen übrig, doch auch seine ersten Auftritte als Schauspieler auf der Schulbühne scheinen nicht viel verheißungsvoller gewesen zu sein. Einmal spielte er in einem dramatisierten Kinderreim ein Schwein, und seine Darstellung wurde als »ausreichend« bezeichnet. Ein andermal war er eine der drei Sirenen, die Odysseus ins Verderben locken wollen, aber offenbar hat sich niemand zu

Peter Ustinov und seine Frau Suzanne Cloutier an der Riviera (1955).

seinem Auftritt geäußert. Peter selbst meinte viele Jahre später, trotz seiner blonden Zöpfe und seiner damals sehr hellen Sopranstimme habe ihn Odysseus klugerweise links liegen lassen.

Mit 13, nach sieben Jahren bei Mr. Gibbs, verließ Peter die Preparatory School. Sein Schulleiter schrieb: »Wir wissen, daß er überdurchschnittlich begabt ist, und seine Schwierigkeiten in eher ›trockenen‹ Fächern wie Latein heben seine Fähigkeiten auf anderen Gebieten, die originelle Beiträge verlangen, umso mehr hervor. Er ist sehr freundlich und charmant, und ich werde sein beispielhaftes Verhalten an unserer Schule stets im Gedächtnis behalten.«

Fortsetzung der Familientradition

Nach der (wie er selbst es nannte) »behüteten Welt« von Mr. Gibbs' Knabenschule kam Peter Ustinov in die »unwirkliche Atmosphäre« einer der führenden Privatschulen Englands. Obwohl seine Eltern es sich eigentlich nicht leisten konnten, stellten sie ihm zwei Möglichkeiten zur Wahl: St. Paul und Westminster. Die Schüler von St. Paul trugen Strohhüte, wie der berühmte amerikanische Filmschauspieler Harold Lloyd, während in Westminster Frack und Zylinder vorgeschrieben waren, was die Knaben aussehen ließ wie Fred Astaire oder – etwas makabrer – wie jugendliche Bestattungsunternehmer. Peter entschied sich für Westminster. »ich dachte mir, wenn ich schon lächerlich aussehen soll, dann wenigstens richtig«, erklärte er seinen Entschluß viele Jahre später.

Westminster School wurde in der ersten Hälfte des 14. Jahrhunderts als Lateinschule gegründet. Für Königin Elizabeth I. wurden dort im 16. Jahrhundert die ersten lateinischen Stücke aufgeführt – in dem mittelalterlichen Auditorium, in dem heute die Schüler unter der alten Stichbalkendecke an sauber geschrubbten Holztischen ihr Mittagessen einnehmen. Die Schule liegt ganz in der Nähe der Westminster Abbey – die man herablassend als »Schulkapelle« bezeichnet.

Zu Fuß ist man in ein paar Minuten beim Westminsterpalast. Dort standen die Schüler immer Spalier, wenn der Monarch in der Staatskarosse vorfuhr, um die neue Sitzungsperiode des Parlaments zu eröffnen. Vor allem während des 18. Jahrhunderts waren die Geschehnisse im Parlament stark von »alten Westminsteranern« dominiert.

Zu den ehemaligen Schülern gehören viele illustre Namen: der Dichter und Dramatiker Ben Johnson, der im 16. Jahrhundert lebte; Sir Christopher Wren; Lord Byron: Benjamin Hall, nach dem »Big Ben« benannt ist; Sir Adrian Boult und Sir John Gielgud. Und auch andere Berühmtheiten: der Doppelagent Kim Philby, der 1963 nach Rußland überlief; der radikale Labour-Politiker Tony Benn; der moderne Bühnenautor Stephen Poliakoff und der Philosoph Richard Wollheim.

Als Peter Ustinov am 20. September 1934 das erstemal als Schüler durch die ehrwürdigen Pforten schritt, war Westminster noch eine reine Jungenschule. Peter hält heute getrenntgeschlechtliche Erziehung für »eine Art Apartheid« – wenn nicht noch schlimmer. Zunächst wohnte er im Internat Busby, benannt nach Dr. Richard Busby, der im 17. Jahrhundert 15 Jahre lang Westminster leitete. Später besuchte er die Schule als Externer, was seine Eltern von Anfang an gewünscht hatten.

In Westminster, so beschrieb Ustinov später, gab es »Unmengen von Torbögen, an denen man sich den Kopf stoßen konnte; vom Zahn der Zeit abgeschliffene Treppenstufen unterschiedlicher Höhe, auf denen man sich den Hals brechen konnte; und Gemälde verstorbener kirchlicher Würdenträger, die einen um den Glauben bringen konnten.« Durch schulische Leistungen tat sich Peter in Westminster genausowenig hervor wie bei Mr. Gibbs. In den Akten wird sein Name während der zweieinhalb Jahre, in denen

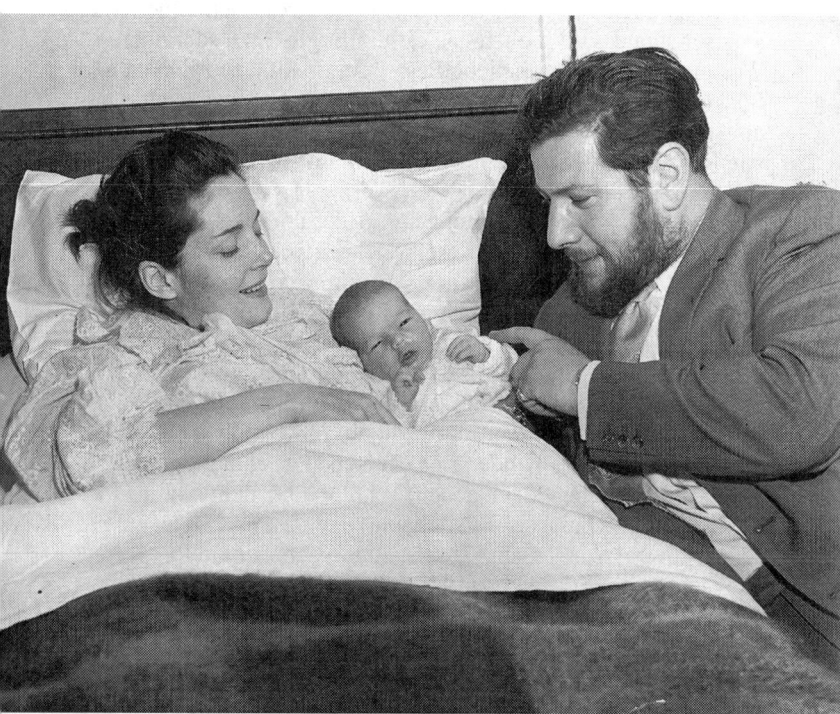

Peter Ustinov und seine zweite Frau Suzanne Cloutier mit ihrem neugeborenen Sohn Igor (1956).

er die Schule besuchte, lediglich zweimal erwähnt, und auch da nur *en passant.*

Im Verlauf der Jahrhunderte hat Westminster eine große Zahl bedeutender Wissenschaftler, Kirchenmänner und Politiker hervorgebracht. Manche Schüler haben auch eine eher subversive, weniger staatstragende Richtung eingeschlagen. Aber daß an einer Schule, die für Spontaneität nichts übrig hatte und das kreative Potential eines Jungen mehr oder weniger dem Zufall überließ, immerhin ein kleiner Prozentsatz von Schülern sich später künstlerisch hervortat, ist doch recht bemerkenswert. Über Peter lautete das Urteil damals: »Er zeigt große Originalität, die um jeden Preis gezügelt werden muß.«

Peters Englischlehrer, Mr. Carleton, hatte Schwierigkeiten mit seinem Nachnamen – wurde er mit »w« oder mit »v« geschrieben? Und angeblich meinte er in einem der Jahresabschlußberichte: »Dieser Junge wird nie lernen, korrekt Englisch zu schreiben.« Westminster schaffte es nicht, Peters Originalität zu zähmen, und trotz Mr. Carletons bissiger Bemerkung war sein Englisch immerhin so gut, daß er mit seinem ersten Zeitungsartikel (über Rudolf von Ribbentrops Kunstwerke) beim Londoner *Evening Standard* ein ganzes Pfund verdiente.

Neun Monate lang, vom Oktober 1936 bis zum Juli 1937, besuchte Rudolf von Ribbentrop dieselbe Klasse wie Peter. Er war der Sohn des deutschen Botschafters Joachim von Ribbentrop, der später als Hitlers Außenminister fungierte und im Oktober 1946 als Kriegsverbrecher hingerichtet wurde. Der junge Ribbentrop hatte es nicht geschafft, in Eton aufgenommen zu werden, aber Westminster akzeptierte ihn, obwohl, wie der *Standard* seinen Lesern mitteilte, »die deutsche Kolonie in London großen Wert darauf legt, daß ihre Kinder eine deutsche Erziehung erhalten«.

Peter saß zwischen dem neuen Schüler und dem Sohn eines arabischen Ölscheichs. Er hatte genügend Zeit und Gelegenheit, seinen sommersprossigen Klassenkameraden, der am Revers das Abzeichen der Hitlerjugend trug, genauestens zu studieren. Unter anderem diskutierte er mit Rudolf über den Friedensvertrag von Brest-Litowsk. Eines Tages fühlte Peter sich dazu veranlaßt, über die »künstlerischen Bemühungen« des jungen Deutschen zu schreiben, und schickte den Artikel an den *Evening Standard.* Eigentlich war das Geschriebene recht harmlos, aber in der Schule löste es einige Unruhe aus. Peter wurde zwar nie offiziell als Autor benannt, aber sein Gruppenlehrer wußte wohl Bescheid.»ich kann mir nicht helfen«, sagte er, »aber derjenige, der dafür verantwortlich ist, wird es noch weit bringen im Leben. Verdammt clever.« Peter stimmte zu, meinte aber: »Trotzdem sollte man so etwas nicht auch noch ermutigen, oder?«

»Nein«, antwortete Mr. Bonhote und fügte dann augenzwinkernd hinzu: »Aber manche Leute brauchen gar nicht ermutigt zu werden.«

Anfang 1936 gründete der 15jährige Ustinov gemeinsam mit anderen die »United Front of Progressive Forces«, eine radikalpazifistische Vereinigung mit dem Motto »Friede, Freiheit und soziale Gerechtigkeit«. Man nannte sie kurz die »Uff-Puffs«. Das politische Spektrum der Mitglieder reichte von »reaktionären Tories und unabhängigen Konservativen« bis zu »christlichen Sozialisten, liberalen Pazifisten, Labour-Anhängern und Kommunisten«. Mitgliedsnummer 29, zwischen »B. Turner Samuels, Labour« und »M.W. West, Labour« war der liberale »P.A. Ustinov«. Wie viele ihrer Landsleute waren die Jungen entschlossen, gegen »Militarismus und Reaktion« zu kämpfen, und ihr 14-Punkte-Programm forderte unter anderem »unnachgiebigen Widerstand gegen Faschismus, Konservatismus und Krieg; bedingungslose Unterstützung des Völkerbunds *oder* absoluter Pazifismus; Ablehnung der Wiederbewaffnung; Nationalisierung der Rüstungsindustrie und des Kohlebergbaus; drastische Reformen des Oberhauses; Beseitigung der Slums; Strafrechtsreformen.«

Trotz ihrer noblen Ideale erreichte die Organisation nicht sehr viel, außer daß sie eine wöchentliche »Zeitung« mit dem Titel *Yours* publizierte, in Oxford und Cambridge Sektionen gründete und Friedensdemonstrationen organisierte. Das genügte, um die »alten Westminsteraner« so zu erschrecken, daß sie von einem »bolschewistischen Skandal« sprachen.

Die »Uff-Puffs« existierten nur ein Jahr lang, dann lösten sie sich auf. John Fields, seit 1964 Lehrer, Bibliothekar und Archivar in Westminster, meint, die Organisation sei vor allem wegen innerer Differenzen auseinandergebrochen, die mit dem Thronverzicht Edwards VIII. im Dezember zusammenhingen und mit Streitigkeiten zwischen marxistischen und gemäßigten Linken – »vielleicht war aber auch einfach der Enthusiasmus verflogen, der sie in ihrem Idealismus mehrere Monate lang beflügelt hatte.

Bei den Ustinovs zu Hause waren alle friedlichen Konfliktlösungsversuche zum Scheitern verurteilt – immer wieder gerieten sich der eigenwillige Sohn und sein pedantischer Vater in die Haare, vor allem wegen Peters ungepflegter Erscheinung. Nadia Benois erinnerte sich:

»Klop konnte es nicht ausstehen, wie schlampig Peter als Schüler von Westminster herumlief. Für Peter war das eine Tortur, denn in der unpraktischen Uniform konnte man einfach nicht ordentlich aussehen, es sei denn, man hatte ein ganzes Regiment von Hausdienern. Die weißen Kragen waren ständig grau, der schwarze Mantel staubig. Klop fand das abstoßend und nahm kein Blatt vor den Mund, sondern beschimpfte Peter sehr aggressiv. Anfangs verteidigte sich Peter nur, aber bald wurde er wütend und ausfallend. Es kam zu heftigen Auseinandersetzungen. Ich versuchte natürlich, Peter in Schutz zu nehmen, weil ich fand, daß er eine so unfreundliche Behandlung nicht verdient hatte. Das brachte Klop noch mehr in Rage, und er warf mir vor, ich würde immer auf Peters Seite stehen und mich sogar mit Peter gegen ihn verschwören. Es war alles sehr unangenehm und überflüssig, und manchmal machte es mich ganz unglücklich.«

Damals hatte Klop überhaupt viele Probleme. Seine gereizte Reaktion auf Peters Kleidung war nur die Fortsetzung eines seit langem schwelenden Zermürbungskrieges zwischen den beiden. Dazu kamen finanzielle Sorgen – Klop wußte oft nicht, wie er die Schulgebühren für seinen Sohn bezahlen sollte. Mitte der zwanziger Jahre hatte er seinen Job bei Wolffs Telegrafenbüro gekündigt, um für die deutsche Botschaft am Belgrave Square als Presseattachè zu arbeiten. Aber die politische Situation in Deutschland bedrückte ihn zunehmend: Adolf Hitlers Ernennung zum Reichskanzler im Januar 1933, der Aufstieg der NSDAP und der wachsende Fanatismus in der Bevölkerung, die Judenverfolgung und die rassistische Gesetzgebung. Klop konnte sich immer weniger mit seiner Arbeit identifizieren und unternahm auf eigene Faust kleine Sabotageakte. Zum Beispiel weigerte er sich konsequent, Nachrichten aus England im Sinne der Hitlerschen Regierung zu frisieren. Später leistete er, wie Peter Wright in seinem umstrittenen Buch *Spycatcher* schreibt, dem britischen Geheimdienst gute Dienste, weil er die deutsche Hierarchie von innen kannte und genau wußte, wie sie funktionierte. Klop stellte seine Wohnung als Treffpunkt für Agenten zur Verfügung. Schon bald schöpften die Nazis Verdacht, und Klop wurde aufgefordert, ein Formular auszufüllen, um seinen »Ariernachweis« zu erbringen. Das lehnte er rundweg ab, und er war auch nicht bereit, zu »Beratungsgesprächen« nach Berlin zu fahren.

Das Ende vom Lied war, daß Klop aus dem Dienst der Botschaft entlassen wurde. Mit Hilfe von Sir Robert (später Lord) Vansittart, damals ständiger Staatssekretär im Auswärtigen Amt, erhielt er die britische Staatsbürgerschaft. Sein »Einbürgerungsantrag« wurde in einer Zeitung in walisischer Sprache veröffentlicht, womit man der Gestapo einen Strich durch die Rechnung machen wollte, die offensichtlich kein Keltisch konnte.

Von da an wird die Chronologie von Klops Berufsleben etwas verschwommen. Eines allerdings ist sicher: Er ließ sich immer wieder etwas Neues einfallen. Kurze Zeit arbeitete er als Kunstkritiker beim *News Chronicle,* bekleckerte sich aber nicht gerade mit Ruhm. Seine Kommentare zu einer Statue von Henry Moore beispielsweise zeigten so wenig Verständnis für moderne Kunst, daß eine Reihe prominenter Künstler daraufhin den Chefredakteur des Chronicle massiv unter Druck setzte, Klop zu entlassen – was dieser auch tat. Klop wollte allerdings nicht so recht begreifen, warum er gefeuert wurde. »Ich habe mich doch nur über die Löcher lustig gemacht«, protestierte er unschuldig.

Bald darauf bekam er eine Stelle als Buchhalter am Vaudeville Theatre. Auch da erging es ihm nicht viel besser. »Er verstand ja nicht einmal die Grundbegriffe der Buchführung«, sagt Peter heute. »Er hatte keine Ahnung, welche Zahl in welche Spalte gehörte.« Doch Klop ließ sich nicht erschüttern. Er versuchte nun sein Glück im Kunsthandel und bewies dabei einiges Talent. Oft entdeckte er mitten im üblichen Trödel der Antiquitätenläden alte Meister und andere wertvolle Kunstschätze. »Manchmal irrte er sich aber auch gewaltig« erzählt Peter. »Zum Beispiel hat er mir ein paar Bronzestatuen vermacht, die sich als nicht besonders wertvoll herausstellten, obwohl er sie für seltene Sammlerstücke hielt. Aber einmal entdeckte er ein paar von Rembrandts Skizzen für den Farnesischen Stier, die er für tausend Pfund an das Amsterdamer Rijksmuseum verkaufte. Das war damals eine Menge Geld, aber heute würde man dafür astronomische Summen bekommen. Wenn ihm so etwas gelang, freute er sich sehr, machte

Peter Ustinov mit Bart...

aber nicht konsequent weiter, sondern wartete, bis er kein Geld mehr hatte – dann nahm er eine Nadel und steckte sie blind in die Landkarte von England, und wo sie landete, dorthin fuhr er – auch wenn es eine Reise nach Tewkesbury bedeutete.

Die übrigen Aktivitäten Klop Ustinovs sind in einen Schleier des Geheimnisses gehüllt. Daß er von den späten dreißiger Jahren bis

...und glattrasiert

zu seiner Pensionierung 1957 für den britischen Geheimdienst arbeitete, ist unbestritten. Aber wie intensiv und in welcher Funktion, scheint immer noch nicht klar. Nadia Benois spricht in ihren Memoiren Klops »Geheimjobs« an. Aber wenn man dann gespannt weiterliest, nimmt sie die Andeutung diskret zurück, und später enthüllt sie nur, »eine hochstehende Persönlichkeit« habe ihr mitgeteilt, daß Klop »mutig und voller Hingabe der Sache der Freiheit gedient« habe und »England ihm zu tiefstem Dank verpflichtet sei.

Wir wissen, daß Klop häufig Auslandsreisen unternahm und daß er ein wichtiger Zeuge bei dem Entnazifizierungsprozeß war, bei dem der deutsche Dirigent Wilhelm Furtwängler von der Anklage der Kollaboration mit den Nazis freigesprochen wurde. Es kann also durchaus sein, daß Klop ein Spion war. Peter Ustinov weiß es selbst nicht genau, aber er sagt, daß er immer wieder neue Dinge über seinen Vater erfährt, der – wie er mit einem gewissen Stolz erzählt – am Ende des Krieges des Rang eines Oberst innehatte.

Als Klop aufhörte, für die deutsche Botschaft zu arbeiten, ging gleichzeitig auch Peters Schulzeit und damit seine Kindheit zu Ende. Das machte ihn nicht unglücklich, Nur ungeduldig. »Ich wollte *endlich* für mich selbst verantwortlich und erwachsen sein«, sagt er heute.

Vermutlich hätte er gern eine Universität besucht, aber da seine Eltern schon Schwierigkeiten gehabt hatten, seine Privatschulausbildung zu finanzieren, beschloß er, es sei nun an der Zeit, der Wirklichkeit ins Auge zu blicken. Vierzig Jahre später hatte er jede Menge Ehrendoktortitel in Musik, Kunst, Literatur und Jura, von den verschiedensten Universitäten: Dundee und Lancaster in Großbritannien, Georgetown und La Salle in den USA, Toronto und Lethbridge in Canada.

Mit 16 Jahren war es für Peter Ustinov ein Alptraum, die Prüfungen hinter sich bringen zu müssen, die unter dem Oberbegriff »School Certificate« zusammengefaßt wurden. »Ich hatte wenig oder gar keine Hoffnung zu bestehen«, schreibt er in seinen Memoiren *Dear Me,* «wenigstens nicht in den ›modernen‹ Fächern. Trotz meiner Leistungen in manchen Bereichen hatte ich in Naturwissenschaften und Mathematik nicht die geringste Chance, und damit war die Sache erledigt.« Im Grunde war die Entscheidung über seine Zukunft ohnehin längst gefallen. Peters Humor und seine Begabung, alles und jeden nachzuahmen – Filmstars, Lehrer, Tiere, Musikinstrumente, Autos –, deuteten klar auf eine Laufbahn als Unterhaltungskünstler hin.

Seine Mutter konnte ihm da behilflich sein. Sie wußte, daß Peter einen Beruf brauchte, der ihm viel Freiheit ließ und ihm die Möglichkeit gab, »all seine Begabungen auszuschöpfen«. Sie kannte den Produzenten Michel Saint-Denis, weil sie für seine Avantgardetruppe »Compangnie des Quinze« gearbeitet hatte. Saint-Denis hatte inzwischen im Londoner Stadtteil Islington das sogenannte London Theatre Studio eröffnet, eine Schauspiel-

Peter Ustinov und seine Frau Suzanne Cloutier in Venedig 1960.

schule, die in einer umgebauten Kapelle untergebracht war und ihr eigenes Theater samt Garderoben und Werkstätten besaß.

Im Juli 1937 begann Peter Ustinov also, an Monsieur Saint-Denis' Schule zu studieren. Endlich war er dem extrem konservativen und phantasielosen Schulbetrieb von Westminster entronnen. Sein Vater meinte zwar, er solle lieber Anwalt oder Diplomat werden, legte ihm aber keine Steine in den Weg. Gleichzeitig mit Peter kam auch der junge Peter Daubeny ans London Theatre Studio. Die beiden Peter hatten vieles gemeinsam, und beide sollten später einen wichtigen Einfluß auf die Entwicklung des englischen Theaters ausüben. Zwar verlor Daubeny im Zweiten Weltkrieg bei Salerno einen Arm und konnte nicht mehr als Schauspieler arbeiten, doch er beschloß, sich statt dessen dem Theatermanagement zu widmen. Jeden Morgen fuhren die beiden Freunde mit dem Bus zum London Theatre Studio, und nach Daubenys Worten waren diese Fahrten immer sehr unterhaltsam, weil Ustinov »in den buntesten Farben ausmalte, welche neuen Improvisationen wohl auf uns warteten«.

Zwei Jahre lang besuchte Peter Ustinov diese Schule. Heute meint er dazu: »Ich war mit vielem nicht einverstanden, aber das hat mir eigentlich nur genützt. Man muß sich dann nämlich überlegen, warum einem etwas nicht paßt und was man statt dessen gerne hätte. Und das regt zum Denken an. Ich glaube, manchmal ist eine mittelmäßige Ausbildung besser als eine gute, wenn man sie für seine eigenen Zwecke nutzen kann und sich nicht einlullen läßt. Ich war sehr ehrgeizig – das heißt, ich konnte es kaum abwarten, endlich mein eigener Herr zu sein, und vermutlich hätte mir die Schule ohnehin keinen Spaß gemacht, selbst wenn sie sehr gut gewesen wäre. Ich mochte Saint-Denis und seine Leute, zum Beispiel George Devine, der die Improvisationen leitete, aber ich fand das System nicht fair und rieb mich sehr daran«.

Einer der wichtigsten Reibungspunkte mit Michel Saint-Denis war seine Lehrmethode.

»Da die Schule an Stanislawski orientiert war, wurde alles genauestens analysiert; selbst die kleinste Geste gab Anlaß zu ausführlichen Diskussionen. Ich habe bis heute instinktive Einwände gegen die sogenannte »Methode«, und zwar deswegen, weil so vieles von dem, was während der Proben gesagt, getan und – noch wichtiger – gedacht wird, sich nicht dramatisch

Zweimal Ustinov: Peter und Sohn Igor.

umsetzen läßt. Das führt zu dem allzu häufigen Phänomen, daß Schauspieler, die zu einer falschen und rigiden Auslegung ihrer Rolle gekommen sind, auf der Bühne unverständliche Dinge tun, und das mit selbstzufriedener und sogar autoritärer Attitüde, was die Zuschauer einfach abstößt.

Peter Daubeny seinerseits haßte jede Minute, die er an der Schule verbrachte. Ähnlich wie Ustinov meinte er, die London Theatre School und ihr Lehrplan eigne sich »vielleicht als Seminar für Psychotherapeuten, aber nicht für Schauspielschüler«.

67

»Tag für Tag improvisierten wir bitterernst über Themen, die mir völlig absurd vorkamen. ›Jetzt sind Sie ein Dinosaurier, der Wehen hat.‹ ›Jetzt sind Sie ein Busch im Schneesturm.‹ ›Jetzt kommen Sie nach Hause und entdecken, daß es kein Abendessen gibt und Ihre Mutter vergewaltigt wurde!‹ Ich nehme an, das sollte unsere Phantasie anregen, aber ich fand es damals nur unverständlich, langweilig und grotesk. Ich sah überhaupt nicht ein, welche Bedeutung diese Studio-Übungen für das englische Theater haben sollten.«

Ustinov hatte wenig Spaß daran, die Kunst, zu der er sich »unwiderstehlich hingezogen« fühlte, zu erlernen, und in den Zeugnissen wurden seine mangelnden technischen und körperlichen Fähigkeiten kritisiert, was seinen Vater nicht gerade davon überzeugte, daß sein Sohn es zu etwas bringen würde. Ein Brief seines Großonkels Alexandre Benois machte Peter jedoch Mut. »Zwei Jahrhunderte lang hat unsere Familie Theaterluft geschnuppert«, schrieb Benois. »Wir haben Dekorationen und Kostüme entworfen, haben für das Theater komponiert, haben dirigiert, applaudiert und auch dort geschlafen. Endlich hat einer von uns den Mut, die Bretter, die die Welt bedeuten, zu betreten. Die Unterstützung seines Onkels half Peter Ustinov, ein bißchen toleranter zu werden. Als bei den Proben für ein französisches Theaterstück von ihm verlangt wurde, die Pobacken zusammenzukneifen, um Angst auszudrücken, ließ er sich – wenn auch widerstrebend – auf diesen Vorschlag ein.

»Ich begriff nicht recht, wie man den Zuschauern einen solchen Muskelakt vermitteln sollte, vor allem, wenn sie in den hinteren Reihen saßen. Etwas später unterbrach Saint-Denis die Probe und fragte mich, warum ich watschelte, statt zu gehen. Ich erklärte, laut Text sei ich immer noch sehr verängstigt, aber es sei extrem schwierig für einen unerfahrenen Schauspieler wie mich, mit zusammengekniffenen Pobacken normal zu gehen. Er nickte zwar drohend, genoß aber anscheinend meinen versteckten Sarkasmus wie eine Pâte de foie gras. Von nun an durfte ich Angst wieder auf meine eigene Art ausdrücken.

Als Schauspielschüler nahm Peter an drei Produktionen teil, die am Semesterende auf die Bühne gebracht wurden. Nur mit einem Tigerfell bekleidet trat er in Euripides' *Alkestis* auf; als Bramwell

Brontë in Clemence Danes *Wild Decembers* und als Sir John Moneytrap in *The Plain Dealer* (Der ehrliche Mann) von William Wicherley. Auch während der Sommerferien arbeitete er meistens als Schauspieler, und zwar am Barn Theatre in Shere in der Grafschaft Surrey. Er spielte die Rolle des Waffles in Tschechows *Der Waldgeist,* der ursprünglichen Version von *Onkel Wanja* – sein erster Auftritt vor einem »zahlenden und anonymen Publikum«. Beim nächsten Stück, der englischen Erstaufführung von Federico García Lorcas *Mariana Pineda,* war er ein »geiler spanischer Polizeichef«. Seine Darstellung der Rolle erregte die Aufmerksamkeit des Theaterkritikers der *Times,* der schrieb, Peter spiele »die Rolle des Pedrosa mit düsterer Zurückhaltung«. Zum erstenmal wurde Ustinovs Name in einer überregionalen Zeitung erwähnt.

Wenig später, im Sommer 1939, trat Peter nicht nur als Darsteller

Peter Ustinov mit seinen Kindern Andrea und Tamara am 21. März 1990, nach der Premiere von ›An Evening with Peter Ustinov‹.

auf, sondern war auch an der Produktion eines Stücks beteiligt. Es war *Die Rose und das Kreuz* von Alexander Blok. Gemeinsam mit seiner Mutter übersetzte er das Stück aus dem Russischen. Unter den Zuschauern, die sich die Aufführung im Barn Theatre ansahen, befand sich eines Abends ein ehrgeiziger junger Schauspieler namens Dirk Bogarde. »Ich kannte jemanden, der in dem Stück auftrat« erzählte er mir, »also ging ich hin. Bei dieser Gelegenheit lernte ich Peter Ustinov kennen, einen verrückten jungen Mann mit strubbeligen Haaren und faltigen Strumpfhosen. Wir saßen auf einer Bank und beobachteten, wie die Zuschauer in das Theater strömten, das eigentlich nur eine Scheune war. Ustinov und ich waren genau gleich alt, und ich sagte, ich wolle Schauspieler werden. ›Was zählt, ist Engagement, absolutes Engagement.‹ Und dann schlenderte er davon, weil er gleich auftreten mußte. Ich sehe immer noch den ungeduldigen jungen Mann vor mir, der unbedingt weiterkommen wollte, angetrieben von einem enormen Ehrgeiz und erfüllt von einer verzehrenden Leidenschaft für seine Arbeit am Theater, für die Schriftstellerei und für die Musik. Peter war allen anderen meilenweit voraus.«

Peter verließ das London Theatre Studio nach zwei Jahren – sehr zum Kummer von Michel Saint-Denis, der meinte, Peter sei noch nicht soweit, um auf eigenen Füßen stehen zu können, und sollte lieber noch ein Jahr an der Schule bleiben. Nach Peter Daubenys Aussage fand Saint-Denis, daß Ustinov eine ›gefährliche Begabung‹ besaß, der mit Disziplin gegengesteuert werden mußte« – eine Einschätzung, die man auch heute noch manchmal hört. Trotzdem bot Saint-Denis Peter die zweite Besetzung für George Devine in Tschechows *Kirschgarten* an, den er gerade im West End mit vielen Stars inszenierte, darunter Edith Evans als Madame Ranjewskaja. Die Kriegserklärung am Sonntag, dem 3. September 1939, machte jedoch Saint-Denis' Pläne für diese neue Produktion zunichte. Und Peter konnte seine Hoffnung begraben, mit selbstverdientem Geld endlich von zu Hause auszuziehen und eine eigene Wohnung zu mieten.

Während des sogenannten »Sitzkrieges« schlug Klop seinem Sohn vor, sich dem militärischen Geheimdienst anzuschließen, statt nur herumzusitzen und darauf zu warten, daß sein Einberufungsbefehl durch den Briefkastenschlitz geflattert komme. Klop arrangierte ein Treffen, das aber letztlich zu nichts führte. Die Geschichte klingt, als sei sie direkt einer alten Filmkomödie entlehnt: Peter war mit einem Mann verabredet, der an der U-Bahnstation Sloane Square auf ihn warten sollte. Als Erkennungszeichen diente der *News Chronicle,* und Peter sollte den Herrn nach dem Weg zum Eaton Square fragen und dann unauffällig mit ihm weggehen.

All das tat er auch brav. Nach ein paar Schritten erkundigte sich der Mann, weshalb Peter denke, er eigne sich für den Geheimdienst. »Gutes Gedächtnis, Sprachkenntnisse«, bot Peter an. »Sprecken Sie Dutch?« »Ja.« Französisch? »Qui, monsieur.« An diesem Punkt blickte der geheimnisvolle Herr mit dem Filzhut auf seine Uhr, murmelte eine Entschuldigung und verschwand. »Ich folgte ihm lieber nicht«, erinnert sich Ustinov ironisch. »Ich weiß zwar nicht mehr warum, aber irgendwie hatte ich das Gefühl, daß ihm das nicht recht gewesen wäre.« Peters »Vorstellungsgespräch« war kein Erfolg. Mit seinem Gesicht, so ließ man ihn wissen, könne er nicht ohne weiteres »in der Menge untertauchen«.

Noch früh genug riefen ihn König und Vaterland – aber in der Zwischenzeit lockte das Theater.

Liselotte Beethoven-Fink und andere Exzentriker

Durch eine Freundin seiner Mutter wurde Peter dem Schauspieler Leonard Sachs vorgestellt, der schon seit längerer Zeit ein Kabarett im Players' Theatre leitete. Es war 1927 unter dem Namen Playroom Six im ersten Stock des Hauses New Compton Street Nr. sechs als Club mit Mitgliedskarte gegründet worden. Neun Jahre später zog es in die King Street in Covent Garden um und dann 1940 in die Albemarle Street.

Peter mußte vorsprechen. Dafür schrieb er einen Monolog, inspiriert von einer Ansprache, die ein uralter Bischof in der Westminster Abbey vor den Schülern der benachbarten Schule gehalten hatte. Thema dieser Predigt war der »Vormarsch der Soldaten Christi ins Herz des tiefsten Afrika« – was die Schüler entsetzlich langweilte, außer vielleicht fanatische künftige Missionare. Ustinov war von der Rede nur deshalb beeindruckt, weil die Pointe jeder Anekdote auf Suaheli vorgetragen wurde. »Offenbar war er zu lange in Afrika gewesen und konnte sich überhaupt nicht mehr vorstellen, daß jemand die Eingeborenensprache nicht versteht«, meinte Peter später. So schuf der 19jährige den »Bischof von Limpopoland«. Salbungsvoll und dank aufgetragener Schminke frühzeitig gealtert, begann er seinen Monolog:

> »Ich erinnere mich noch, als ich ein Junge war – oder besser, ich war *kein* Junge, aber wenn man neunzig Jahre alt ist, dann kommt einem einundzwanzig sehr jung vor. Also damals bin ich mit dem Schiff gefahren, unter portugiesischer Flagge. Das Schiff setzte mich in einem kleinen Pfahldorf namens *Ki-ik hech* ab, am Ufer des Flusses *Llptt.* Eine dreijährige Reise landeinwärts… eine dreijährige Reise landeinwärts auf dem Rücken eines Pygmäen – den ich später zum christlichen Glauben bekehrt habe… äh… führte dazu, daß ich auf einer Lichtung wohnte, in einem riesigen Urwald, ganz in der Nähe der Zusammenflusses des *Siglich* und des *Gau-kau.*«

Der Bischof redet unverdrossen weiter und streut immer wieder guttural-exotisch klingende Ortsnamen ein, die allesamt Ustinovs Phantasie entsprungen sind. Schließlich berichtet er hochdramatisch vom Zusammentreffen mit einem verängstigten Eingeborenenjungen, der aufgeregt zu ihm gerannt kommt:

>»Nun, was sollte ich machen? Ich hatte zwei Möglichkeiten, und selbstverständlich wählte ich die zweite. Ich sah ihm direkt in die Augen und sagte: ›*Ou ng au knk iek?*‹ Das brachte ihn natürlich noch mehr aus dem Konzept (er war sehr jung und hatte keine besonders glückliche Kindheit), und er rief: ›*Ng pau, poy, gh nf k-k-h? He tr ou gau kk!*‹ Ich mußte mich also entscheiden. Ich packte ihn am Arm und sagte möglichst ruhig und klar: ›*Aug ng k nh, rk p tttt kdtr tau!*‹ Daran kann man sehen, welchen großen Einfluß die christliche Kirche im Dschungel von Zentralafrika ausübt.«

Leonard Sachs war hingerissen und engagierte Peter vom Fleck weg: für fünf Pfund in der Woche sollte er den Bischof von Limpopoland spielen. Das Urteil von Peters Vater war vernichtend: »Nicht mal Theater… Varieté!« Er revidierte seine Meinung jedoch, als Herbert (»Bertie«) Farjeon, ein »charmanter Autor von Revuetexten« und damals Theaterkritiker beim *Tatler*, begeistert über Peters greisen Geistlichen schrieb: »Hier waren authentische Töne zu hören: Oxford-Englisch, welches das ursprüngliche Cockney überdecken soll; klerikal angehauchte Redewendungen, die nie übertrieben wirken; und an den entscheidenden Stellen der Geschichte überzeugend klingende Einschübe in der ›Eingeborenensprache.‹«

Peter wurde gebeten, noch einen Monolog für das Players' Theatre zu schreiben. Diesmal war das Ergebnis eine gewisse Madame Liselotte Beethoven-Fink. Um ihren Schöpfer zu zitieren: Liselotte Beethoven-Fink war »eine alternde deutsch-österreichische Liedersängerin, die unbekannte Schubertweisen – sogar Schubert selbst unbekannt – vortrug… Sie besaß eine typische Halbbildung und verwechselte alle Fremdwörter – um Schuberts komplizierte Familienverhältnisse zu erläutern, senkte sie wissend die getuschten Wimpern und verkündete mit einem anzüglichen Lächeln, es habe in der Familie ›ein wenig Insekt‹ gegeben.

Bei den führenden Theaterkritikern der damaligen Zeit – James Agate, Ivor Brown und dem schon erwähnten Bertie Farjeon – war diese grell geschminkte Erscheinung mit ihrer Perücke und den extravaganten Gewändern ein Bombenerfolg. Die Rezensionen waren enthusiastisch. Farjeon beispielsweise schrieb:

»Es fällt schwer, zurückhaltend über Mr. Ustinov zu schreiben. Obwohl er erst 19 Jahre alt ist, hinterläßt er einen derartigen Eindruck, daß – na ja, wenn Edmund Kean bei einer Party ein kleines Bravourstück vorführen wollte, dann wäre diese Nummer dem genialen Darsteller Richards III. durchaus angemessen. Mr. Ustinov stellt eine alternde österreichische Primadonna dar, die ihre Abschiedsvorstellung gibt und mit aller Gewalt versucht, die letzten Reste eines Charmes, den sie nie besessen hat, zu mobilisieren – – um uns dann ihre erstaunlichen Qualitäten vorzuführen. Eine großartige schauspielerische Leistung, zu makaber und zu nah an der Wirklichkeit, um *nur* witzig zu sein – aber gleichzeitig unglaublich witzig.«

Robert Eddison und Bernard (heute Lord) Miles, die ebenfalls einige Revuenummern vorführten, mit ihrem Lob für Peter Ustinovs Arbeit am Players' Theatre nicht weniger sparsam. Eddison hob die »ungeheure Begabung« des Neulings hervor. »Er war ausgesprochen geistreich und pfiffig«, sagt er heute. »Nichts konnte ihn aus dem Konzept bringen, und seine Einfälle waren sehr, sehr witzig. Sein Humor hatte Niveau. Zum Beispiel verstand er viel von Musik. Er verwandelte sich ganz in seine Figuren – intuitiv, glaube ich. Uns gegenüber verhielt sich Peter immer ein bißchen scheu, aber er war ja auch ein gutes Stück jünger als wir. Vielleicht war es einfach Bescheidenheit. Aber er wirkte trotzdem absolut selbständig und unabhängig.«
Bernard Miles erwähnt ebenfalls Peters Schweigsamkeit hinter der Bühne. Das liege wohl an seiner »zurückhaltenden Art«, meint er. Was weder er noch Robert Eddison erkannten, war, daß sich hinter Peters Leutseligkeit und Jovialität eine tiefe Schüchternheit verbirgt. Wie viele sensible Menschen, die sich aus Unsicherheit oder mangelndem Selbstbewußtsein verletzlich oder schutzlos fühlen, begriff Peter schon früh, daß die beste Form der Selbstverteidigung sein Humor ist – seine Fähigkeit, Leute zu unterhalten und zu amüsieren. Inzwischen ist das längst zu einer Lebensform geworden. Peters Stärke ist seine Fähigkeit, mit anderen zu kommunizieren, aber er ist und bleibt ein grundsätzlich schüchterner Mensch, was viel leicht manchen überrascht.
Peters Mutter wollte gern, daß ihr Sohn eine künstlerische Laufbahn einschlug. Aber sie brauchte die Bestätigung anderer. Bernard Miles erinnert sich: »Nadia hat mich einmal gefragt: ›Peter

Peter Ustinov und Peter Jones 1952 bei der BBC Radio-Sendung ›In All Directions‹.

ist sehr eigensinnig. Glauben Sie, er macht das Richtige?‹ Und ich habe geantwortet: ›Er hat so viele Ideen im Kopf, daß er sie gar nicht alle in die Tat umsetzen kann – aber ich bin sicher, seine Entscheidung ist richtig.‹ «

Nach einem zweimonatigen Zwischenspiel beim Aylesbinry Repertory Theatre – er trat in mehreren Stücken auf, darunter in *French Without Tears, Pygmalion* und *White Cargo* – wurde Peter wieder für eine Revue engagiert, die gleichzeitig seinen ersten Auftritt im Londoner West End bedeutete: *Swinging the Gate* wurde im Mai 1940 am Ambassadors Theatre inszeniert; die weibliche Hauptrolle spielte Hermione Gingold. Sie schrieb in ihrer Autobiographie *How to Grow Old Disgracefully:* »Zum Ensemble gehörten Bobby [Robert] Helpman und Peter Ustinov, den ich schon im Players' Club gesehen hatte. Ich war begeistert von ihm und bestand darauf, daß er in unserer Revue mitmachte. Er hatte zwei Auftritte, jeweils höchstens drei Minuten, aber bei Peter wurden immer zehn Minuten daraus.«

Nach dem senilen Bischof und der abgetakelten Diva erfand Peter nun einen ältlichen russischen Stückeschreiber, den er beispielsweise sagen ließ: »Zuerst kam Ivan der Schreckliche. Ihm folgte Ivan der Gute, aber er war nur gut im Schrecklichsein.« Oder: »Mein Vater hat getrunken, meine Mutter ist mit einem Totengräber durchgebrannt, und meine Brüder und Schwester haben sich alle erschossen – wegen einer Wette. Die sie gewonnen hatten.« Wieder waren die Kritiker begeistert. Der Russe sei vielleicht nicht ganz so eindrucksvoll wie seine Vorgänger, meinten sie, aber Ustinov vermittle das faszinierende Bild eines ergrauten Künstlers, der während der Monate auf dem Land zwar nicht ganz überschnappt, aber doch einige Marotten entwickelt.

Im Sommer 1940 machte sich der Krieg für die Engländer stärker bemerkbar als zuvor. Auf die Häfen am Ärmelkanal und die Ostküste Englands fielen Bomben, dann kamen der sogenannte Blitzkrieg und die Schlacht um England. Die Theater öffneten und schlossen zu völlig unregelmäßigen Zeiten, aber sie hatten immer ihr Publikum – die Menschen mußten dem Grauen des Alltags entfliehen.

Peter Ustinov – das »von« war unwiderruflich aus dem Familiennamen gestrichen – war noch nicht einberufen worden. Er verfügte nun über ein bißchen Geld, und es gab genügend erschwingliche Wohnungen zu mieten – also beschloß er, seine Freiheit zu genießen, solange es noch ging. Er fand eine kleine Dachterrassenwohnung mit knallroter Tapete und einem sehr unpraktischen Glasdach. Die Wohnung lag in der Dover Street – »einem der Zentren traditioneller britischer Heuchelei: tagsüber eine gute Geschäftsadresse, nachts eine schlechte Geschäftsadresse«. Diese Beschreibung hatte unter anderem damit zu tun, daß Peters Nachbarin eine Edelnutte war.

Während der Spielzeit von *Swinging the Gate* übernahm Ustinov auch im wirklichen Leben eine neue Rolle: die des Ehemanns. Am 8. August heiratete er Isolde Denham auf dem Standesamt in der Marloes Road (Kensington). Isolde war die Tochter des Schauspielers und Dramatikers Reginald Denham und dessen erster Frau, der Schauspielerin Moyna McGill. Sie war sechs Monate älter als Peter, die beiden hatten sich im London Theatre Studio kennengelernt.

Nach der Monotonie der Männerwelt von Westminster war Peter froh, als er in Michel Saint-Denis' Schule endlich auch weibliche

Gesichter sah. Isolde war – im konventionellen Sinne – weder hübsch noch schön zu nennen, aber Peter fühlte sich vom ersten Tag an zu ihr hingezogen. »In meinen Augen hatte sie etwas Geheimnisvolles, und das genügte, um in meinen Gedanken und Gefühlen ein unbeschreibliches Chaos auszulösen. Ich ertappte mich immer wieder dabei, daß ich versuchte, in ihrer Nähe zu sitzen oder wenigstens in ihrer Blickrichtung oder direkt hinter ihr. Schließlich freundeten wir uns an.«

Zwar trat Isolde im Dezember 1935 als Tänzerin in dem Weihnachtsspiel *Jack and the Beanstalk* im King's Theatre im Londoner Stadtteil Hammersmith auf, aber eigentlich begann ihre Schauspielkarriere erst im Sommer 1939, als sie in Peter und Nadia Ustinovs Übersetzung von *die Rose und das Kreuz* im Barn

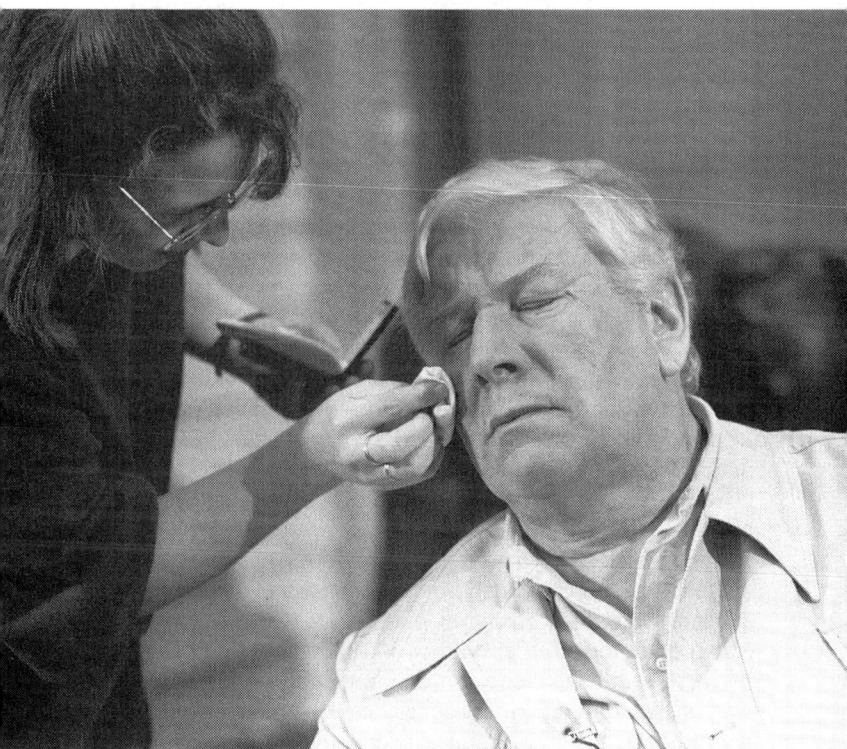

Peter Ustinov wird für einen Auftritt geschminkt.

Theatre mitspielte. Ende des Jahres trat sie in Richmond auf und spielte dann im April 1940 die Rolle der Snippet in *The Best of Triangles* im Queen's Theatre, in der Shaftesbury Avenue. In den vierziger Jahren war Isolde eigentlich nie ohne Engagement. Sieben Monate nach ihrer Heirat übernahm sie von Celia Johnson die Rolle der Mrs. de Winter in Daphne du Mauriers *Rebecca;* sie spielte außerdem in *A Month in the Country,* das Michael Redgrave am St. James's Theatre inszenierte. Später wurde sie Mitglied der Old Vic Company im Liverpool Playhouse, trat dann aber wieder im West End auf, und zwar in Peters Stück *The Banbury Nose.* 1946 schließlich erhielt sie den Part der Bolette in Ibsens Stück *Die Frau vom Meere.*

Obwohl Isolde einem breiteren Publikum bekannt war als ihr junger Ehemann, verdiente sie auch nicht viel mehr als er, und die beiden begannen ihr gemeinsames Leben »praktisch mit nichts«, wie Peter später sagte. Also tauschten sie die winzige rote Dachwohnung in der Dover Street gegen eine wesentlich billigere, feuchte Kellerwohnung in der Redcliffe Road an der Grenze zwischen den Stadtteilen Fulham und Chelsea.

Sex war damals ein heikles Thema. Babys brachte der Storch – man wußte nicht, wie und woher. Weder Peter noch seine junge Braut waren über die fundamentalen Fakten des Ehelebens ausreichend aufgeklärt. »Wäre ich mir auch nur einen Augenblick lang über meine Unwissenheit im klaren gewesen«, schrieb Peter später, »hätte ich mich bestimmt nicht so unvorsichtig in eine Ehe gestürzt…« Als kleiner Junge war Peter manchmal verlegen oder sogar wütend geworden, wenn sein Vater jede Frau, die vorbeikam, mit begehrlichen Blick musterte und dann von ihm verlangte, ebenfalls ein Urteil abzugeben. Daher ist es nicht verwunderlich, daß Ustinov später sagte: »Die Art, wie Männer Frauen taxierten, fand ich widerlich, und die Reaktion der Frauen löste Übelkeit bei mir aus.«

Klop, der sich gern als Reinkarnation Casanovas sah, hatte zwar keine Hemmungen, seinen Sohn in seine intimen Gedanken einzuweihen, aber als es darum ging, ein Gespräch von Mann zu Mann zu führen, kniff er. Schließlich übernahm Nadia die Aufgabe, ihren wohlbehüteten Sohn, der inzwischen schon ein Teenager war, in die biologischen Tatsachen des Lebens einzuweihen. Peter war schockiert und reagierte, wie er selbst erzählt, fast klaustrophobisch. Vielleicht kamen auch noch tiefer liegende Unsicher-

heiten hinzu – jedenfalls ließ sich Ustinov, ahnungslos und uner-
fahren wie er war, auf eine Ehe ein, die zehn Jahre später mit einer
Scheidung endete.

Daß die Ehe nicht funktionierte, hatte zweifellos ebensoviel mit
dem Krieg und den langen Trennungszeiten zu tun, wie mit der
Jugend und der blauäugigen Naivität des Paares. Wenn sie ein
bißchen älter und weniger weltfremd gewesen wären, wenn sie
etwas weniger in die Idee des Verliebtseins verliebt gewesen
wären, dann hätten sie ihre gegenseitigen Bedürfnisse vielleicht
besser verstanden. Aber so waren beide unfähig, sich wirklich zu
binden, oder, wie Peter es ausdrückte: sie waren auf »rauhere See
und heftigere Winde« nicht vorbereitet. Für ihn bedeutete eine Ehe
damals einfach, endlich erwachsen zu sein. Isolde erhoffte sich
einen Zufluchtsort und Anker in den Turbulenzen des Lebens. Ihre
Eltern hatten sich scheiden lassen, als sie noch klein war, und
beide hatten wieder geheiratet: ihr Vater eine gewisse Lilian
Odland, ihre Mutter Edgar Lansbury, den Sohn des sozialistischen
Politikers George Lansbury, der von 1932 bis 1935 Vorsitzender
der Labour Party gewesen war.

Von Edgar bekam Moyna McGill Zwillingssöhne und eine Tochter, die spätere Schauspielerin Angela Lansbury. Isolde fühlte sich
in gewisser Weise genauso einsam wie Peter, der als Einzelkind
in einer Erwachsenenwelt aufgewachsen war. Als Isoldes Stiefvater an Krebs starb, beschloß ihre Mutter, die Vereinigten Staaten
seien der richtige Ort, um ihren jüngeren Kindern einen neuen
Anfang zu ermöglichen. Kurz vor Isoldes Heirat brachen sie in
die Neue Welt auf.

Nach *Swinging the Gate* spielte Peter in ein paar Filmen mit. Der
erste war ein halbdokumentarischer Film mit dem Titel *Mein
Kampf – My Crimes* (Mein Kampf – meine Verbrechen). Peter
verkörperte Marinus van der Lubbe, den geistig zurückgebliebe-
nen Holländer, der im Februar 1933 den Reichstag in Brand
gesetzt hatte. Darauf folgte ein »absurder Kurzfilm«, wie Peter
meinte, nämlich *Hello, Fame!* Hier gab er einen seiner Monologe
zum besten und kletterte dann mit Jean Kent und den anderen
Schauspielern eine Strickleiter hinauf. Die Szene sollte natürlich
symbolisch verstanden werden – die jungen Stars der britischen
Unterhaltungsindustrie erklimmen die sprichwörtliche Leiter des
Erfolgs.

Danach wurde Peter wieder als Holländer besetzt, allerdings nicht als Brandstifter, sondern als Priester. Michael Powells Film »One of Our Aircraft is Missing (Eins unserer Flugzeuge wird vermißt) gilt als einer der Klassiker seines Genres, eine Mischung aus Unterhaltungs- und Propagandafilm. Die Handlung dreht sich um die Besatzung eines Wellington-Bombers, die gezwungen ist, in Holland notzulanden. Die Mannschaft bestand aus Bernard Miles, Eric Protman, Godfrey Tearle, Hugh Williams, Emrys Jones und Hugh Burden.

An die Dreharbeiten erinnert sich Peter gern – und voller Humor. Da er einen Priester spielte, der im Widerstand arbeitet und den Bomberpiloten hilft, nach England zurückzukehren, wurden zwei Berater engagiert, die ihm bei der Gestaltung seiner Rolle behilflich sein sollten. Beide waren echte Geistliche. »Wenn der eine bei den Dreharbeiten mit dabei war, saß der andere gerade in der Cafeteria«, erzählt Peter. »Der eine war immer entsetzt, wenn ich eine Szene ohne Kreuz um den Hals spielte, und dann kam der andere daher und sagte: ›Was machen Sie denn mit dem Kreuz?‹ Also drehten wir alle meine Szenen zweimal, um beide Herren zufriedenzustellen.«

Die Verfilmung von J. B. Priestleys Roman *Let the People Sing* (Laßt das Volk singen) war das nächste Projekt, an dem Peter beteiligt war. Er übernahm die Dialogregie und außerdem den Part eines neunzigjährigen tschechoslowakischen Professors. Dann kam *The Goose Steps Out,* ein Film, den Ustinov am liebsten vergessen würde. Die Hauptrolle spielte der Komiker Will Hay, der oft mit W. C. Fields verglichen wurde, aber »weder dessen Witz noch dessen komischen Einfallsreichtum besaß«, wie der Filmautor Toni Thomas meint.

Etwa ein Jahr, nachdem Peter Ustinov mit seiner Darstellung von Madame Liselotte Beethoven-Fink Theaterkritiker und Zuschauer gleichermaßen in Entzücken versetzt hatte, engagierte Herbert Farjeon ihn für eine neue Revue, die er zusammenstellte und für die er Lieselottes »Comeback« wünschte. Die Revue trug den Titel *Diversion* und hatte im Oktober 1940 am Wyndham's Theatre Premiere – allerdings gab es nur Matineevorstellungen. Die Darsteller waren eine bunt zusammengewürfelte Truppe, darunter Edith Evans, Dorothy Dickson, die junge Joyce Grenfell und Dirk Bogarde, mit dem Peter die Garderobe teilte.

»Wir waren eigentlich nur bessere Statisten«, erinnert sich Bogarde. »Peter hatte ein bißchen mehr zu tun, weil er Liselotte Beet-hoven-Fink spielte. Die Rolle war sein Paradestück, absolut genial – nachdem ich sie allerdings fünfzig oder sechzigmal gesehen hatte, fand ich sie doch etwas langweilig. Aber die Leute lachten, und seine Imitationen waren *sehr* komisch. Er machte zum Bei-spiel verschiedene Regisseure nach, unter anderem auch Michel Saint-Denis. Sein Humor war immer ausgesprochen intellektuell, aber komisch. Ich kannte Peter nicht besonders gut. Als wir eine Garderobe teilten, spielte er dauernd Bach oder Beethoven oder Mozart auf einem tragbaren Grammophon. Er war mir intellektu-ell weit überlegen – ich war hoffnungslos unintellektuell. Im Grund hatte ich schreckliche Angst vor ihm. Während ich irgend-eine Melodie aus *Babes in Arms* pfiff, trällerte er Vivaldi.

Ich glaube, Peter wurde als Intellektueller geboren. Zwischen den einzelnen Nummern der Revue saß er immer in der Garderobe und schrieb an einem Theaterstück. Ich glaube, es war sein erstes. Joyce Grenfell, die ihn sehr verehrte, war auch immer da. Sie lag auf dem Fußboden, in blauen Samt gekleidet, und nahm die Seiten von ihm entgegen, während er russische Musik auf dem Gram-mophon spielte. Bei jeder Seite sagte sie: ›Ach, das ist ja gött-lich… ganz wunderbar!‹ und führte sich auf, als hätte sie den heiligen Gral in der Hand. Und Peter legte eine neue Platte auf…

Ich war so unbedarft, daß ich nicht begriff, was sich abspielte. Ich dachte nur: ›Ach, du lieber Gott, jetzt fangen sie wieder an.‹ Peter muß mich schrecklich langweilig gefunden haben. Ich weiß, daß er meine Art zu pfeifen nicht ausstehen konnte. Mein Pfeifen war sehr schrill und ging ihm gegen den Strich.«

Aus *Diversion 1* wurde *Diversion 2,* von Herbert Farjeon mit den gleichen Schauspielern besetzt. In dieser Phase schrieb Peter Ustinov sein Stück *House of Regrets*. Er arbeitete während der nächtlichen Luftangriffe zu Hause daran und tagsüber in seiner Garderobe – sehr zu Dirk Bogardes Verwunderung. Herbert Far-jeon erklärte sich bereit, das Stück zu lesen. Die Wochen vergin-gen – er sagte kein Wort über das Werk und gab es auch nicht zurück, obwohl Peter immer wieder vorsichtig nachfragte. Schließlich kam der Verfasser zur Überzeugung, daß Farjeon das Stück entweder keines Kommentares für würdig hielt oder es verbummelt hatte.

Peters Mutter hatte sich inzwischen überreden lassen, von London wegzuziehen und sich nach Gloucestershire in Sicherheit zu bringen. Im Frühjahr 1941 hatten Klop und Nadia ein Wochenende mit Sir Thomas Bazley im Hatherop Castle verbracht, und Bazley hatte Nadia angeboten, in Barrow Elm zu wohnen, einem großen, spätviktorianischen Bauernhaus auf seinem Landgut.

Im Juni nahm Nadja Bazleys Angebot an, und bald schon hatte sie sich soweit eingerichtet, daß sie ihre ersten Wochenendgäste empfangen konnte – Peter und seinen Vater. Am Sonntag, dem 22. Juni, brach Hitler den Nichtangriffspakt mit Stalin und schickte, unterstützt von seinen finnischen und rumänischen Verbündeten, hundert Armeedivisionen über die 3000 Kilometer lange Grenze vom nördlichen Polarkreis zum Schwarzen Meer.

Während Ustinovs Eltern aufgeregt über die Konsequenzen dieses Überfalls spekulierten, fummelte Peter an einem alten Radio herum, und tatsächlich empfing er »von atmosphärischen Störungen unterbrochene Stimmen, die, wie wir uns einbildeten, russisch und hysterisch klangen«. Als die erste Welle der Erregung abgeklungen war, machte Peter es sich mit dem Feuilleton der *Sunday Times* auf dem Sofa gemütlich. James Agates Kolumne trug die Überschrift »Ein neuer Dramatiker«. »Ich verspürte einen neidischen Stich. Der große Theaterkritiker hatte wieder einmal einen Glücklichen gekürt.« Beim Lesen des Artikels stellte er zu seiner großen Überraschung fest, daß Agates Lob ihm selbst galt.

Herbert Farjeon, der Ustinov seit seinem Auftritt als Bischof von Limpopoland sehr bewunderte, war von dem Werk seines Schützlings keineswegs enttäuscht gewesen, sondern hatte es auf eigene Kosten abtippen lassen und seinem Kritikerkollegen zugeschickt. Agates Reaktion war genauso enthusiastisch, wie Farjeon erwartet hatte, und in seiner Rezension, die an jenem schicksalshaften Wochenende in der *Sunday Times* erschien, schrieb er: »Wenn der Friede es dem englischen Theater gestattet, sich wieder der Schauspielkunst zu widmen statt der Unterhaltung zu Kriegszeiten, dann wird dieses Stück aufgeführt werden. Die Theaterbesucher können dem voll gespannter Erwartung entgegensehen. Die Tragikomödie ist schon bei der Lektüre komisch und wird auf der Bühne noch besser wirken… Ja, hier meldet sich ein neuer Dramatiker zu Wort, und man wird sich sein Stück ansehen.«

Sechs Monate später erhielt Peter, der inzwischen fast 21 war, seine Einberufung. Am 16. Januar 1942 übernahm er eine Rolle an, für die er »völlig ungeeignet war« – die Rolle 6411623, Gefreiter Ustinov, 10. Königliches Sussex-Regiment.

Kriegseinsatz – ein wenig anders

Krieg, in all seinen Erscheinungsformen, war Peter Ustinov seit jeher ein Greuel. Militärische Posen findet er unerträglich, und in vielen seiner Stücke hat er sie mit subtiler Ironie karikiert. Schuyler Chapin, emeritierter Dekan der Kunstakademie der Columbia Universität und seit mehr als dreißig Jahren ein guter Freund Ustinovs, glaubt, daß Peter den Krieg deswegen ablehnt, weil diese Art der Auseinandersetzung für die Menschheit von Anfang an katastrophale Folgen hatte. »Krieg ist ein Aspekt des menschlichen Verhaltens, den er am liebsten ausmerzen möchte.«

Peter selbst sieht es etwas konkreter. Ihm geht es allerdings nicht nur um die Jahre, die ihm und seinen Altersgenossen im Zweiten Weltkrieg gestohlen wurden, sondern auch um die sinnlose Verschwendung von Menschenleben, Potential und Material. »Ich glaube, ich kann es am besten auf einen Nenner bringen, wenn ich sage, ich hasse den Krieg aus denselben Gründen, derentwegen ich nie Kriegsdienstverweigerer werden könnte. Man kann nicht an seine eigenen Probleme denken, wenn überall um einen herum Chaos herrscht. Ich hasse jede Art von Vergeudung, und dieser Krieg bedeutete die Vernichtung aller kulturellen Werte. Krieg ist schlicht und einfach menschenunwürdig.

Aber ich kann Ihnen versichern, daß ich als Soldat nie jemanden erschossen hätte. Dazu wäre ich nicht fähig gewesen. Selbst wenn ich zu einem Erschießungskommando abgestellt worden wäre, hätte ich nicht auf das Opfer gezielt, sondern daneben. Ich hasse den Krieg genauso wie die Todesstrafe. Man verurteilt einen Menschen nicht zum Tode, sondern dazu, die letzten Tage seines Lebens unter unerträglichen Bedingungen zu verbringen. Das ist barbarisch.«

Im Januar 1942 fuhr Peter Ustinov nach Cambridge, wo er sich in einer Art Verteidigungslager melden sollte. Von dort wurde er zur Grundausbildung nach Cliftonville geschickt. »Meine militärische Laufbahn kam mir vor, als müßte ich wieder zur Schule«, sagt er. »Ich vermute, es gibt sonst nur noch einen Ort, wo einem das Leben so unangenehm und kompliziert gemacht wird, und das ist das Gefängnis.«

Selbst zu Friedenszeiten stammt der durchschnittliche Spieß meist nicht aus gehobenen Gesellschaftsschichten. Im Krieg jedoch bestanden die niederen Ränge des Militärs aus einer Ansammlung von Rowdys. Darunter waren natürlich auch ziemlich üble Gestalten, die es im zivilen Leben nicht sehr weit gebracht hätten. In Uniform, vor allem mit einem oder zwei Streifen am Ärmel, wurden sie zu Tyrannen, die sich in einen regelrechten Machtrausch hineinsteigerten.

»Was das Leben beim Militär einigermaßen erträglich machte«, erzählte Peter Ustinov vor kurzem im Fernsehen, »war, daß alles immer hart ans Komische grenzte. Wir hatten ein paar Feldwebel, die aussahen, als wären sie direkt von Waterloo zu unserer Einheit gestoßen. Für sie hatte sich nichts verändert, und ihre Art zu reden ließ vermuten, daß sie aus relativ einfachen Verhältnissen stammten, sich aber oft in der Nähe der Offiziersmesse aufgehalten und einen bestimmten Akzent übernommen hatten. Das Ergebnis war eine absolut bizarre und verschnörkelte Ausdrucksweise.

Einer unserer Haupfeldwebel war permanent betrunken und versuchte immer, imaginären Schlägen auszuweichen. Meine Namen reduzierte er auf ›U'nov‹. Als wir einberufen wurden, verbrachten wir die ersten fünf oder sechs Wochen in hoffnungslos überfüllten Quartieren. Wir waren zu sechst in einem Raum untergebracht, der nicht größer war als eine Toilette. Später wurden wir in ein etwas bequemeres Quartier verlegt. Und als ich dort unserem Hauptfeldwebel begegnete, sagte er: ›Morgen, U'nov. Wie ist das neue Quartier?‹ Ich erwiderte, es sei weniger beengt. Und er meinte: ›Ich weiß. Ist auch mehr Platz da, stimmt's?‹ Und Sachen passieren dauernd.«

Eine andere Anekdote, die Peter gern zum besten gibt, betrifft einen Feldwebel, der mit seinen 28 Jahren schon völlig zahnlos war. Beim Armeezahnarzt hatte er bereits 1937 ein Gebiß beantragt, aber fünf Jahre später wartete er immer noch darauf. In der Zwischenzeit bettelte er alle neuen Rekruten um Essen an, das er kauen konnte. Sobald jemand ein Paket von daheim erhielt, kam er angeschlichen und fragte: »Ist Kuchen drin?« Mit der Zeit rechnete man schon damit und antwortete: »Nein, aber wunderbare Karamellbonbons.« »Ihr Scheißkerle«, schrie er dann mit wutverzerrtem Gesicht, »ihr wißt ganz genau, daß ich das Scheißzeug nicht essen kann, verdammte Scheiße!«

Die neuen Zähne des Feldwebels wurden im Frühjahr 1942 schließlich doch geliefert. Beim ersten Appell mit Gebiß brüllte der Feldwebel: »Kompanie…hrrr!« und brach zusammen. Blut drang aus seinem Mund – er hatte sich die Zunge durchgebissen. Damit war er eine Weile außer Gefecht gesetzt.

Die Gefahr einer deutschen Invasion stand noch immer, und die Küstenwache war in ständiger Alarmbereitschaft. Ustinov wurde zu Beginn seiner militärischen Laufbahn nach St. Margaret's Bay bei Dover verlegt. »Der Schreibkrampf machte dem Salutier-Ellbogen Platz.« Ustinov und seine Kameraden hatten den Auftrag, an den Stränden bei den berühmten weißen Klippen entlang zu patrouillieren. Sie waren in einem unterirdischen Bunker untergebracht, von wo aus man nachts sehen konnte, wie sich der Himmel über Calais glutrot verfärbte und Leuchtspurgeschosse diagonale Bahnen über den Ärmelkanal zogen; sie hörten, wie die Royal Air Force die französische Küste bombardierte und die Artillerie mit Kanonendonner antwortete. Wenn es Alarm gab, beobachtete Ustinov ängstlich die Kiste mit Phosphorgranaten in seiner Erdhöhle und legte schützend die Hand auf die vier Granaten, die an seinem Gürtel baumelten. Sonst passierte nicht viel.

Nach einer Weile wurde Peter von der Klippenwache befreit und nach Maidstone in Kent geschickt, gut achtzig Kilometer landeinwärts. Zweck der Übung war, die Verteidigungsfähigkeit der regionalen Home Guard, der Bürgerwehr, zu überprüfen. Die Home Guard bestand aus Veteranen und jungen Rekruten, die aus irgendwelchen Gründen nicht in der regulären Armee dienen durften. Die Maidstoner Truppe wurde von einem mürrischen alten General befehligt, der im Ruhestand war und schon glorreichere Tage gesehen hatte.

Zu dem Manöver gehörte, daß Ustinovs Bataillon so tat, als wären sie Deutsche, um »realistische Kriegsbedingungen zu simulieren«. Peter gelang es, den »Feind« auf einen Streich zu überwältigen. Für den morgendlichen »Überfall« hatte er seine eigene Strategie entwickelt: Er sprang von dem Militärfahrzeug ab, auf dem er und seine Einheit transportiert wurden, und begab sich alleine ins Stadtzentrum. Mit einer raffinierten Taktik gelang es ihm, die Straßen zu meiden: Er weckte die Leute auf, und nachdem er ihnen sein Vorhaben erläutert hatte, ließen sie ihn durch ihre Häuser und Gärten gehen. Dann kletterte er von einem Garten in den nächsten, klopfte an die Hintertür des Nachbarhauses und so weiter. Als es gerade hell wurde, stand er vor dem Hauptquartier der Home Guard. Genau in diesem Augenblick erschien der General.

Peter zielte mit dem Gewehr auf ihn, rief: »Peng!« und teilte ihm höflich mit, er sei jetzt tot. Doch offenbar wollten britische Generäle nicht auf derart unspektakuläre Art sterben – wenigstens nicht direkt vor ihrem eigenen Hauptquartier. Der General weigerte sich jedenfalls strikt, das Spiel mitzumachen. Von da an redete Peter nur noch Deutsch. Er wurde »gefangengenommen«, in das Gebäude geführt und ausgerechnet in die Waffenkammer gesperrt. Dort griff er sich ein Maschinengewehr, trat die Tür auf, warf den Stabstisch um und schmierte rote Tinte über sämtliche Pläne und Landkarten.

Die Männer der Home Guard waren darüber so empört, daß sie Ustinov wieder einsperrten, diesmal in eine unbenutzte Speisekammer, bis schließlich nach mehreren Stunden sein eigener Oberst eintraf. Auf die Frage, was das alles solle, antwortete Ustinov, er »simuliere Kriegsbedingungen«. Der Oberst nickte anerkennend, wollte aber wissen, warum er dauern deutsch gesprochen habe. Trocken erwiderte Peter, bei einer echten Attacke würden die Angreifer wohl kaum Englisch sprechen.

Solche Aktionen veranlaßten die Vorgesetzten des Gefreiten Ustinov zu der Anordnung, daß es ihm unter keinen Umständen gestattet werden dürfe, andere zu befehligen. Es war eine ähnliche Reaktion wie an der Westminster School oder bei Michel Saint-Denis. Und falls Peter das Militär bis dahin noch nicht für dumm und absurd gehalten hätte – spätestens hier wäre es ihm klar geworden.

In den Briefen an seine Eltern machte Peter des öfteren seiner Frustration Luft. Klop brachte ihm wenig Verständnis entgegen. Er war sehr mit seinen eigenen Dingen beschäftigt und weit weg von den ermüdenden Strapazen des Soldatenalltags, vom Wacheschieben, den Übungsmanövern, die nicht einmal die Offiziere richtig verstanden, und den brüllenden Feldwebeln mit oder ohne Zähne. Klopp kam gar nicht auf die Idee, daß er selbst im vergangenen Krieg vor über zwanzig Jahren viele Privilegien genossen hatte, die seinem Sohn versagt waren. Deshalb schien es ihm unbegreiflich, daß Peter nicht so viel Spaß am Krieg hatte wie er damals.

»Peter tat mir schrecklich leid«, erinnerte sich Nadia. »Peter war einfach anders. Er war nicht zum Soldaten geboren und hatte eine sehr kritische Einstellung zu demonstrativem Patriotismus und eintönigem Drill.«

Im August 1942 wurde Peter von der Langeweile erlöst: seine Bewerbung, zum Heereskinematographendienst abgestellt zu werden, wurde stattgegeben. Diese Spezialeinheit war vor allem dafür zuständig, die Moral der Truppe zu heben, indem sie Filme lieferte und vorführte. Außerdem sollte sie – unter der Leitung der Heerespsychiatrie – eigene Filme produzieren.

Zuerst wurde Peter Ustinov für kurze Zeit nach Troon in Holland verlegt. Dort war er der einzige Gefreite in einem Offiziersbataillon. Er lernte den Filmregisseur Carol Reed kennen, den Krimiautor Eric Ambler und Reeds Regieassistenten Michael Anderson. Die Einheit bereitete damals einen Film über Angriffe von Amphibienfahrzeugen vor, der den Titel *How to Land on an Enemy Beach* tragen sollte. Doch als am 19. August der Angriff der Alliierten auf Dieppe stattfand, bei dem viele Männer ums Leben kamen, wurde das Projekt gestrichen, und Major Reed, Hauptmann Ambler, Feldwebel Anderson und der Gefreite Ustinov wurden nach London zurückbeordert.

Wäre Ustinov nicht auf eine geniale Idee gekommen, hätten alle vier wieder ihren regulären militärischen Pflichten nachkommen müssen. Um dieses unerträgliche Schicksal abzuwenden, schlug Peter vor, sie könnten doch einen Film über die Probleme neuer Rekruten drehen. Das Projekt wurde wenig später tatsächlich genehmigt, und Reeds Team schloß sich dem Heereskinematographendienst in Wembley Park an. Der Film *The New Lot* (Die Neuen), bei dem Peter als Drehbuchautor fungierten, war so erfolgreich, daß die Heeresleitung einen zweiten Film in Auftrag gab, der auch in die regulären Kinos kommen sollte.

Propagandafilme wie *The Way to the Stars* (Der Weg zu den Sternen) mit Trevor Howard und Noël Cowards in *In Wich We Serve* (Wofür wir dienen) hatten bereits viel dazu beigetragen, das Image der Königlichen Luftwaffe beziehungsweise der Marine aufzupolieren. Jetzt war es an der Zeit, daß auch die Armee ihren längst notwendigen neuen Anstrich bekam. Carol Reed wurde gebeten, bei *The Way Ahead* (Der Weg vor uns) Regie zu führen, und er engagierte Eric Ambler und Peter Ustinov als Drehbuchautoren. Star des Films war ebenfalls ein Schauspieler in Uniform, Oberstleutnant David Niven.

Während das Projekt langsam in Gang kam, wurde Peters Selbstbewußtsein durch einen Erfolg gestärkt, der an James Agates Kritik in der *Sunday Times* anknüpfte: am 6. Oktober 1942, viel früher, als Agate oder Ustinov geahnt hatten, wurde sein Stück *House of Regrets* von Alec Clunes im Arts Theatre aufgeführt. »Es stand nicht besonders lang auf dem Spielplan, vier Wochen und dann noch zwei Wochen Verlängerung«, sagt Peter, »aber es war ein großer politischer Erfolg«.

Geoffrey Willans nannte *House of Regrets* «sehr bemerkenswert für einen so jungen Autor. Das Stück beschreibt, wie nicht anders zu erwarten, eine Gruppe von Exilrussen, die in London lebt und von einer Wiederherstellung des zaristischen Regimes träumt. Außerdem zeigt es die Revolte der Jungen gegen die Bedingungen, die ihnen von den Älteren aufgezwungen werden…«

Die Theaterkritiker reagierten begeistert. »Mr. Ustinovs Stück ist sehr vielversprechend, verkündete *The Times,* und im *Daily Telegraph* hieß es: »Schon seit einiger Zeit macht Peter Ustinov in der Londoner Theaterszene von sich reden, sowohl als Schauspieler wie auch als Varieté-Autor. Sein Stück *House of Regrets* beweist, daß er ein ernstzunehmender Dramatiker sein wird.«

In den folgenden Jahren wurde dies allerdings auch gelegentlich in Frage gestellt. Als Peters nächstes Stück, das den ironischen Titel *Blow Your Own Trumpet* trug, im folgenden Jahr nach nur 13 Aufführungen und großem Eklat wieder abgesetzt wurde, lag das nicht an einer negativen Publikumsreaktion, sondern nur am Urteil der Kritiker. Selbst James Agate fiel über seinen Schützling her. In seiner Rezension schrieb er, Ustinov habe »alle Voraussetzungen für einen erstklassigen Stückeschreiber, bis auf eine – ihm fällt keine Geschichte ein«.

Noch bissiger äußerte sich Ivor Brown vom *Observer:*

> »Wenn dieses Stück tatsächlich, wie öffentlich geäußert, innerhalb von drei Tagen geschrieben wurde, dann war Ustinov sehr langsam. Jemand mit seinem hellen Kopf hätte einen so banalen, aufgeblasenen Quatsch in drei Stunden hinhauen können. Mr. Ustinov sollte endlich erwachsen werden. Im Moment hält er an zwei infantilen Vorstellungen fest: erstens, daß jedes Gekritzel als Stück durchgeht, solange es nur ein paar Charakterrollen aufweist; und zweitens (was noch viel gefährlicher ist), daß alte Witze unterhaltsam sind. Sie sind es nicht. Sie sind einfach nur alte Witze.«

Peters Reaktion auf diesen Reinfall war tapfer, aber verärgert. In einem Brief an den Theaterintendanten Bronson Albery schrieb er: »Im Grund haben mir die Kritiker mit ihrer Ablehnung Mut gemacht. Ich bin eigentlich weniger enttäuscht, als trotzig und ziemlich wütend.«

Michael Redgrave, der Regie geführt hatte, war ebenfalls wütend. In einem Artikel im *New Statesman* wies er die Anwürfe der Kritiker öffentlich zurück: »Wenn es nicht so traurig wäre, könnte man sich fast darüber amüsieren, wie leichtfertig die Kritiker ein neues Stück abkanzeln und fast im gleichen Atemzug nach neuen, originellen Autoren rufen. Wir verlangen nicht, daß die Rezensionen zahm und verwässert sind wie in einer Kirchen- oder Schülerzeitung, aber wir fordern, daß professionelle Arbeit auch professionell kritisiert wird.«

Peter war sicher auch empört und gekränkt darüber, daß man ihn aufforderte, endlich erwachsen zu werden – schließlich war er erst 22. Doch wenigstens war *House of Regrets* ein uneingeschränkter Triumph gewesen, und sein Stern war zweifellos im Steigen.

Richard Attenborough, der damals noch ein junger Schauspieler war und kurz vor der Aufführung von Peters erstem Stück am Arts Theatre in *Awake and Sing* aufgetreten war, erinnert sich gern an jene Zeit. »Keiner von uns zweifelte daran, daß Ustinov das Genie unserer Generation ist«, sagt er heute. »Wir hielten ihn für ein großes Talent, mindestens vom Kaliber eines Tschechow oder Shaw, aber er hat noch nicht *das* geschrieben, wozu er fähig ist. Das liegt vor allem an der Vielfalt seiner Begabungen.«

Nach seinem aufsehenerregenden Debüt als Dramatiker machte sich Peter wieder an sein Drehbuch für *The Way Ahead*. Die Stationierung in London hatte zweifellos ihre Vorteile (zum Beispiel konnte er abends nach Hause gehen, in die Wohnung in Kensington Close, die er und Isolde gemietet hatten, nachdem die amerikanischen Rechte für *House of Regrets* verkauft worden waren), aber es gab auch Nachteile.

Dazu gehörte Peters niedriger Rang, der eigentlich gegen die Regeln verstieß. Unter normalen Umständen ist es einem Gefreiten nicht erlaubt, mit höheren Offizieren zu verkehren. Peter jedoch arbeitete mehr oder weniger gleichberechtigt mit einem Oberstleutnant, einem Major, einem Hauptmann und einem Feldwebel zusammen. Dazu kam das fast ununterbrochene Salutieren, denn zweimal täglich mußte Peter London durchqueren, und wie bei einem mechanischen Spielzeug schnellte sein rechter Arm ständig nach oben, wenn er einem ranghöheren Offizier begegnete. Er beschloß, diesem Problem entgegenzuwirken, indem er bei jedem Wetter seinen fast bodenlangen Mantel trug und das Abzeichen an seiner Mütze geschickt in einer Stoffalte verbarg. Außerdem benutzte er eine lange bernsteinfarbene Zigarettenspitze und trug eine leere, aber sehr offiziell Aussehende Aktentasche bei sich. So war er nicht mehr einzuordnen, und es passierte ihm sogar gelegentlich, daß nun ihm respektvoll salutiert wurde.

Schließlich beschloß man, Peter zu David Nivens Offiziersburschen zu ernennen. Als Abrundung dieses Arrangements erhielt er einen speziellen Passierschein, der »dem prüfenden Auge der Militärpolizei bescheinigte: ›Dieser Mann darf überall hingehen und alles tun, was er zur Erfüllung seiner Pflicht für notwendig erachtet.‹«

> »Ein Militärpolizist hielt mich vor dem Hippodrome Theatre an und wollte meinen Passierschein kontrollieren. Als er ihn las, blieb ihm der Mund sperrangelweit offen stehen, und er fragte mich: ›Wie haben Sie denn das gedreht?‹ Ich erklärte ihm, solche Passierscheine seien sehr selten und nur echt mit einem Autogramm von David Niven. Er gab mir eine derart unanständige Beschimpfung mit auf den Weg, daß ich sie trotz der heutigen lockeren Sitten nicht wiedergeben möchte, auch wenn sie hervorragend illustrieren würden, wie sehr der Mann mich beneidete.«

Nach einiger Zeit siedelten Oberstleutnant Niven, sein Offiziersbursche und die übrigen Mitglieder des Teams von ihrem Büro im Ritz Hotel in die Denham Studios in Buckinghamshire um. Dort begannen die Dreharbeiten, aber da es um eine Gruppe von Soldaten ging, die in Nordafrika eingesetzt werden, filmte man die Außenaufnahmen in Algier.

The Way Ahead kam 1944 in die Kinos. zu den Darstellern gehörten William Hartnell, Stanley Holloway, John Laurie, Renée Asherson und Tessie O'Shea. Ustinov übernahm die Rolle des Rispoli, eines mürrischen Hotelbesitzers, der nur französisch spricht. Der Film war nicht nur beim Publikum und bei den Kritikern ein Erfolg (von der Heeresleitung ganz zu schweigen) – er wird noch heute oft als der »beste filmische Tribut an die britische Armee im Zweiten Weltkrieg« bezeichnet.

Zwei Jahre lang hatte Ustinov nun das Leben eines Gefreiten, eines Stückeschreibers, eines Drehbuchautors und eines Schau-

›School for Secrets‹, 1946 von Peter Ustinov inszeniert und geschrieben.

spielers geführt. Er war von den Klippen bei Dover über Toon in Ayrshire geschickt worden, vom Wembley Park zum Ritz; vom Filmstudio in Buckinghamshire in die Hauptstadt Algeriens. Er war von aufgeblasenen Feldwebeln angebrüllt, von der nationalen Presse gelobt – und verdammt – worden; das Theaterpublikum hatte ihm zugejubelt, und seine Künstlerkollegen, die gleichzeitig Offiziere in der Armee Seiner Majestät waren, hatten ihn als Ihresgleichen behandelt. Emotional war es ein einziges Wechselbad gewesen – von tiefster Frustration zu höchstem Triumph und wieder zurück; vom Drill auf dem Truppenübungsplatz zu der befriedigenden Rolle des Propagandisten, der die Moral der Nation hochhält. Ein berauschender Cocktail für einen 23jährigen – und das Ergebnis war, daß Peter in das Militärhospital in Shenley eingeliefert wurde, weil ihn Magenkrämpfe plagten. Es stellte sich

91

nichts Alarmierendes heraus, reine Nervosität, und man verordnete ihm eine Ruhepause – allerdings in einem Zimmer mit Ausblick auf den Hof der benachbarten psychiatrischen Anstalt. Während seines Krankenhausaufenthalts stieß Peter heftig mit einem pedantischen Rekrutierungsoffizier zusammen, der – sei es aus Bosheit, aus Inkompetenz oder einfach aus Dummheit – erklärte, zum Verfassen von Filmdrehbüchern sei Ustinov »psychisch eindeutig ungeeignet«. Mit wachsender Entrüstung hörte sich Peter an, daß er in das Nachschublager der Armee nach Donington Part geschickt werden sollte, um dort die Unterwäsche nach Größen zu sortieren. Schließlich platzte ihm der Kragen, der erschrockene Offizier rief um Hilfe, und der Gefreite Ustinov wurde von zwei Militärpolizisten ins Büro des hauseigenen Psychiaters geführt. Der Psychiater hatte nicht nur den Rang eines Oberst, sondern war zudem eine Frau, die sehr viel Sinn für das Absurde hatte. Auf ihre Empfehlung hin wurde Peter aus dem Krankenhaus entlassen und in eine Einheit am Grosvenor Square versetzt, die sich auf Unterhaltung spezialisierte.

In der Zwischenzeit hatte ein weiteres Ustinov-Stück im Wynham's Theatre Premiere. Peter hatte es geschrieben, während er mit Eric Ambler an *The Way Ahead* arbeitete. Wenn man den kurzen Einakter mit dem Titel *Beyond* mitzählt, der 1942 als Teil einer Doppelvorstellung am Arts Theatre für kurze Zeit auf dem Spielplan gestanden hatte, war *The Banbury Nose* Ustinovs viertes Stück, das innerhalb von zwei Jahren im West End zur Aufführung kam. Die Hauptrollen spielten Roger Livesey und Peters Frau Isolde. Inspiriert war das Stück von einem Ausspruch des dänischen Philosophen Kierkegaard: »Das Leben kann man nur rückwärts verstehen, aber leben muß man es vorwärts.« Beschrieben wird die Geschichte von vier Generationen der Hume-Banburys, einer englischen Adelsfamilie. Das Stück beginnt in der Gegenwart, das heißt, in den vierziger Jahren, und geht dann immer weiter zurück, so daß der vierte und letzte Akt im viktorianischen England der frühen achtziger Jahre des letzten Jahrhunderts spielt.

Peter macht sich in diesem Stück über die Rigidität einer bestimmten Klasse lustig, aber er räumt ein, daß die Personen ein bißchen zu plakativ geraten seien. Sein zentrales Anliegen sei nicht gewesen, die Vergangenheit akkurat darzustellen, sondern aufzuzeigen, was die Ereignisse über die menschliche Natur aussagen. Die

Originalität von *The Banbury Nose* (das Stück erlebte über hundert Aufführungen) brachte Peter wieder das Wohlwollen der Kritiker ein. Dieselben Leute, die sein letztes Stück zerrissen hatten, waren jetzt wieder des Lobes voll. Ustinov wurde mit George Bernard Shaw verglichen, und James Agate pries ihn als den »größten Meister der Dramaturgie, den wir in diesem Land heute haben. Er ist so geistreich wie Mr. Coward und besitzt sehr viel mehr Gespür für das Theater als Mr. Priestley.«

Mit frischem Schwung nahm Peter nun seine Aufgabe in Angriff. Es sollte sein einziges Projekt für die Unterhaltungseinheit der Armee bleiben. Am Garnisonstheater in Salisbury inszenierte er eine Restaurationskomödie von Sheridan, *The Rivals* (Die Nebenbuhler). Das Ensemble bestand teils aus Zivilisten, teils aus Militärs. Edith Evans spielte die Rolle der Mrs. Malaprop, Peter übernahm den Part des Sir Anthony Absolute. Kaum war er nach der kurzen, aber sehr abwechslungsreichen Spielzeit des Stücks wieder nach London zurückgekehrt, erfuhr er zu seinem Entsetzen, daß er bei einer weiteren Komödie mitmachen sollte, bei einer Posse, die im Fernen Osten gespielt wurde.

Zum Glück brauchte er sich nicht lange aufzuregen. Am 6. Juni 1944 landeten die Alliierten in der Normandie, und damit kam die große Wende im Krieg. Peter wurde in ein britisch-amerikanisch-französisches Team aufgenommen, das den Film *The True Glory* (Der wahre Ruhm) drehen sollte. Regie führten Carol Reed und Garson Kanin unter der Oberaufsicht von SHAEF, dem Hauptquartier der alliierten Streitkräfte in Europa. Als Auftraggeber fungierten das amerikanische Kriegsinformationsbüro und das britische Informationsministerium.

The True Glory hatte 1945 Premiere. Wie General Eisenhower in der einführenden Sequenz sagt, ist der Film ein Bericht über die Soldaten, Matrosen und Flieger der Luftwaffe, die »jedes Hindernis überwanden, um an der Westfront den Sieg über Deutschland zu erringen«. Am Anfang werden dramatische Aufnahmen der Landung der Truppen in Frankreich gezeigt. Die Dokumentation ist aus Filmmaterial zusammengeschnitten, das 1400 Frontberichterstatter gedreht hatten. Alle Filmrollen wurden nach London geschickt, und dort gehörte es zu Peters Aufgaben, das Material für die endgültige Version auszusuchen. Das Ergebnis war ein Film, der noch 1990 in einer Zeitschrift als »ausgezeichnete Kriegsdokumentation« bezeichnet wurde.

Peters nächstes – und letztes – Projekt in Uniform war, daß er bei einem Film für das Luftfahrtministerium das Drehbuch schreiben und auch Regie führen sollte: *The School for Secrets* (Schule der Geheimnisse). Zu den Darstellern gehörten Ralph Richardson, David Tomlinson, Michael Hordern und Richard Attenborough. Es geht um die Erfindung des Radar und seine entscheidende Rolle für den Verlauf des Kriegs. Peter hatte den Auftrag auf Empfehlung seines italienischen Freundes Filippo del Giudice bekommen, den er bei den Dreharbeiten zu *The New Lot* kennengelernt hatte und den er als »eine Art Diaghilew des englischen Films« bezeichnete.

Sir Robert Renwick, ein dynamischer Mann und Sprecher des Luftfahrtministeriums, sorgte dafür, daß Ustinov mit Unterstützung des regierungseigenen Forschungsinstituts in Malvern in Worcestershire arbeiten konnte. Zu seiner eigenen Überraschung und sehr zum Erstaunen des Luftwaffenpersonals erhielt er nicht nur einen Dienstwagen mit Chauffeur, sondern auch eine Suite, die normalerweise für höchste Offiziere reserviert war. Und um die ganze Sache noch schlimmer zu machen, wurden ihm zwei weibliche Unteroffiziere als Bedienstete zugewiesen. Sie brachten ihm allmorgendlich seinen Tee, bügelten seine Uniform, putzen seine Stiefel und staubten sein Gewehr ab. Peter versuchte zwar, Sir Robert zu erklären, er sei nur ein kleiner Gefreiter, aber es half nichts – er wurde nach allen Regeln der Kunst bedient und aufgefordert, sich ganz wie zu Hause zu fühlen.

Es war eine groteske Situation, aber Peter sah darin nur eine der zahllosen Absurditäten dieses Kriegs. Zu den ersten Pflichten, die er in Malvern zu absolvieren hatte, gehörte, die Einheit zu inspizieren, oder besser gesagt: Er mußte hinter dem General der Luftwaffe, Sir Charles Portal (später 1. Vicomte Portal of Hungerford), und dem Generalleutnant der Luftwaffe, Sir Victor Tait, herstiefeln – amüsant im nachhinein, aber damals ausgesprochen peinlich.

In *Dear Me* beschreibt Ustinov die Szene:

> »Man stellte mich diesen beiden hohen Offizieren erst vor, als der grausame Scherz vorüber war. Sooft sie halt machten und jemanden befragten, hielt ich ebenfalls an. Schließlich konnte ich sie ja schlecht überholen. Also stand ich immer wieder vor irgendeinem Oberst oder Hauptmann, starrte auf seine Knöpfe

und auf seine Stiefel... Jedesmal, wenn ein Fachmann den beiden Luftwaffengenerälen, die sich immer wieder nervös nach mir umdrehten, irgendwelche technischen Details erläuterte, hörte ich schweigend zu, nickte weise und tat so, als würde ich die Informationen verarbeiten und alles schnell im Kopf nachrechnen.«

Nach einer Weile hörte er, wie Portal zu seinem Kollegen meinte, der Soldat, der da hinter ihnen herstolpere, sei der »größte Trottel, den ich je gesehen habe«, aber er erkundigte sich nicht, wer dieser »Trottel« sei oder was er bei der Sache verloren habe. Als später Sir Robert Renwick von dem Vorfall erfuhr, amüsierte er sich köstlich. »›Warum haben Sie mir nicht verraten, daß Sie ein einfacher Gefreiter sind?‹ fragte er und gab mir – wie üblich – keine Gelegenheit zu antworten«, erzählt Peter.
The School of Secrets gehört ebenfalls zu den besten Kriegsfilmen. Während der Dreharbeiten ging der Zweite Weltkrieg zu ende, und das Projekt, das der Gefreite Ustinov vom 10. Königlichen Sussex-Regiment begonnen hatte, wurde von dem Zivilisten Mr. Peter Ustinov abgeschlossen – dem eine Zentnerlast vom Herzen fiel.

Wechselhafte Zeiten

Peter Ustinov kann viele amüsante Anekdoten über seine viereinhalb Jahre bei der Armee erzählen, und er gibt auch gerne zu, daß
er aus den Erfahrungen, die er als Soldat gemacht hat, viel gelernt
habe. Dennoch ist und bleibt Peter Ustinov ein entschiedener
Gegner jeder Art von Militarismus.

Wenn man sich heute mit ihm über dieses Thema unterhält, sagt
er: »Ich bin sehr froh, daß die Zeit des Militärs abgelaufen ist. Ein
Land, das stolz auf seine militärische Vergangenheit ist, kann der
Versuchung nicht widerstehen, auch auf seine militärische Zukunft bedacht zu sein. Aber heute ist das Ganze wie ein Spielka-
sino, in dem keiner gewinnen kann. Was hat es für einen Sinn zu
spielen, wenn man genau weiß, daß man verliert? Das lockt
niemanden, nicht einmal einen unverbesserlichen Spieler. Normalerweise besteht immer die Möglichkeit, daß man den Jackpot
gewinnt, aber heutzutage bedeutet der Jackpot, daß man auch sich
selbst vernichtet – also, was soll's?

Selbst die Generäle haben nicht mehr die Kontrolle über das, was
sie tun. Sie werden von der Wissenschaft beherrscht. Aber keiner
weiß, was für eine Art von Militärschiff man bauen soll. Große
kann man nicht bauen, denn wenn sie getroffen werden, ist es eine
furchtbare Katastrophe – es würden zu viele Menschen sterben.
Also versucht man, die Soldaten in irgendwelche U-Boote zu
stecken, die unter Wasser fahren und von dort aus Raketen ab-
schießen. Aber die ganze Sache ist technisch völlig absurd, weil
sie so teuer ist. Das muß man sich mal überlegen – wenn die
UNICEF jedes Kind auf der Welt gegen die sechs tödlichen
Kinderkrankheiten impfen ließe, würde das soviel kosten wie drei
hochentwickelte Militärflugzeuge.

Immer wieder gibt es Unfälle bei den Demonstrationsflügen
solcher Maschinen – sie verschwinden vom Radarschirm und
stürzen in die Zuschauermenge. Das ist sehr tragisch – nicht nur
die Todesopfer, die an sich schon tragisch genug sind, sondern
auch die Tatsache, daß das ganze Impfserum, das für die Kinder
gebraucht würde, sozusagen in die Luft fliegt. Das ist alles so
widerlich, eine solche Vergeudung, so dumm.«

Peter Ustinov hat sich schon immer für die Menschen engagiert
und sich für Verständigung, Toleranz und Harmonie unter den

Völkern eingesetzt. Als kleiner Junge erfand er einen Staat, den er regierte und in dem Grausamkeit und Zwietracht verboten waren. Später versuchte er durch seine Mitarbeit bei UNICEF und UNESCO, den Kindern dieser Welt, vor allem denen aus unterprivilegierten Ländern, zu helfen. Das erstemal kam er richtig mit Kindern in Berührung, als er Vater wurde, und nicht zuletzt aufgrund dieser Erfahrung lernte er, ihre Bedürfnisse immer besser zu verstehen. Kinder, so sagt er, »sind ein Bekenntnis zum Leben, die einzig Form von Unsterblichkeit, derer wir gewiß sein können«.

Zu Peters Freude über das Ende des Krieges kam noch die Freude über die Geburt seiner ersten Tochter: Tamara wurde am 25. Juli 1945 geboren, und das einzige Mitglied der Familie Ustinov, das über ihr Erscheinen nicht in Entzücken geriet, war Klop. Er war damals 53 und haßte die Vorstellung, nun Großvater zu sein. Der Gedanke ans Älterwerden machte ihm schwer zu schaffen. »Ich hatte das Gefühl, daß ihn Tammys Geburt richtig schockierte«, erzählte Nadia später, »wie eine Katastrophe... er hatte nie gedacht, daß so etwas geschehen könnte...«

Während seiner letzten Tage beim Militär wandte sich der Dramatiker Ustinov von der Gegenwart ab und wählte als Thema für sein fünftes Theaterstück die Vergangenheit, das heißt, die Kreuzzüge, jene mittelalterlichen Kämpfe zwischen Moslems und Christen um die Vorherrschaft im Heiligen Land. *The Tragedy of Good Intentions* wurde 1945 vom Old Vic im Liverpool Playhouse aufgeführt, kam aber nie ins West End.

Um diese Zeit begann Ustinovs Leben das turbulente Tempo anzunehmen, das es seither beibehalten hat. Ustinov war, wie er selbst sagt, wild entschlossen, die verlorene Zeit wettzumachen, und er nahm sich vor, jedes Jahr einen Film zu drehen, ein Stück zu schreiben und außerdem noch als Schauspieler zu arbeiten. 1946 schrieb er ein Stück mit dem Titel *High Balcony,* das allerdings erst 1952 am Embassy Theatre zur Aufführung kam; er betätigte sich als Co-Autor bei dem Drehbuch für den Film *Carnival,* und obwohl er erst 25 war, übernahm er in Rodney Acklands Version von Dostojewskis Roman *Schuld und Sühne* die Rolle des sechzigjährigen Polizeichefs Porfiri Petrowitsch. Das Stück wurde am New Theatre gegeben, Anthony Quayle führte Regie, die Hauptrollen spielten Edith Evans und John Gielgud, der fast ein Jahrzehnt zuvor am London Theatre Studio das Idol aller Schüler von Michel Saint-Denis gewesen war – Ustinov nicht ausgenommen.

Über ihre erste professionelle Begegnung sagt Gielgud: »Peter spielte den Polizeichef selbstverständlich brillant, aber er neigte zu Ausschmückungen und Übertreibungen. Seine russische Herkunft half ihm bei der Gestaltung der Rolle. Es war angenehm, mit ihm zu arbeiten, wenn ich auch etwas verärgert war, als ich einmal an seiner Garderobe vorbeikam und ihn sagen hörte: ›Also ich trete nur noch im Theater auf, wenn ich hundert Pfund die Woche bekomme‹.«

Diese Bemerkung erschien mir eher untypisch, und ich wollte von Peter Näheres erfahren, weil ich dachte, es könnte eine amüsante Anekdote dahinterstecken. Ustinov konnte sich nicht an den Vorfall erinnern. »Hundert Pfund? In der *Woche?*« überlegte er verwundert. Ich wollte die Geschichte weglassen, doch er meinte: »Nein, nein – bringen Sie sie ruhig. Sie können ja sagen, ich hätte nicht gewußt, worauf John anspielte, und hätte geantwortet: ›Es war nie meine Absicht, vom Korridor aus belauscht zu werden‹.« Mit diesen Worten brach er in schallendes Gelächter aus, und wir wandten uns anderen Themen zu.

1947 brachte Ustinov F. Ansteys komischen Roman *Vice-Versa* auf die Leinwand. Er zeichnete dabei als Drehbuchautor, Regisseur und Coproduzent. Die Hauptrolle des Paul Bultitude bekam Roger Livesey, der fünf Jahre zuvor mit Isolde Ustinov in *The Banbury Nose* aufgetreten war und den Peter und seine Frau gebeten hatten, die Patenschaft für Tamara zu übernehmen. Seinen Filmsohn Dick spielte ein unbekannter junger Schauspieler aus Südlondon, Anthony Newley; der bärtige, breitschultrige James Robertson Justice – mit dem Peter manchmal verwechselt wurde – spielte den cholerischen Leiter der Schule, die der kleine Dick besuchte. Der Roman konstruiert eine absurde Situation, wie sie nur in der Welt der Fiktion möglich ist: Vater und Sohn tauschen plötzlich die Rollen, als Bultitude Senior seinen Sohn wegen seiner schlechten Schulleistungen zurechtweist und den Wunsch äußert, selbst wieder ein Junge sein zu können. Tony Thomas schreibt darüber:

»Vice-Versa ist Ustinov in Reinkultur, stilisiert, surrealistisch und einfallsreich… Das viktorianische England, das Militär, die

Klassenstruktur, das Privatschulsystem, weiblicher Opportunismus und die Rechtsprechung – alles wird von Ustinov durch den Kakao gezogen. Wie die meisten seiner Geschichten spiegelt auch *Vice-Versa* teilweise seine eigenen Erfahrungen wider, immer mit ironischer Distanz und künstlerisch begründeter Übertreibung.«

Trotz seiner unbestreitbaren Qualitäten war der Film kein großer Erfolg. Peters Umbesetzung des Stoffs galt als seiner Zeit weit voraus – ein Urteil, das noch oft über seine Arbeit geäußert werden sollte.

Peters nächstes Theaterstück kam nicht viel besser an als der Film. Unter gewissen Theaterkritikern herrschte die Meinung, Ustinovs ironischer Ansatz verleite ihn dazu, »geniale Vignetten« zu schaffen, aber keine Theaterstücke mit klar durchkomponierten Handlungssträngen. Selbst James Agate schrieb kurz vor seinem Tod im Jahr 1947: »Ich habe das Gefühl, daß die Kraft, die Ustinov antreibt, nur eine geniale Begabung sein kann. Talent wäre zu wenig, denn das wichtigste Merkmal von Talent ist, daß man sich Mühe gibt, und ich habe den Verdacht, das tut Ustinov nie.«

Bei seinem Stück *The Indifferent Shepherd* richtete sich Peter nach seinen Kritikern – zumindest ansatzweise. Er versuchte, sich zur Abwechslung auf einen konventionelleren Rahmen zu beschränken. Thema war die konventionellste und etablierteste aller Institutionen: die Kirche. Das entbehrt nicht einer gewissen Ironie. Peter ist nämlich ein Mensch, der, wie er es heute ausdrückt, »keine Päpste, keine Erzbischöfe oder Ajatollahs braucht«, und seine persönlichen Überzeugungen stellt er gar nicht zur Debatte, denn: »Man wird nur nach seinen Anschauungen befragt, damit andere sie zerreißen können.«

The Indifferent Shepherd war zwar kein überwältigender Erfolg, aber das Stück blieb trotzdem eine ganze Weile auf dem Spielplan des Criterion Theatre, wo es 1948 mit Gladys Cooper, Francis Lister, Arthur Cruickshank und Anna Turner in den Hauptrollen uraufgeführt wurde.

Ustinovs nächstes Theaterprojekt war eines seiner ehrgeizigsten. Das einzige Mal in seiner Laufbahn bearbeitete er das Stück eines zeitgenössischen Autors. Ingmar Bergmans *Frenzy* (Die Hörige), das in Schweden bereits verfilmt worden war, erzählt die Geschichte eines Jugendlichen aus wohlhabender Familie, der während seines letzten Schuljahrs von einem sadistischen Lehrer erbarmungslos gequält wird. Um dieser Situation zu entgehen, läßt er sich mit einer jungen Prostituierten ein, muß aber bald herausfinden, daß auch sie von einem Mann terrorisiert wird, dessen Namen sie allerdings nicht nennen will. Nach und nach wird deutlich, daß sie beide Opfer desselben Mannes sind – des Lehrers, gespielt von Peter Ustinov.

Mit Denholm Elliott und Joan Greenwood in den Hauptrollen, schlug das Stück die Zuschauer am St. Martin's Theatre sofort in seinen Bann. Peter selbst fand allerdings, daß es durch die Übersetzung sehr verloren habe. »Indem wir den Text verständlich gemacht und ihm so das Exotische genommen haben«, meinte er später, »haben wir ihm auch das Geheimnisvolle geraubt, was ihm seine Qualität gab oder jedenfalls zu geben schien«.

Mit den vierziger Jahren ging auch die Ehe von Peter und Isolde Ustinov zu Ende. Isolde wünschte sich ein ruhigeres Leben, während Peter seinen professionellen Horizont immer mehr erweitern wollte. Das führte zwangsläufig zu Spannungen; die Unterschiede zwischen den beiden wurden gravierender. Peter quälte die Vorstellung, sich von seiner vierjährigen Tochter trennen zu müssen. In *Dear Me* schreibt er über die Phase: »Wenn ich etwas hasse im Leben, dann ist es Verantwortungslosigkeit. Ich habe eine tiefe Abneigung gegen den Egoismus, der ein Leben in die Welt setzt und es dann sich selbst überläßt.« Das ist eine sehr eindeutige Aussage. Weder er noch Isolde überließen Tammy sich selbst – im Gegenteil.

Isolde hatte sich in einen ehemaligen Piloten namens Derek Dempster verliebt, der als Journalist arbeitete, und wollte ihn heiraten. Peter war Derek schon ein paarmal in seinem Haus begegnet, allerdings hatte Isolde die beiden Männer nicht miteinander bekannt gemacht. Das fand Ustinov zwar verwunderlich, aber da er große Stücke auf persönliche Freiheit hielt, fragte er nicht nach. Für die meisten Leute wäre eine solche Situation unvorstellbar, wenn nicht unerträglich. Aber sie zeigt Peters Charakter sehr gut. Er sagt von sich selbst, er sei von Natur aus nicht eifersüchtig, obwohl er ab und zu einen leisen Stich verspüre. Und er mag keine Konfrontationen, sondern vermeidet sie lieber, auch wenn die Umstände noch so provozierend sind.

Die Ehe der Ustinovs wurde 1950 in beiderseitigem Einverständnis geschieden, und Isolde heiratete bald darauf Derek Dempster. Diese Verbindung hielt 17 Jahre, und nach der Trennung von Derek zog Isolde in die Nähe von Brighton, wo sie, gepflegt von Tammy, im April 1987 an der gleichen schweren Nervenkrankheit starb, der vier Jahre zuvor bereits Peters alter Freund David Niven erlegen war.

Tammy Ustinov erinnert sich gern an ihre ersten Lebensjahre, Nachdem sie die Farlington School in Sussex besucht, wo ihre Liebe zum Theater erwachte, und anschließend am St. Hilda's College in Oxford studiert hatte, wurde sie Schauspielerin. Über ihren Vater, den sie immer beim Vornamen nennt, sagt sie: »Er war wie ein richtiger Märchenonkel, wie eine gute Fee. Ich habe als Kind nicht viel Zeit mit ihm verbracht. er tauchte immer mit wunderbaren Geschenken auf, und wir unternahmen dann gemeinsam etwas. Es war wie in Ferien – sehr lustig, und er hat mich unglaublich verwöhnt. Er war ein guter Vater.«

Als Peter ein paar Jahre später zum zweitenmal heiratete, hatte Tammy kein besonders gutes Verhältnis zu ihrer Stiefmutter, die sie diplomatisch als »eine schwierige Frau« bezeichnet. Mit ihrem Stiefvater andererseits verband sie eine tiefe Zuneigung, und als sie im Herbst 1989 den Schauspieler Malcolm Rennie heiratete, gehörte Dempster zu den ersten, denen sie ihn vorstellte.

Während des letzten Jahres seiner Ehe mit Isolde arbeitete Peter gleichzeitig an drei Projekten. *The Man in the Raincoat,* sein siebtes Stück, wurde beim Festival in Edinburgh aufgeführt; Eric Linklaters *Private Angelo* und *Love in Albania* brachten ihn – auf der Leinwand und auf der Bühne – ins West End zurück.

Die Außenaufnahmen für *Private Angelo* wurden in Italien gedreht, in dem toskanischen Dorf Trequanda und in Rom. Der Film erzählt die Geschichte eines ziemlich feigen jungen Soldaten, der inmitten eines Krieges, dem er eigentlich entgehen möchte, Mut beweisen will. Peter, der als Produzent, Regisseur, Drehbuchautor und Titelheld fungierte, machte *Private Angelo* zu einer Art Familienangelegenheit. Er engagierte seine Mutter Nadia Benois für Design und Kostüme, und seine Schwiegermutter Moyna McGill spielte die Rolle der Marchesa Dolce.

Wie bei *Vice-Versa* – auch für diesen Film hatte Nadia übrigens die Kostüme entworfen – arbeitete Peter mit James Robertson Justice zusammen, der den Part des Fest übernahm. Außerdem förderte er die Karriere eines der besten – und bescheidensten – britischen Schauspieler: Robin Bailey. Robin sagt über die damalige Zeit: »Ich habe Peter 1945 oder 1946 kennengelernt, als ich für das Worthing Rep gearbeitet habe. Damals trat ich gerade in einer fürchterlichen Posse auf, in der ich meiner Meinung nach extrem schlecht spielte. Ich weiß nicht, was er in mir gesehen hat, aber er fragte mich, ob ich in einem Film von ihm mitmachen wolle... *School of Secrets*. Danach begegnete ich ihm gelegentlich, und er war immer sehr nett zu mir. Ich begriff nicht, warum er sich für mich interessierte, aber ich weiß, daß er sich bei anderen Leuten lobend über mich ausließ.

Dann bin ich 1948 mit der Birmingham Rep Company nach London gekommen. Und als die Spielzeit zu Ende ging, hatte ich keine Ahnung, was ich danach tun sollte. Zwei oder drei Wochen später kam Peter daher – mit einem Geschenk. Er fragte mich, ob ich in *Private Angelo* mitspielen wolle. Für die Rolle müsse ich zwei Wochen nach Rom kommen. Ich sollte einen namenlosen militärischen Geheimagenten spielen. Also begab ich mich zum Kostümschneider, um mir eine Uniform anpassen zu lassen. Ich erklärte, wer ich sei und was ich wolle. Er schaute auf seine Liste und sagte: ›Sie spielen Captain Simon Telfer‹. Ich kannte den Roman und wußte, das war eine der Hauptpersonen. Also sagte ich: ›Nein, ich spiele einen Geheimagenten‹. ›Aber wir haben Sie hier als Simon Telfer‹, antwortete man mir, ›da kleiden wir Sie lieber dementsprechend ein‹.

Peter hatte mir nichts davon gesagt. *Das* war also das Geschenk. Typisch Peter. Er hatte mit den Leuten, die für die Besetzung der Rollen zuständig waren, alles abgesprochen. Sehr liebenswert. Ich fuhr nach Italien, aber nicht für zwei Wochen, sondern für drei Monate, und es war wunderbar: Toskana, Rom, weiß der Himmel, wo sonst noch. Als ich zurückkam, wußte ich wieder nicht, was tun. Aber schon stand Peter vor der Tür und sagte: ›Wie wär's mit dem Theaterstück *Love in Albania?*‹ Er verhalf mir zu einer Karriere in London, beim Theater und beim Film.«

Nachdem *Love in Albania* unter Peter Ustinovs Regie beim Festival von Bath und im Lyrics Theatre im Londoner Stadtteil Hammersmith aufgeführt worden war, kam die Premiere am St. Jame's Theatre im West End. Das stück spielt in einer Londoner Wohnung im Sommer 1944, die Hauptfigur ist ein amerikanischer Militärpolizist namens Sergeant Dohda aus der New Yorker East Side, der nach Europa geschickt worden ist. Er stammt von albanischen Banditen ab und sieht aus wie eine »Mischung aus Pandabär und Gorilla«. Verzweifelt sucht er nach seiner Tochter, die sich mit einem englischen Partisanenpoeten zusammengetan hat, während sie in den albanischen Bergen die dortige Widerstandsbewegung bekämpfte. Die Inszenierung war geistreich und humorvoll und kam bei der Kritik ausgesprochen gut an.

»Peter Ustinov hat das Stück in seiner Absurdität nicht nur hervorragend inszeniert«, schrieb Cecil Wilson in der *Daily Mail,* «er liefert auch eine fulminante Darstellung des Sergeant – eines unbeholfenen, polterigen, quengeligen Riesenbabys, das Hilflosigkeit und Gangstertum in sich vereinigt.«

Das Ensemble war großartig – Robin Bailey als der »hinreißend schüchterne Robert Lawn«, in dessen Wohnung sich Dohda einnistet, Brenda Bruce als Susan, Peter Jones als der Dichter Will Ramillies und Molly Urquhart als Lawns Dienstmädchen Flora. Die meisten Theaterkritiker meinten, es sei eine »phantastische Inszenierung«, die man sich nicht entgehen lassen dürfe. Ustinov selbst sagt rückblickend: »Das Ganze war ein bißchen weit hergeholt und unwahrscheinlich, aber die einzelnen Szenen waren so witzig, daß die Zuschauer sich vor Lachen bogen.«

Gelegentlich konnten sich auch die Schauspieler kaum beherrschen. »Einmal gab es eine zu lange Pause, weil das Publikum nach einer Pointe nicht gleich loslachte, aber Peter Jones und ich konnten nicht an uns halten und fingen an zu kichern. Wir drehten den Zuschauern zwar den Rücken zu, aber das half nichts, denn jetzt brachen auch sie in schallendes Gelächter aus und hörten nicht mehr auf. Zu allem Überfluß tauchte auch noch unser großartiger Inspizient mit dem Kopf nach unten im Kamin auf, wobei sich das Flackern der künstlichen Holzscheite in seinen Brillengläsern widerspiegelte. ›Reißt euch zusammen!‹ zischte er. Damit war es um uns geschehen. Als der schlimmste Anfall vorüber war und wir völlig erschöpft waren, schafften wir es immerhin, das Stück zu Ende zu spielen.«

Brenda Bruce erinnert sich gern an den »lieben Usti«. »Ich wohnte ganz in seiner Nähe in Kensington, und hin und wieder nahm er mich in seinem Auto ins Theater mit«, erzählt sie. »An manchen Tagen durften wir im Theater nicht sprechen, nur singen. Und wenn jemand trotzdem ein Wort gesprochen hat, mußte er eine Strafe zahlen.«

Peter Ustinov fährt ausgesprochen gern Auto. Für ihn ist ein Auto nicht nur ein Fortbewegungsmittel, sondern eine entspannende Freizeitbeschäftigung. Deswegen spielen Autos in seinem Leben eine wichtige Rolle. Er hat viele verschiedene Wagen gehabt – angefangen mit dem imaginären kleinen Amilcar seiner Kindertage bis zu Limousinen und extrem leistungsstarken Modellen, darunter ein Maserati Quattroporte, ein Aston Martin und ein BMW. Der nobelste Wagen allerdings war ein Hispano Suiza mit zwölf Zylindern, Baujahr 1934, den Ustinov nur »le Monstre« nennt. Anfang 1989 wurde er aus seiner Garage in Nizza gestohlen, aber einige Monate später von einem Privatdetektiv wieder sichergestellt.

Als wir uns über seine verschiedenen Wagen unterhielten, erzählte mir Peter, er habe »le Monstre« 1962 zum Geburtstag bekommen. »Ich hatte gerade die Premiere von *The Photo Finish* (Endspurt) in Leeds hinter mir, als der Wagen vorfuhr. Für den Fahrer ist kaum Platz, er ist hinter dem Lenkrad eingequetscht. Der ganze übrige Platz ist für die Passagiere, und als die Kinder noch klein waren, haben sie hinten Verstecken, Himmel und Hölle, Bockspringen und lauter solche Sachen gespielt.«

Während seines Auftritts in Leeds wurde Peter nach Harewood House gebeten, um mit der inzwischen verstorbenen Prinzess Royal zu Mittag zu speisen. Selbstverständlich fuhr er mit dem Hispano Suiza vor. »Wie durch ein Wunder ist es mir gelungen, durch das Tor zu kommen und vor dem Haus zu parken«, erzählt er. Beim Essen bemerkte er immer wieder, daß der Blick der Prinzessin abschweifte. Anscheinend störte sie irgend etwas. Schließlich sagte sie in einem Tonfall, der ihrer Mutter, der Queen Mary, würdig gewesen wäre: »Was verstellt mir denn da die Aussicht?« »Natürlich war es der Wagen«, erklärte Peter lachend, »er war viel höher als alles andere in der Gegend.«

Noch komischer ist Peters Schilderung seiner ersten Fahrerlebnisse. »1942 habe ich mir meinen ersten Wagen gekauft. Ich hatte noch nie am Steuer gesessen und nie eine Fahrschule besucht. Man hatte mir erklärt, wie es geht, also fuhr ich los, in Richtung Hammersmith Broadway – Dickie Attenborough saß auf dem Beifahrersitz. Da brach der Schalthebel ab, als ich gerade in einen hohen Gang geschaltet hatte. Ich muß sagen, ich habe in meinem Leben noch nie so viel gelacht. Es war komischer als jeder Film.« Wichtig war auch ein zweisitziger Mercedes Benz vom Typ »S«,

Jahrgang 1927, den Peter bis Anfang der siebziger Jahre besaß. Er hatte weder Türen noch Trittbretter, die weißlackierte Karrosserie war deutlich sichtbar zusammengeschweißt, so daß der Wagen aussah, als hätte ihn ein Modellsammler gebastelt. Heute steht er, großartig renoviert von Lord Montagu of Beaulieu, im Automobilmuseum in Beaulieu, New Hampshire.

»Ein genialer junger Mann, aber...«

Es entbehrt nicht einer gewissen Ironie, daß Peter Ustinov trotz seiner Abneigung gegen Krieg und Militarismus sowohl auf der Bühne als auch im Film häufig in Uniform auftrat. 1950, nach *Private Angelo* und dem triumphalen Erfolg von *Love in Albania*, wurde ihm für Herbert Wilcox' Kriegsfilm *Odette* die Rolle des Funktechnikers Arnaud angetragen.

Diesmal handelte es sich allerdings nicht um fiktive Unterhaltung, sondern um eine Art Doku-Drama: Anna Neagle porträtierte die mutige Spionin Odette Churchill, eine der berühmtesten Geheimagentinnen des Krieges. 1942 schloß sie sich der französischen Résistance an und wurde ein Jahr später von der Gestapo gefaßt. Trotz brutaler Folter – man verbrannte ihr die Haut mit glühenden Schürhaken und riß ihr die Zehennägel aus – brachte die Gestapo sie nicht zum Reden. Man sperrte sie schließlich ins Konzentrationslager Ravensbrück, aus dem sie im April 1945 befreit wurde. Im Film spielte Trevor Howard Captain Peter Churchill, Odettes Vorgesetzten, den sie später heiratete. Peter bekam die Rolle seines Assistenten Arnaud. Herbert Wilcox, Anna Neagles Ehemann im wirklichen Leben, engagierte Ustinov, weil er dessen Arbeit sehr bewunderte. Tony Thomas schreibt.

> »Wilcox sah Ustinov das erstemal in *Schuld und Sühne*. ›Ich fand, daß er selbst John Gielgud, meinen Lieblingsschauspieler, an die Wand spielte. Sein Film *Private Angelo* war ein Meisterstück – den Kritikern, Verleihern und Kinobesitzern der damaligen Zeit weit voraus. Ich habe nur einmal als Regisseur mit Peter gearbeitet, in *Odette*. Das war eine großartige Erfahrung! Sobald die Kamera lief, verschwand Ustinov, und Arnaud erschien... Ich konnte das Genie Ustinovs genau studieren: mit einem leisen Lachen schlüpft er in die Haut der Person, die er spielt, und übernimmt sogar ihre Denkweise – bis er wieder herauskommt und er selbst wird. Dabei hat er mindestens soviel spaß wie sein Publikum.‹«

»Ich spiele gern, weil es aufregend ist«, sagt Peter oft, »aber für mein seelisches Gleichgewicht muß ich das Unmögliche versuchen und schreiben. Ich spiele, um meinen Lebensunterhalt zu verdienen, ich schreibe, weil ich *muß*.« Auf *Odette* folgten zwei

*Peter Ustinov und Patricia Laffan in der Hollywood-Adaption von
Henryk Sienkiewicz' Roman ›Quo vadis?‹.*

der größten Erfolge Ustinovs: *Quo Vadis,* von der Zeitschrift
Variety als »Kassenschlager« bezeichnet (die Rolle des Nero
brachte Ustinov die erste Oscar-Nominierung), und *The Love of
Four Colonels* (Die Liebe der vier Obersten).
Im ersten Jahrhundert nach Christus wurde Rom von den fünf
julisch-claudischen Kaisern regiert – Augustus war der erste, Nero

der letzte. Seine Schreckensherrschaft inszenierte Mervyn LeRoy für MGM in dem Zehn-Millionen-Spektakel *Quo Vadis,* nach dem gleichnamigen Roman von Henry Sienkiewicz. nach erfolgreichen Probeaufnahmen wurde Ustinov für die Rolle des Nero engagiert; außer ihm spielten Robert Taylor, Deborah Kerr, Leo Glenn und Filay Currie mit.

Der Produzent Sam Zimbalist erklärte, Peter Ustinov entspreche genau seiner und LeRoys Vorstellung von dem »großspurigen, eitlen, schwachen und hinterhältigen« Kaiser, der 54 nach Christus mit 17 Jahren die Nachfolge seines Stiefvaters Claudius antrat, ein hemmungslos genußsüchtiges Leben führte und sich wesentlich mehr für Gesang, Schauspielerei und Wagenrennen interessierte als für die Regierungsgeschäfte. Die 14 Jahre seiner Herrschaft sind geprägt von Grausamkeit und Barbarei. Beispielsweise ließ er seine Mutter, Agrippina die Jüngere, und seine beiden Ehefrauen Poppaea und Octavia ermorden, und nachdem er Rom in Brand gesteckt hatte, machte er die Christen zum Sündenbock und warf sie den Löwen zum Fraß vor.

Obwohl *Quo Vadis* ausschließlich in Rom gedreht wurde, war der Film Ustinovs Debüt als »Hollywood-Star«. In einem Artikel, den er kurz darauf für eine Filmzeitschrift verfaßte, schrieb er:

»In einem Film mitzuspielen, ist eine Schlacht, in der mit harten Bandagen gekämpft wird. Aber der Film mag noch so unterhaltsam sein, die Arbeit noch so spannend und anregend – die größte Herausforderung ist und bleibt doch, Theaterstücke zu schreiben. Die Geschichte des Dramas zeigt deutlich, daß es die schwierigste menschliche Kunstform ist. Es gibt weniger große Theaterstücke als große Romane; es gibt viel, viel weniger gute Stücke als gute Romane; und es gibt genauso viele schlechte Stücke wie schlechte Romane.«

Am 23. Mai 1951 wurde *The Love of Four Colonels* am Wyndham's Theatre aufgeführt und sofort zu einem zeitgenössischen Klassiker erhoben. Noch heute sieht J. C. Trewin, der Doyen der britischen Theaterkritiker, in diesem Stück ein »kleines Meisterwerk seiner Zeit«. Es spielt im Nachkriegsdeutschland: Vier Obersten – ein Brite, ein Russe, ein Franzose und ein Amerikaner – bekommen den Auftrag, das Gebiet Herzogenberg zu verwalten, wo sich das Schloß befindet, in dem Dornröschen seit hundert Jahren schläft.

Während die Offiziere diskutieren, wie sie dieses unzugängliche Schloß einnehmen sollen, treten zwei »jämmerliche Unsterbliche« auf: die böse Fee, eine Mischung aus Mephistopheles und Puck, mit durchdringendem Blick und verdrossenem Gesicht (von Peter Ustinov selbst gespielt), und die gute Fee, von Gwen Cherrell als dynamische junge Frau in Khakiuniform dargestellt, liebevoll und einfühlsam. Die ungewöhnlichen Besucher bringen die vier Obersten zu Dornröschens Schloß. Dort dürfen sie um die schlafende Prinzessin werben, »den verborgenen Sehnsüchten ihres Herzen folgen«, und jeder darf den Stil und die historische Epoche selbst auswählen.

Der britische Oberst wählt für sein Liebesabenteuer die Zeit Shakespeares, während sich der Russe für eine Szenerie á la Tschechow entscheidet; der Franzose läßt sich ins 18. Jahrhundert versetzen, der Amerikaner in eine Spelunke der vierziger Jahre. Keinem von den vieren gelingt es jedoch, das Herz der schönen Prinzessin (von Moira Lister gespielt) zu gewinnen. Zwei von ihnen beschließen, nicht in die Wirklichkeit zurückzukehren: der Amerikaner bleibt, weil er der Realität entfliehen möchte; der Franzose, weil ihm nur das Unerreichbare erstrebenswert scheint.

»Mr. Ustinov ist ein Autor mit genialen Zügen, der weder sich selbst noch sein Publikum schont«, schrieb der Theaterkritiker der Zeitschrift *Queen.* »Die hier gezeigte Suche des Menschen nach Erfüllung ist geistreich, anregend und unterhaltsam.« Anthony Cookman lobte das Stück im *Tatler* als »eine hinreißende respektlose Phantasie«. *The Times* bezeichnete es als »theaterwirksam und unbedingt sehenswert« und Harold Conway vom *Evening Standard* meinte, es werde mehr gelacht als in »einem Dutzend konventioneller Gesellschaftskomödien«.

Allerdings wurden das Stück und sein Autor nicht mit Lob überschüttet – es gab auch kritische Stimmen. Beverley Baxter leitete seine Rezension im *Evening Standard* mit den Worten ein:

> »Mr. Peter Ustinov ist ein genialer junger Mann, aber er selbst ist nicht immer sein bester Berater. Wohin sein Blick auch fällt, überall entdeckt er Material für seine Satiren, aber er vergißt dabei, daß Kürze das oberste Gebot ist... Wenn er alles gesagt hat, was er zu sagen hat, besteht er darauf, noch mehr zu sagen. Mit der Zeit schlich sich das Gefühl ein, das Stück würde nie zu Ende gehen, und man war kurz davor, selbst in einen Dorn-

röschenschlaf zu versinken. Das Publikum ist bekanntlich undankbar. Zehn Minuten Langeweile am Ende eines Stücks lassen es vergessen, daß man zwei Stunden lang glänzend unterhalten worden ist.«

Zwar teilten einige Kollegen von anderen Zeitungen Baxters Meinung, aber der Autor des Stücks ließ sich nicht einschüchtern. *The Love of Four Colonels* behielt seine »zehn Minuten Langeweile«, und auch bei späteren Stücken, die tendenziell zu lang waren, ließ Ustinov sich nicht dazu bewegen, Kürzungen vorzunehmen. Es blieb anderen überlassen, hier und da etwas zu streichen, um die Aufführungszeit zu verkürzen und die Produktion insgesamt zu straffen.

Wenn ein Stück sehr lang auf dem Spielplan stand, langweilte die ständige Wiederholung Ustinov maßlos. Cyril Luckham, der von Colin Gordon die Rolle des englischen Oberst Desmond De S. Rinder-Sparrow übernahm, erzählte mir kurz vor seinem Tod im Februar 1989: »Das Stück lief schon etwa ein Jahr, als ich dazukam, und Peter war ziemlich angeödet. Also ließ er sich immer wieder etwas Neues einfallen, um die Schauspieler auf der Bühne zum Lachen zu bringen. Den amerikanischen Oberst hatte er bereits ›geschafft‹, und zwei oder drei andere waren ihm auch schon zum Opfer gefallen. Dann nahm er Moira Lister ins Visier. Aber bei ihr war er machtlos.

In dem Stück kommt eine Szene im Shakespeareschen Stil vor, bei dem Peter als die böse Fee einen Narren spielte. Ich war der englische Gentleman. Bei meinem Auftritt mußte ich Peter beiseite schubsen und so etwas wie ›Aus dem Weg, du Schuft‹ sagen. Am ersten Abend wollte ich auf die Bühne, und da stand Peter – riesig, unbeweglich, mit gequältem Gesichtsausdruck. Er wich keinen Millimeter – ich kam nicht an ihm vorbei. Also versetzte ich ihm einen ziemlich kräftigen Stoß, und er machte einen halben Schritt zur Seite. Offenbar hoffte er, daß ich anfangen würde zu lachen. Aber ich ärgerte mich nur. Ich dachte mir: ›Jetzt bin also ich dran. Gut – ich bin bereit.‹ Am nächsten Abend sagte ich wieder: ›Aus dem Weg, du Schuft‹, gab ihm einen leichten Schubs – und er fiel platt auf den Bauch. Ich muß zugeben, daß ich fast herausgeplatzt wäre. Am dritten Abend machte ich mich darauf gefaßt, daß er sich entweder nicht vom Fleck rühren oder wieder umfallen würde. Ich war allerdings nicht darauf vorbereitet, daß er meinen Schubs erwidern würde – und zwar so heftig, daß ich in den Kulissen landete. Ich mußte meinen Auftritt wiederholen, als wäre nichts passiert. Peter fand es einfach langweilig, dauernd dieselbe Rolle zu spielen und denselben Text zu sprechen. Eigentlich war er kein typischer ›Schauspieler‹, dafür war sein Gehirn viel zu aktiv. Er war der geborene *Entertainer*.«

Langeweile hin oder her – *The Love of the Four Colonels* war Ustinovs erster wirklich großer Erfolg als Dramatiker. Er selbst meint, mit diesem Stück sei er sozusagen erwachsen geworden. »Von nun an mochte ich zwar noch *terrible* sein, aber das *Enfant* war endgültig dahin.« In London erlebte das Stück mehr als achthundert Aufführungen. 1953 wurde es am Broadway aufgeführt und erhielt den New Yorker Kritikerpreis als bestes ausländisches Stück. In Paris hielt es sich ganze sechs Jahre lang am Théâtre Fontaine und wurde danach noch zweimal in den Spielplan aufgenommen.

Glücklich über seinen Erfolg, mietete Peter jetzt von der Kirchenverwaltung ein schönes Backsteinhaus in der King's Road, Chelsea. Die meisten Leute denken bei diesem Haus bis heute an die legendäre Schauspielerin Ellen Terry, die dort gelebt hat, doch Peter erklärt: »England hat viele große Schauspielerinnen, aber kaum Komponisten – und Dr. Arne, der Komponist von *Rule Britannia,* hat hier gewohnt.«

Er drehte zwei weitere Filme: *Hotel Sahara* mit Yvonne de Carlo, und *The Magic Box* (Der magische Kasten) mit Laurence Olivier, Richard Attenborough, Bernard Miles, Michael Redgrave und vielen anderen. Außerdem inszenierte er ein Stück am Savoy Theatre, *A Fiddle at the Wedding,* und schrieb das Drehbuch für *The Secret Flight.* Und sein Drama *The Moment of Truth* (Ein Augenblick der Wahrheit) wurde am Adelphi Theatre aufgeführt, blieb allerdings nicht lang auf dem Spielplan. Im Gegensatz zu den »Vier Obersten« handelt es sich hier um ein relativ »normales« Stück, inspiriert von Ereignissen in der jüngeren französischen Geschichte. Im Zentrum stehen Pierre Laval, der Chef der Vichy-Regierung, und Marschall Pétain.

In einem damals erschienenen Artikel schrieb Frances Stephens, zu einem anderen Zeitpunkt hätte *The Moment of Thruth* vielleicht Erfolg gehabt, »aber wahrscheinlich ist dieses Stück Geschichte uns noch zu nahe und zu kontrovers für das Theater«. J. C. Trewin spricht ebenfalls von einem »bemerkenswerten Theaterstück«, aber über den Premierenabend sagt er: »Die Leute standen nach der Aufführung im Foyer herum und redeten über das Stück. Das ist an sich schon ungewöhnlich, weil sie sonst schnell nach Hause gehen. An dem Abend jedoch redeten sie über das Stück, nicht aus Begeisterung, eher aus analytischem Interesse. Ich halte das für kein gutes Zeichen. Eigentlich sollte man Begeisterungssprünge machen, vor allem nach einem Stück von Ustinov.«

Auch der Rundfunk wurde nun Teil von Ustinovs beruflichem Repertoire. Frank Muir und Denis Norden, die Peter in einer Revue gesehen hatten, traten 1952 an den BBC-Produzenten Pat Dixon heran und schlugen ihm vor, Ustinov für eine Radioserie zu verpflichten. Ihrer Meinung nach sollte sie ohne Skript gemacht werden, damit Ustinov seinen Einfällen freien Lauf lassen könne.

Denis Norden erinnert sich heute: »Bis dahin mußte bei der BBC alles schriftlich vorgelegt werden – sogar Interviews –, damit niemand etwas Ungehöriges sagen konnte, und damals galt (jedenfalls bei der BBC) praktisch alles als ›anrüchig‹. Pat Dixon, Frank Muir und ich luden Peter zum Mittagessen ein, um den Vorschlag mit ihm zu besprechen. Danach legten wir der Unterhaltungsabteilung der BBC die dickste Essensquittung vor, die man dort je gesehen hatte. Wir wollten Peter unbedingt beeindrucken, und außerdem war es dermaßen unterhaltsam, daß wir ewig lange herumsaßen. Peter war in Hochform. Während des Essens wechselte er ständig den Akzent. Mal redete er wie ein amerikanischer Manager – ›Ich werde den Vorschlag berücksichtigen und mit meinem Büro an der Westküste absprechen‹, dann wieder wie ein Kleiderfabrikant vom East End, und so weiter und so fort.«

Das Ergebnis des Treffens war, daß Pat Dixon nicht nur die erste improvisierte Radioserie in der Geschichte des Rundfunks produzierte, sondern auch eine der erfolgreichsten. Sie wurde zum Vorbild der legendären *Goon Show*. Die ersten Folgen – Titel: *All Directions* – wurden im September 1952 ausgestrahlt. Im Mai 1953 begann eine zweite Staffel – *Some Diversions on a Projected Trans-Atlantic Expedition* –, und im Januar 1955 folgte eine dritte, nämlich *Some Further Diversions*.

Mit der Unterstützung von Frank Muir und Denis Norden schufen Ustinov und der Komiker Peter Jones zwei »Schieber« aus dem Londoner East End, Morris und Dudley Grosvenor, »Typen aus

*Peter Ustinov und Yvonne De Carlo »retten« ihr ›Hotel Sahara‹ vor
allen Arten von Besatzern.*

der Unterschicht, die hoch hinaus wollen«, wie Ustinov sagt. Die
Show wurde zwar improvisiert, aber jede Sendung hatte ein
bestimmtes Thema. Dennis Norden beschreibt, die beiden zwie-
lichtigen Grosvenor-Brüder seien beispielsweise mit dem Auto
durch die Straßen gefahren, »auf der Suche nach der Copthorne
Avenue, und die Dinge, an denen sie unterwegs vorbeikamen,

brachten dann bestimmte Situationen mit sich. Zum Beispiel fragen sie eine Flaggenverkäuferin nach dem Weg, und es zeigt sich, daß sie von nichts eine Ahnung hat und überhaupt noch nie in diesem Stadtteil war: ›Daddy hat mich hier mit seinem Rolls abgesetzt‹. Dann kam ›Daddy‹, der gerade auf dem Weg ins Büro ein Geschäft abschließt. Peter Ustinov spielte nicht nur ›Morris‹, sondern auch die meisten Leute, die die beiden Brüder ansprechen. Außerdem spielte er noch den Wagen und lieferte die gesamte Geräuschkulisse. Es war phantastisch!«

Trotz seines Erfolgs und seines wachsenden Ruhms – oder vielleicht auch deswegen – fühlte sich Peter immer einsamer. Seit der Scheidung von Isolde, die nun etwa zwei Jahre zurücklag, hatte es ihm nicht an Freundinnen oder an anderweitiger Gesellschaft gemangelt. Aber flüchtige Affären, das Zusammensein mit Freunden, Erfolg – all das konnte keine emotional erfüllende Partnerschaft ersetzen. Oft machte es ihm seine innere Leere sogar noch stärker bewußt.

Peter beschreibt die Phase in seiner Autobiographie: »Man schaut sich um, entdeckt, daß das Leben immer angenehmer wird, und fragt sich: Wozu das Ganze? Wofür und für wen soll das alles gut sein? Für schöpferische Menschen ist Alleinsein unerläßlich, aber Einsamkeit ist etwas völlig anderes – man spürt sie auch, wenn man umgeben ist von lauter gutgelaunten Leuten.«

Während meiner Recherchen für dieses Buch stieß ich auch auf die Meinung, Ustinov sei »kühl und teilnahmslos«. »Ein Mensch, der sich weigert, sich emotional zu engagieren.« Das war ein verblüffender Gedanke. Da die Aussage allem widersprach, was ich sonst erlebt und gehört hatte, kam ich zu dem Schluß, daß sie in einem ganz bestimmten Kontext gesehen werden muß und eher mit Ustinov als öffentlicher Figur als mit Peter als Mensch zu tun hat. Da ich meine Informationen von jemandem habe, der in einem Bereich arbeitet, in dem vieles künstlich und aufgesetzt ist – ganz zu schweigen von der allgemeinen Egozentrik –, ist es kein Wunder, daß man Ustinov auch distanzierter sehen konnte.

Im Gegensatz zu vielen Menschen in seinem Beruf ist Ustinov keiner, der seine Gefühle zur Schau trägt. Manchmal wirkte er sogar reserviert, als würde er einen Schritt zurücktreten, um einen besseren Überblick zu bekommen. Und er hat immer darauf geachtet, seine Privatsphäre zu schützen – anders als viele weniger bedeutende Persönlichkeiten, die nur zu gern bereit sind, ihr

»sensationelles« Privatleben an die Regenbogenpresse zu verkaufen. Man darf auch nicht übersehen, daß Peter schon früh im Leben lernen mußte, sich selbst zu verteidigen. Als talentierter Schauspieler kann er seine Emotionen nach außen tragen, aber er behält immer ein gewisses Maß an Kontrolle.

»Ich bin zu dem Schluß gekommen, daß das einzig *wirkliche* Laster der Exzeß ist«, sagt er. »Im Grunde ist alles normal – in kleinen Dosen. Grausamkeit, Höflichkeit – sie enthalten sämtliche Elemente, die, wenn man sie zum Exzeß treibt, zu Lastern werden und sogar zu einem Mord führen können. Deshalb glaube ich, man sollte im Leben nichts tun, was später böse Folgen haben könnte. Das gilt für alles, vom übermäßigen Essen bis zum AIDS-Risiko oder anderen Dingen.«

1953 spielte Peter den Prinzregenten George, den späteren König George IV. – einen Mann, der zweifellos zu Exzessen neigte. Zwar wurde *Beau Brummel* (Beau Brummel – Rebell und Verführter) in den englischen Elstree Studios gedreht, aber es war dennoch Peters zweiter Film für MGM. Zu den Darstellern gehörten Stewart Granger als der Dandy, der sich mit dem Prinzregenten anfreundet und großen Einfluß auf ihn ausübt; außerdem Elizabeth Taylor, Rosemary Harris, Paul Rogers und Robert Morley als der strapazierte Vater George III. Der Film wurde im Jahr darauf für die *Royal Film Performance* ausgewählt.

Erfolg und Mißerfolg hielten sich in Peter Ustinovs Karriere fast immer die Waage. Bei *Beau Brummel* war man einhellig der Meinung, daß der Erfolg des Films hauptsächlich Peters Mitwirkung zu verdanken sei. Im Dezember blieb jedoch sein neuestes Stück, *No Sign of the Dove,* bereits in den Startlöchern stecken.

»Ich hatte bei der Erstaufführung von Anfang an das Gefühl, daß irgend etwas nicht stimmte«, erzählte mir J. C. Trewin. »Aber ich bekam es nicht zu fassen. Vieles an dem Stück war ausgezeichnet, aber das Publikum wurde schon vom zweiten Akt an unruhig.«

Robin Bailey, der in dem Stück auftrat, meinte rückblickend: »Man hat damals gemunkelt, die Premierenbesucher in der Galerie, die großen Einfluß hatten, wollten Peter eins auswischen. Ich weiß auch nicht, warum. Jedenfalls fingen bei der Premiere in der Mitte des zweiten Akts die Buhrufe an, und sie hörten bis zum Ende des Stücks nicht mehr auf. Eine Katastrophe! Am nächsten Abend war das Publikum begeistert, aber das Stück wurde trotzdem nach zehn Tagen abgesetzt.«

›Beau Brummel – Rebell und Verführer‹: Der zukünftige König von England (Peter Ustinov) hoch zu Roß.

Peter war angewidert und sagte: »Das erste, was man spürt, wenn dieses idiotische Gebrüll auf der Galerie losgeht, ist, daß man in die erlesene Gemeinschaft von Menschen aufgenommen wird, die so etwas bereits durchgemacht und mit Charme und Humor überstanden haben.«

Wenigstens konnte Peter jetzt vor den Kritikern in die Arme einer Frau flüchten, die mehr für ihn war als ein kurzer Flirt.

Einige Zeit zuvor war ihm in einem Zeitschriftenladen im West End das Gesicht einer jungen Frau aufgefallen, die das Titelblatt eines Frauenmagazins schmückte. Er hatte sich das Heft schließlich gekauft, weil ihm die Frau so gut gefiel. Ein paar Tage später war sein französischer Agent, André Bernheim, bei ihm vorbeigekommen, und zwar in Begleitung einer seiner Klientinnen – es war die junge Frau, die Peter auf der Zeitschrift gesehen hatte: Suzanne Cloutier, Tochter eines Regierungsbeamten aus Ottawa. Sie stammte aus einer alteingesessenen frankokanadischen Familie und war als Teenager von Zuhause weggelaufen, um Schauspielerin zu werden. Mit etwa hundert Mark in der Tasche kaufte sie sich eine Fahrkarte nach New York. Zufällig unterhielt sie sich in einem Restaurant an der Grand Central Station mit einem Mannequin, und so wurde sie in die Welt der Laufstege und der *Haute Couture* eingeführt. Drei Monate später erschien Suzanne bereits das erstemal auf dem Cover von *Vogue,* und Anfang des folgenden Jahres bot ihr der Hollywood-Regisseur Georg Stevens einen Vertrag an. Suzanne machte sich sofort auf den Weg nach Kalifornien, um sich unter die unzähligen Starlets zu begeben, die dort auf ihren großen Durchbruch warteten. Immerhin hatte sie etwas mehr Erfolg als viele andere. Sie lernte Charles Laughton kennen und spielte sechs Monate lang in seiner Shakespeare-Company.

Am Ende der Spielzeit gab Laughton ihr den Rat, eine Weile in Europa aufzutreten, »um eine gute Schauspielerin zu werden«. Mit diesem Ziel vor Augen fuhr Suzanne nach Paris, einen Brief an den berühmten französischen Schauspieler und Regisseur Louis Jouvet in der Tasche. Dank seiner Hilfe kam sie zur Comédie Française. Dort erregte sie schon bald die Aufmerksamkeit des Regisseurs Jacques Duvivier, der sie für den Film *Die Sünder* engagierte. Obwohl sie immer noch ziemlich unbekannt war, bot ihr im Spätsommer 1949 Orson Welles eine große Chance, als er Darsteller für seinen Film *Othello* suchte, in dem er selbst die Titelrolle übernehmen wollte.

Der irische Schauspieler Micheál Mac Liammóir, der den Jago spielte, führte vom Januar 1949 bis zum März 1950 Tagebuch über die Entstehung des Films, der später unter dem Titel *Put the Money in Thy Purse* in die Kinos kam. Welles machte zunächst mit mehreren Schauspielerinnen Probeaufnahmen für die Rolle der Desdemona, aber ohne Erfolg. Acht Monate später tauchte die richtige Kandidatin in Venedig auf, wo der Film vor der Kulisse des Dogenpalastes und der Ca d'Oro, einem der berühmtesten Paläste des 15. Jahrhunderts, gedreht wurde.

In seinem Tagebuch beschrieb Mac Liammóir die Desdemona:

>»frankokanadisch, zweisprachig... warme, flexible, sanfte Stimme; ein Gesicht wie von Bellini, mit großen grauen Augen, die sehnsüchtig und ein bißchen *vorwurfsvoll* dreinblicken, Mund und Nase perfekt, das Kinn ein bißchen zu breit... gute Figur; eine zarte Würde ist ihr Markenzeichen; Name Suzanne Cloutier. Ihr Auftreten wirkt ziemlich *Fin de siècle,* die kindlich-vage Intensität einer Mélissande, aber ich spüre auch den *Stahl,* ich ahne Eitelkeit, Charakter, Individualität und vor allem einen unbeugsamen Willen... Orson wird zweifellos Probleme mit ihr haben (und sie mit ihm), aber irgendwie wird eine Desdemona aus ihr werden.«

Orson Welles gab Suzanne in »einem Augenblick der Verzweiflung« den Spitznamen »Schnucks«. Die Mitglieder der Crew – darunter Fay Compton – beschrieben die junge Frau ganz unterschiedlich. Mac Liammóir kam zu dem Schluß, sie sei ein »seltsames Mädchen«; andere bezeichneten sie als ein »gepanzertes Bündel Egozentrik«, »ein faszinierendes kleines Luder« und mental »eine Jiu-Jitsu-Kämpferin«.

»Mit oder ohne Publikum – sie fällt einem ins Wort, hält große Reden, zitiert falsch, gibt Ratschläge, stellt Fragen, bittet um Rat, plappert nach, schmeichelt, gibt an, erfindet, ist amüsant und peinlich, aber nie langweilig; selbst wenn sie schweigt, weiß man, daß dauernd etwas in ihr vorgeht, wie bei einer Katze.«

Als Suzanne Peter kennenlernte, für den sie in seinem erfolglosen Stück *No Sign of the Dove* eine Ein-Wort-Rolle spielte, war sie bereits in Orson Welles' erstem Pariser Stück, *The Unthinking Lobster,* aufgetreten, hatte sie gerade ihren zweiten Film gedreht, diesmal mit dem französischen Regisseur Marcel Carné. Außerdem sollte sie demnächst in Herbert Wilcox' *Derby Days* auftreten und anschließend in *Doctor in the House,* gemeinsam mit Dirk Bogarde, Kenneth More, Donald Sinden und Muriel Pavlow.

Danach kam ihre Laufbahn als professionelle Schauspielerin zum Stillstand. Ende 1953 machte Peter ihr einen Heiratsantrag.

Suzanne nahm an, aber die Hochzeit mußte noch etwas warten, weil Suzanne bereits verheiratet war – wenn auch nur auf dem Papier. Ihre erste Ehe – mit Dr. François Richer La Flèche – war sieben Jahre zuvor in großem Stil geschlossen worden und begann und endete buchstäblich am selben Tag. Suzanne hatte nur geheiratet, um ihren Eltern eine Freude zu machen. Direkt vom Hochzeitsempfang war sie wieder nach Hollywood zurückgekehrt – ohne sich zu überlegen, was das für ihre Eltern und vor allem für den armen Bräutigam bedeutete.

Die Courtiers reichten nun bei der katholischen Kirche ein Gesuch ein, die Ehe ihrer Tochter, die nie vollzogen worden war, möge annuliert werden. Aber der Vatikan gab erst 1956 sein Einverständnis – als die Ustinovs bereits zwei Jahre verheiratet waren und zwei Kinder hatten. Suzanne hatte inzwischen eine schnellere und praktischere Methode gewählt, ihre Ehe zu beenden. Am 8. Februar 1954 erließ ein Londoner Gericht ein vorläufiges Scheidungsurteil, basierend auf »Ehebruch und böswilligem Verlassen« von Seiten La Flèches. Das Urteil wurde zwei Tage später rechtskräftig, und am 15. Februar um halb zehn Uhr morgens heirateten Peter und Suzanne auf dem Standesamt von Chelsea, nicht weit von Ustinovs Haus in der King's Road.

Was eigentlich als private Feier geplant war, nur in Anwesenheit von drei Freunden, geriet zu einer Art Medienereignis, als die Nachricht an die Öffentlichkeit drang und sich ein Heer von Journalisten vor dem Standesamt drängelte. Bernard Hall vom *Daily Express* berichtete:

»Ustinov – Dramatiker, Schauspieler, Autor und Gelegenheitskomiker – wollte eigentlich einen dunklen Anzug und eine graue Krawatte tragen, aber dann kam ihm eine bessere Idee. Er trug eine Art kurzes Jackett und Wildlederschuhe. Er ging ohne Hut, die Haare zerzaust... Suzanne war ebenfalls etwas informell gekleidet. Sie trug einen schwarzen Plüschmantel und keinen Hut.

Den Reportern zuliebe stand Ustinov stramm wie wein Preuße, hob gebieterisch die Hand, paradierte im Stechschritt und verkündete mit deutschem Akzent: ›Meine Herren, die Konferenz ist beendet. Es gibt nichts mehr zu sagen.‹«

Erst als die Neuigkeit in den Mittagsausgaben der Zeitungen bekanntgegeben wurde und überrasche Freunde anriefen, um zu

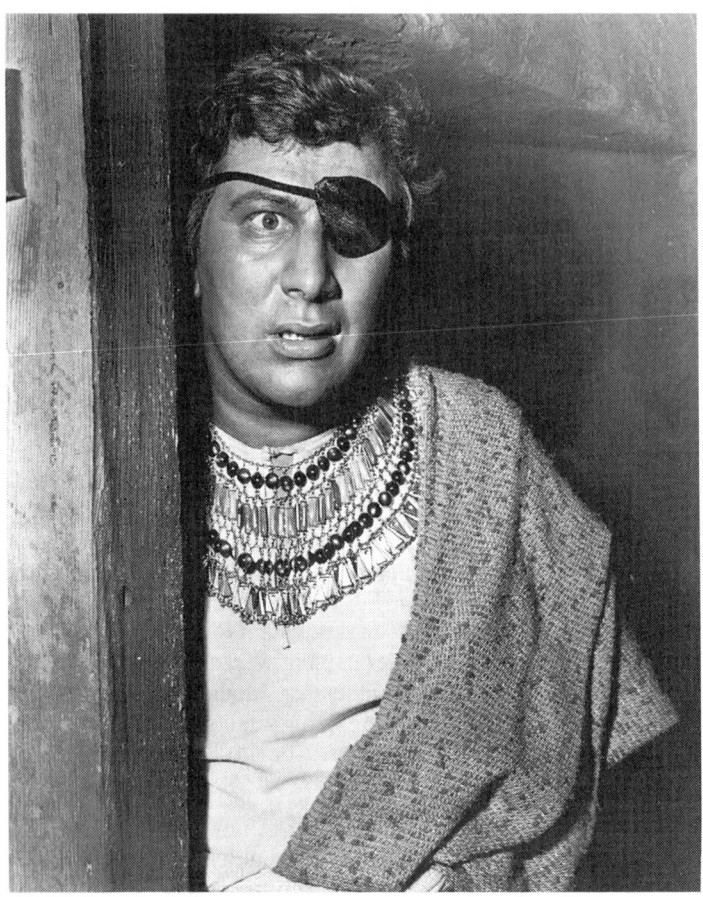

Peter Ustinov in Michael Curtiz' Romanverfilmung ›Sinuhe, der Ägypter‹.

gratulieren, beschlossen Peter und Suzanne, doch einen Empfang zu geben. Ein paar Stunden später war bereits eine lebhafte Party im Gange, und der Champagner floß in Strömen. Unter den Gästen waren Peters Eltern, Baronesse Budberg, Sir Carol und Lady Reed – die Tür an Tür mit den Ustinovs wohnten –, der Verleger Hamish Hamilton, der Hollywood-Produzent Sam Zimbalist, André Bernheim, der Dirigent und Komponist Igor Markevitch mit Frau und der Gesellschaftsfotograf Baron.

Suzanne beschrieb ihren frischgebackenen Ehemann gegenüber der Presse:

»Ich habe noch nie jemanden kennengelernt, der mich so oft zum Lachen bringt. Er nimmt alles auf die leichte Schulter – das Leben ist einfach schön. In seiner Gegenwart scheint nichts traurig oder deprimierend. Ich liebe ihn, mitsamt seinen roten Socken, den langen Haaren und kurzen Mänteln. Er ist nicht wie andere Männer. Kleinigkeiten, wie abgerissene Knöpfe, können ihn nicht aus der Ruhe bringen, und wenn er arbeitet, muß er sich nicht zurückziehen. Er schreibt im Badezimmer oder auf dem Fußboden. Das einzige, worauf er besteht, ist laute Musik. Er sagt, ein bißchen Lärm stört nicht, wenn es sowieso schon laut ist.«

Zwei Tage nach der Hochzeit fuhren die Ustinovs in die Vereinigten Staaten. Peter drehte wieder einen Hollywood-Film, aber diesmal an Ort und Stelle. Es war *The Egyptain* (Der Ägypter), nach dem Roman des finnischen Schriftstellers Mika Waltari, produziert von Darryl F. Zanuck für 20th-Century Fox. Als Peter sich einverstanden erklärte, die Rolle des einäugigen Dieners Kaptah zu übernehmen, war für den Part seines Herrn und Meisters, eines jungen, abenteuerlustigen Arztes namens Sinuhe, Marlon Brando vorgesehen. Aber bei Peters Ankunft in Los Angeles gehörte Brando nicht mehr zum Team. »Er hatte einen einzigen Blick auf das Drehbuch geworfen und war sofort von einer seltenen Krankheit befallen worden, von er sich aber gleich wieder erholte, als die Dreharbeiten mit seinem Ersatzmann begonnen hatten.«
Peter konnte sich einen solchen Luxus nicht leisten. »Die ägyptische Kunst ist die schwierigste überhaupt, sagte er später, »aber wie man sich ihr näherte, war antiquiert und völlig absurd. Mir haben die Dreharbeiten überhaupt keinen Spaß gemacht.«

Die neue Welt

Bei den Dreharbeiten zu *The Egyptain* in Los Angeles begegnete Peter dem englischen Schauspieler Edmund Purdom, der ein Jahr zuvor als Ersatz für Mario Lanza in *The Student Prince* (Alt Heidelberg) berühmt geworden war. Jetzt übernahm Purdom die ursprünglich Marlon Brando zugedachte Rolle in *The Egyptian,* den Ustinov sich später nie ansehen wollte, weil er ihn beim Drehen schlichtweg zu dämlich fand.

Regie führte der Ungar Michael Curtiz, über den Ustinov einen ganzen Fundus an Anekdoten auf Lager hat. Der hochgewachsene Curtiz mit seinen scheinbar pupillenlosen blauen Augen lebte schon so lange in den USA, daß er das Ungarische fast verlernt hatte, aber offenbar noch nicht lange genug, um das Amerikanische wirklich zu beherrschen, vom Englischen ganz zu schweigen. Die Verständigung war daher nicht einfach. »Er schien absolut nichts von dem zu verstehen, was ich sagte«, erinnerte sich Peter, »denn er stimmte mir in allem zu und tat genau das Gegenteil«.

In seinem Mitte der fünfziger Jahre verfaßten Artikel »How to Manage Directors« (Vom Umgang mit Regisseuren) ging Peter ausführlich auf die Arbeit mit Michael Curtiz ein:

»Einmal erklärte er einem Schauspieler, er bringe einfach nicht jene menschliche Güte herüber, die er mit ›Liebe deine Nachbarschaft‹ statt: ›deinen Nächsten‹ meine. Ein andermal starrte er ausdruckslos in den Fünf-Meter-Zwischenraum, der Edmund Purdom und mich in dem Moment trennte. ›Purdinov‹, sagte er. Er ärgerte ihn sehr, als keiner von uns reagierte.

Da er für neue Ideen ebenso offen war wie für neue Wörter, nahm er auch die Idee des CinemaScope freudig auf. ›Ustom‹, instruierte er mich eines Tages während er an mir vorbei zu Purdom schaute, ›In nächste Szene Sie kommen von Haus und flüstärrn andere Schauspielärr Geheimnis in Orr.‹ Das war der klarste Satz, den ich je von ihm zu hören bekam, und ich tat, wie mir geheißen. Ich rannte in meinem unbequemen Kostüm, das aussah wie das Nachmittagskleid einer korpulenten Matrone, aus dem Haus und auf Purdom zu und flüsterte ihm eine diskrete Botschaft ins Ohr. ›Schnitt!‹ schrie Curtiz, der große

Techniker. ›Nix gutt. Diese Film Zinemaskop – Breitleinewand – wenn flüstärrn, müssen sein eine Metärr auseinandärr!‹«

Bei einer anderen denkwürdigen Begebenheit ging es um einen stämmigen jungen Komparsen, der offensichtlich die gleichen Schwierigkeiten mit Curtiz hatte wie die Hauptdarsteller des Films. Peter erzählt:

»Ich mußte über einen öffentlichen Platz laufen, und von irgendwoher sollte ein Soldat auftauchen und mich festnehmen. Dieser Soldat war ein riesiger, unglaublich starker Amerikaner, mit nichts bekleidet als einem Lendenschurz und einem Helm, den er á la General Patton trug und der seine Augen verbarg, was seine Kinnlade noch wuchtiger und grimmiger wirken ließ. Innerlich war dieser Bursche jedoch ein zarter Knabe mit schauspielerischen Ambitionen, der sich in die Stanislawski-Methode vertieft hatte, was allerdings weder ihm noch Stanislawski zu Ruhm gereichte. Er hatte sich die Theorie zurechtgelegt, daß ein Schauspieler niemals irgendeine Geste machen sollte, die nicht einer tiefen inneren Motivation entspringt. Dieses Beharren auf seiner persönlichen Vorstellung von darstellerischer Integrität hatte zur Folge, daß ich, bis er den komplizierten Mechanismus in Bewegung gesetzt hatte, der schließlich im Ausstrecken seiner obrigkeitlichen Hand kulminierte, längst an ihm vorbei war und in Richtung los Angeles trabte.

Es war stets meine Überzeugung, daß das Respektieren anderer Standpunkte ein Grundelement menschlicher Demut ist, und so tat ich mein Bestes, ihm während der Proben zu helfen, indem ich mein Tempo soweit drosselte, wie ich mich irgend traute. Ich streckte sogar einen Arm nach hinten, damit er ihn packen konnte. Doch all meine List scheiterte an Stanislawski, und der Soldat griff immer wieder ins Leere – zehn Sekunden, nachdem ich an ihm vorbeigesaust war.

Curtiz kam heran, wütende Blicke und ein nicht gerade salonfähiges transsylvanisches Vokabular um sich schleudernd, und erklärte dem Burschen, er sei hundsmiserabel, er sei nie Soldat gewesen, wisse nichts vom Fieber des Kampfes und dem Wogen der Revolution. Der sanfte Schauspieler vergaß schlagartig den ganzen Stanislawski und alle innere Motivation, reckte sich noch ein paar Fuß höher auf und löste seinen Slip, um Curtiz eine Verwundung zu zeigen, die er im Einsatz für die Sache der Demokratie davongetragen hatte. Er wirkte so eingeschüchtert, daß Curtiz es vorzog, sich zurückzuziehen, wobei er knurrte: ›Bist du vielleicht gewäsen Soldatt, abärr nicht Offizirr von Kavallerie.‹ Wenn man die Ungarn hört, könnte man meinen, Ungarn hätte überhaupt nie eine Infanterie besessen.«

Als überzeugter Europäer – was sonst hätte er bei seinem familiären Hintergrund und seinem kulturellen Erbe sein können? – fühlte sich Ustinov in den USA nie recht heimisch. Vieles am amerikanischen *Way of Life* gefällt ihm sehr, vieles gar nicht. Sein britischer Verleger, Michael O'Mara, der selbst Amerikaner ist, erklärt: »Peter hat sehr dezidierte Vorlieben und Abneigungen, und ihm mißfällt, was aus Amerika geworden ist. Ihn stört diese penetrante Wir-sind-die-Besten-Tut-was-wir-sagen-Wir-geben-den-Ton-an-Haltung. Ihn ärgert die Ignoranz der Amerikaner und besonders die Ignoranz der amerikanischen Politiker gegenüber dem Rest der Welt. Das bringt Peter auf die Palme. Er kann diese Wir-und-sie-Mentalität nicht leiden. ›Wir haben alles, was gut ist. Wir haben hier die Demokratie und sonst niemand‹ – diese Art zu denken. Und so denken viele Amerikaner.«

Was einzelne amerikanische Städte anbelangt, äußert Peter seine Vorlieben und Abneigungen ganz offen. So sagt er zum Beispiel über New York: »Die Stadt ist einfach nichts für mich. Ich fühle mich da nicht wohl. Mir passen die Werte der Leute dort nicht, und ich glaube nicht, daß sie verstehen, was ich mache.« Schlimmer noch finde er Palm Beach. Über seine Tournee mit *Beethovens Zehnte* erzählte er: »Ich kam nach einer Matinée aus dem Theater, und eine alte Dame mit blauem Haar – auch wenn das fast schon ein Klischee ist – kam auf mich zu, sehr herzlich, sehr charmant, tätschelte meinen Arm und sagte: ›Ihr Mozart war einfach hinreißend.‹ Palm Beach war auch der Ort, wo ich mich plötzlich im regionalen Fernsehen sagen hörte: ›Ich glaube nicht, daß hier irgendjemand schon mal etwas von Beethoven gehört hat, es sei denn, er hätte ihn persönlich gekannt.‹ Durch diese Erfahrung ist mir klar geworden, daß ich viel zu sehr Europäer bin.«

1954, bei seinem ersten Arbeitsaufenthalt, sog Peter die Atmosphäre von Los Angeles interessiert und belustigt auf. Er speicherte Eindrücke, um später darauf zurückzugreifen – als Geschichten- und Anekdotenerzähler und schließlich auch als

Schriftsteller. Aber er nutzte seine Beobachtungen auch ganz unmittelbar für Artikel, um die ihn britische Zeitungen und Zeitschriften gebeten hatten. So schrieb er:

»Geographisch gesehen ist Los Angeles eine riesige Stadt – und keine hübsche. Es hat sich mit solchem Tempo und solcher Vehemenz entwickelt, daß diese Vorstadtbezirke, die der Kunst der bewegten Bilder geweiht sind, keinerlei gewachsenen städtischen Charakter besitzen. Zwischen die Häuser, die in den verschiedensten Stilen von pseudo-maurisch bis Pseudo-Tudor prangen, sind gigantische Gebrauchtwagenmärkte eingestreut, die in so erbitterter Konkurrenz miteinander stehen, daß einem die Herren mit dem habituellen säuerlichen Begrüßungslächeln praktisch noch etwas daraufzahlen, damit man einen Wagen nimmt. Ich muß aufpassen, daß nicht der Eindruck entsteht, das Leben hier sei unangenehm. Es ist im Gegenteil sehr, sehr angenehm, und als Engländer fühlt man sich sogar in gewisser Weise an zu Hause erinnert. An vielen Tagen ist morgens die Sicht durch einen dichten, leblosen Nebel verhangen, und in diesen Frühstunden kann man das sonnige Kalifornien der Werbeplakate vergessen und sich in Uxbridge oder Slough wähnen. Jeder Anflug von Heimweh verfliegt beim ersten bewußten Einatmen der bitteren Morgenluft und beim Anblick der Landschaft, die aussieht wie ein Aquarell, das draußen im Regen liegengeblieben ist.«

Und kurz darauf berichtet er sarkastisch:

»Nicht nur im Tod sind alle gleich, sondern auch in Hollywood. Diejenigen, die sich viel erhofften, haben meist weniger erreicht, als sie wollten. Hier herrscht die wahre Demokratie der Kunst, in der der instinktbegabte Ignorant mit dem Professor debattiert, der erst vor kurzem aus Wien gekommen ist, vollgestopft mit Bildung und ranzigen Idealen. Und in der Ecke plätschert das große Orakel Fernsehen unbeachtet vor sich hin wie die Musik eines Pianisten in einer überfüllten Bar. Für Leute, die mit dem Wissen um die menschliche Schwäche und mit weit offenen Augen herkommen, kann es der Himmel sein. Für die, die Wunder erwarten, wird es leicht zum Gegenteil. Die Legende um Hollywood ist wie eine endlose Bluff-Kampagne, die von Publicity-Abteilungen und Kolumnisten fabriziert wird, aber die Wirklichkeit hat sich ihren Platz erobert. Ich könnte schwören, daß es nirgendwo sonst auf der Welt eine vergleichbare Konzentration von künstlerischem Talent gibt, auch wenn die Art und Weise, wie dieses Talent genutzt wird, mit Recht auf Kritik stößt – und zwar zum Teil auf äußerst amüsante. Aber außerhalb der Arbeitssphäre unterscheidet sich Hollywood in nichts vom restlichen Amerika. es ist einfach nur der Teil einer Stadt, der weitgehend mit dem Film befaßt ist, so wie es in der Harley Street vor allem Ärzte gibt. Die Menschen, die hier arbeiten, denken und reden genauso viel wie andere auch und essen und trinken nicht mehr als irgend jemand sonst. Und sie lachen genauso über uns und versuchen ebenso, uns zu zivilisieren, wie wir es umgekehrt tun, was für uns alle ein hervorragendes Tonikum ist.«

Als Peter und Suzanne nach Los Angeles kamen, mieteten sie von Gladys Belzer, Loretta Youngs Mutter, eine Wohnung am Wilshire Boulevard. Im selben Haus wohnte Frank Sinatra, und nach einer Weile störte seine Stimme selbst Peters legendäre Konzentration. Als er es Suzanne gegenüber ansprach, hielt sie ihm einen Vortrag darüber, daß Sinatra eben alles daran setze, seine Kunst zu vervollkommnen. Doch sie hatte kaum ausgeredet, als die Vorsehung eingriff und ihr Argument platzen ließ: der Saphier der Stereoanlage blieb in der abgenutzten Plattenrille hängen!

Hollywood bot den Ustinovs ein wahres Karussell von gesellschaftlichen Anlässen, und manchmal waren sie an einem Abend zu drei oder vier Parties eingeladen. Doch Peters Einkünfte waren immer noch so bescheiden, daß er mit seinem Geld haushalten mußte. Immerhin kam zu der Gage für seine Rolle in *The Egyptain* noch ein hübsches Sümmchen hinzu. Michael Curtiz bot ihm an, in seinem nächsten Film mitzuwirken, der *We're No Angels* (Wir sind keine Engel) hieß und auf dem französischen Theaterstück *La Cuisine des Anges* von Albert Husson basierte. Es war eine Paramount-Produktion, in der auch Humphrey Bogart, Basil Rathbone, Aldo Ray und Joan Bennett spielten. Der Film wurde ein Erfolg, und die Arbeit machte Peter großen Spaß und führte obendrein zur Freundschaft mit »Bogie« und dessen Frau Lauren Bacall, die, nicht weit von den Ustinovs, ebenfalls am Wilshire Boulevard wohnten.

Hier, bei den Bogarts, nahm Peter am 2. Juni 1954 die Glückwün-

Schwere Jungs mit weichen Herzen. Humphrey Bogart, Aldo Ray und Peter Ustinov in ›Wir sind keine Engel‹.

sche der versammelten Cocktailgäste zur glücklichen Geburt von Pavla entgegen, seiner zweiten Tochter und Suzannes erstem Kind, das am Nachmittag im St.John-Hospital in Santa Monica zur Welt gekommen war. Und mit den Bogarts frönte Peter auch hin und wieder seinem Lieblingssport, einem Hobby, das er fernab der schulischen Zwangsertüchtigung durch Fußball im Winter und Cricket im Sommer kultiviert hatte. Trotz seiner von den Ustinovschen Vorvätern ererbten Leibesfülle – die ihm selbst sehr bewußt ist, während andere sie oft gar nicht weiter bemerken – war Peter von jeher ein leidenschaftlicher Tennisspieler.

Unter seinen Spielpartnern waren Cracks wie seine australischen Freunde Fred Stolle, Roy Emmerson, John Newcombe und Lew Hoad (mit dem er nicht nur Vaterschaftserfahrungen, sondern, wie er erzählt, auch Babykleider auszutauschen pflegte). Er spielte gegen Fürst Rainier von Monaco, Gene Kelly und sogar gegen sowjetische Diplomaten. Gelegentlich ging er auch mit Robin Bailey und Denis Norden auf den Platz. Norden berichtet, als ihre

127

Kinder noch klein waren, seien sie öfters übers Wochenende an einen Ort namens Climping in Sussex gefahren. »Es war kein ausgesprochener Show-Biz-Treffpunkt, aber Jack Hawkins war manchmal mit seinen Kindern dort und Frank Muir ebenfalls. Es war eher eine Art Landhaus mit viel Auslauf. Der Tennisplatz war von Bäumen umsäumt, die alle Geräusche verstärkten. Wenn man die Zufahrt entlangging und diese typischen Tritte hörte, wußte man: ›Aha, Peter ist auf dem Platz.‹ Ein paar Jahre lang habe ich immer wieder gegen ihn gespielt, wenn wir alle übers Wochenende da waren. Er war ein grimmiger Gegner, und er sah auch sehr grimmig aus. Er spielte ›kalifornisches‹ Tennis, nicht das lahme englische Gelöffel, und er wollte gewinnen!«

Etwa um dieselbe Zeit erstaunte Peter auch »Bunny« Austin durch sein »enormes Wissen« über Spieltechnik, Tennisgeschichte und die sportlichen Karrieren unzähliger Spieler. Austin, der von 1926 bis 1932 die Nummer eins des britischen Tennis gewesen war und sein Land in den zwanziger und dreißiger Jahren bei Turnieren in der ganzen Welt vertreten hatte, unterhielt sich öfter mit Ustinov, als sie beide in London lebten. »Peter kannte sich in meiner Spielerlaufbahn besser aus als ich selbst«, erzählt er. »Er erinnerte mich an Spiele, von denen ich nichts mehr wußte, und einmal stieß er mich sogar auf einen Sieg in einem Herausforderungsturnier, den ich ganz vergessen hatte!«

Ehe die Ustinovs mit ihrer drei Monate alten Tochter nach London zurückkehrten, ersuchte die BBC Peter um einen Sendebeitrag über die berüchtigte antikommunistische Hexenjagd, die damals in den USA grassierte.

Am 9. Februar 1950 erklärte der republikanische Senator von Wisconsin, Joseph McCarthy, bei einer Versammlung des republikanischen Frauenclubs, er verfüge über eine Liste von 205 Mitgliedern der kommunistischen Partei, die im Außenministerium tätig seien und dessen Politik in ihrem Sinn zu beeinflussen versuchten. Er legte jedoch keine Beweise vor und weigerte sich, auch nur einen Namen zu enthüllen. Drei Jahre später bezichtigte McCarthy den Ex-Präsidenten Harry Truman der Unterstützung kommunistischer Elemente, und nachdem er seine vom Fernsehen verbreitete Ein-Mann-Untersuchungskampagne vom Außenministerium auf die Armee ausgedehnt hatte, fand er sich im Februar 1954 im offenen Konflikt mit dem Weißen Haus, weil er im Zuge seiner Nachforschungen über einen Armee-Zahnarzt und angeblichen kommunistischen Sympathisanten einem hochdekorierten Brigadegeneral ins Gesicht gesagt hatte, er schände die Uniform, die er trage. Anfang Juni ging McCarthy noch weiter: Er sprach von einer ernstzunehmenden kommunistischen Infiltration der CIA und der Atomwaffenproduktion. Jetzt war für Präsident Eisenhower der Punkt gekommen, öffentlich zu erklären, er werde eine Durchleuchtung der CIA durch den Senator verhindern. Am Jahresende verurteilte der US-Senat McCarthy wegen »für einen Senator ungebührlichen Verhaltens«, aber der Schaden war nicht mehr gutzumachen: die Panik hatte bereits um sich gegriffen, und der sogenannte McCarthysmus stand in voller Blüte.

Ustinov empörte sich über McCarthys »unendlich langes Kriegsgerichtsverfahren«, verfolgte aber fasziniert die Anhörungen und Berichte im Fernsehen. Er schrieb:

> »Die Suche nach Kommunisten – oder, wie man sie jetzt nennt, ›Commies‹ – geht in raschem Tempo weiter. Dieses Unterfangen erzeugt eine eigene Art von Verwirrung, jedenfalls in meinem Kopf, denn während ich bei meiner Abreise noch mehr oder minder genau wußte, was ein Kommunist war, muß ich jetzt eine gewisse Unsicherheit eingestehen. In den USA ist ›kommunistisch‹ mittlerweile zu einem gängigen Adjektiv geworden, das von ›kriminell‹ bis ›ungehorsam‹ alles bedeutet. Eine weitere und noch viel betrüblichere sprachliche Diskrepanz hat das noble Wort ›liberal‹ erfaßt, das in Amerika gänzlich von seinem Kerngehalt Humanismus und Gleichheitsdenken abgelöst wurde und inzwischen offenbar so etwas wie einen embryonalen ›Commie‹ bezeichnet, einen lästigen Störenfried, der peinliche und subversive Fragen stellt. Ein drittes Wort, das nahezu überall auftaucht, wo die beiden anderen fallen, ist ›besudeln‹. Es stammt, soweit ich weiß, auch von dem erlauchten Paten jenes goldenen Terminus, von Senator McCarthy, und soll ausdrücken, was die gewaltige Armee gigantischer subversiver Davids mit den armen kleinen furchtlosen Goliaths aus Wisconsin vorhat.«

In seinem 15minütigen Rundfunkbeitrag über diese groteske Episode erklärte Peter:

> »Dem Außenstehenden fällt an dem Senator nichts auf. Wörter gehen ihm leichter von den Lippen als Sätze, doch auch Wörter

kommen bei ihm nur widerwillig; seine Augen sind so stumpf und glanzlos wie die eines Löwen, der sich mit einer saft- und kraftlosen Haxe abplagt. Man könnte meinen, er habe den ihm von der Natur auferlegten physischen Beschränkungen ein Schnippchen geschlagen und seine Mängel in Waffen verwandelt.

Wenn also Europäer die Kühnheit besitzen, Befürchtungen im Hinblick auf den Senator zu äußern, so rührt es daher, daß sie mit den Vereinigten Staaten jene Art von Staatsapparat gemeinsam haben, in dem die Meinungsfreiheit als unantastbar gilt, und daß sie gelernt haben, Fanatismus in jede Form zu mißtrauen. Wenn der Antikommunismus versucht, zur Weltanschauung zu werden, kämpft er mit den Waffen seiner Feinde und erzeugt – wie sein Feind – Ungerechtigkeit, Angst und Korruption. Er verläßt die Grundlagen der Demokratie und zerstört das Gefühl moralischer Überlegenheit, ohne das keine ethische Auseinandersetzung gewonnen werden kann.«

Mit diesem Schlußwort kehrte Peter nach getaner Arbeit Los Angeles den Rücken, um mit Frau und Tochter auf dem Weg über Mexiko, Kuba und die Westindischen Inseln nach London zurückzukehren.

Lola Montez, 1955 in Frankreich unter der Regie von Max Ophüls gedreht, war Peters achter Film innerhalb von fünf Jahren und zugleich der eigentümlichste und düsterste seiner Laufbahn. Er basierte auf Cecil St. Laurents Roman *La Vie Extraordinaire de Lola Montès,* der wiederum auf der Lebensgeschichte einer Tänzerin, Abenteurerin und Kurtisane des 19. Jahrhunderts fußt, die mit richtigem Namen Maria Dolores Eliza Gilbert hieß. Um 1820 in Montrose geboren – das genaue Jahr ist unbekannt –, zeigte sich »Lola« schon früh als eigenwillige Person. Kaum der Kindheit entwachsen, wählte sie bewußt die Edelprostitution als Lebensunterhalt, wobei sie sich einmal weigerte, mit dem polnischen Vizekönig zu schlafen, weil er falsche Zähne hatte.

Obwohl sie in ihrem vergleichsweise kurzen Leben drei Ehen einging, verfolgte Lola ihre »Karriere« weiter. Sie hatte unzählige Liebhaber, darunter den Vater von Alexandre Dumas und Franz Liszt sowie König Ludwig I. von Bayern, der angeblich einem Freund berichtete, sie verstehe es, mit den Muskeln ihrer intimsten Körperteile »Wunder zu vollbringen«. Lolas Einfluß auf den

Peter Ustinov besteigt nach einem langen Arbeitstag zu ›Lola Montez‹ noch im Kostüm des Ringmeisters sein Cabrio.

König – der sie zur Baronin Rosenthal erhob – war auch ein Auslösemoment für die Revolution, die ihn zur Abdankung zwang. Lola kehrte daraufhin nach England zurück und übersiedelte etwas später nach Amerika, wo sie die Geliebte einer Reihe von reichen Männern wurde. Sie starb 1861 in New York.
Der Film wurde in drei Sprachen Französisch, Englisch und

Deutsch gedreht – nicht synchronisiert – und interpretiert das Leben der Lola Montez – gespielt von Martine Carol – symbolisch vor dem Hintergrund eines Zirkus', wo sie als eine Art Abnormität die große Attraktion ist. Ustinov spielte den arroganten, monokelbewehrten Manegensprecher, der Lolas Lebensgeschichte erzählt. Diese wird in Rückblenden gezeigt, wenn auch nicht richtig erklärt. Interessanterweise kam nach Fertigstellung des Films nur eine Kurzfassung in die Kinos, während das gesamte Werk – das heute als Klassiker gilt –, erst Ende der sechziger Jahre zu sehen war. Zu diesem Zeitpunkt waren Max Ophüls, Martine Carol und Anton Walbrook, der den Bayernkönig verkörperte, bereits den Herztod gestorben.

Damals wie heute war Ustinov stets mit einem eigenen Projekt beschäftigt, während er für andere arbeitete. heute enthält der immense Blätterstapel, den er in seine Aktenmappe zwängt, oft ein handschriftliches Buchmanuskript, dem er sich zwischen seinen Auftritten im Theater oder während der Drehpausen widmet. Peter hat die Gabe, buchstäblich überall arbeiten zu können, ganz egal, was um ihn herum passiert. Als in Los Angeles Sinatras unablässiger Gesang seine Konzentration störte, schrieb er gerade an einem neuen Stück. Darin wurden Romeo und Julia ins 20. Jahrhundert versetzt und der Ort der Handlung vom alten Verona in eine imaginäre kleine Republik irgendwo im Herzen Europas verlagert. Außerdem wechselten die Liebenden auch die Nationalität: Romeo ist Igor Romanoff, Sohn des russischen Botschafters in dem puritanischen Kleinstaat, Julia Moulsworth die Tochter von dessen amerikanischen Amtskollegen.

Das Stück vermittelt zwar letztlich die Botschaft, daß die Liebe über alle Widrigkeiten siegt, war aber natürlich eine satirische Darstellung der Beziehung zwischen den Supermächten. Das gab Ustinov die Möglichkeit, die widerstreitenden Ideologien des Ostens und des Westens diskret durch den Kakao zuziehen. Er selbst spielte den Präsidenten des Gastlandes, während die Liebenden von Michael David und Katy Cail verkörpert wurden. *Romanoff and Juliet* wurde am 17. Mai 1956 im Piccadilly Theater dem West-End-Publikum vorgestellt und von Kritikern und Publikum begeistert aufgenommen. Noch im selben Jahr wurde es mit dem Theaterpreis des *Evening Standard* für das beste Stück ausgezeichnet. Dann ging es an den Broadway. Hier erfreute es das New Yorker Theaterpublikum fast ein Jahr lang, ehe es auf

Tournee ging. es wurde für den Antoinette-Perry-Preis für das beste Stück und die beste darstellerische Leistung nominiert.

Aber nicht nur der Siegeszug des neuen Stücks war für Ustinov Anlaß zur Freude. Am 30. April, dem Tag der Premiere im Norden Londons, schenkte Suzanne dem einzigen Sohn des Paares, Igor Nicholas, das Leben. »Ich spielte meine Rolle an diesem Abend besonders euphorisch«, erzählte Peter später, »und mein Vater vergoß stille Freudentränen«.

Zehn Tage später erläuterte der stolze Vater in einem Artikel für die *Daily Express* seine persönlichen Erziehungsvorstellungen. Unter der Überschrift *Bringing Up My New Baby* schrieb er:

> An dem Abend, als mein Sohn geboren wurde, schickte ich ein Telegramm an meinen alten Freund Sam Zimbalist, den Hollywood-Produzenten. Es besagte: ›Fortbestand der Linie Gesich-

›*Romanoff und Julia*‹: Peter Ustinov und Sandra Dee.

ter.‹ Das ist ein alter Familienwitz, aber ich muß gestehen, ich fühlte mich wirklich ein bißchen als Patriarch. Ich bin kein Experte für Kindererziehung. Aber ich glaube, daß es ein paar wichtige Grundregeln gibt.

Die erste besagt, daß meine Kinder lernen sollen, alles zu hinterfragen. Nichts unbesehen für bare Münze zu nehmen. Der Wahrheit auf den Grund zu gehen. Was die Bildung angeht, sehe ich nicht, wieso der herkömmliche Schulunterricht schaden sollte – sofern das Kind lernt, alle Behauptungen in Frage zu stellen. Natürlich kann dieses ständige Nachfragen die Kinder in Schwierigkeiten bringen. Aber es ist für die geistige Entwicklung sehr gesund. Reisen ebenso. Es hilft, die Lügen aufzuspüren, die in den Geschichtsbüchern stecken. Außerdem müssen Kinder Fremdsprachen lernen. Es reicht nicht, sich lediglich verständlich machen zu können. Ich kenne so viele Leute, die ein halbes Dutzend Sprachen sprechen und in keiner wirklich etwas zu sagen vermögen. Sprachen reißen Barrieren ein, und es gibt heute zu viele Barrieren.

Beaufsichtigung? Ich möchte meine Kinder nahe genug um mich haben, um ihnen beistehen zu können, wenn sie irgendwelche Probleme haben. Die Feinde der Kinder? Ich würde sagen, das Schlimmste sind die Geschichtsbücher. Diese ganzen verzerrten Darstellungen, die sie schlucken müssen. Aber wenn sie lernen, alles zu hinterfragen, bis ihnen das zur zweiten Natur wird, kann nicht viel passieren. Dann werden sie lernen zu überleben.«

Schwerpunkt: Film

»»Die Wurzeln des Theaters liegen im Catchen…‹ Was immer ich von Peter Ustinov erwartet hatte – eine solche Aussage jedenfalls nicht.« So schrieb Frank Cranville Barker im Juli 1956 in *Plays an Players*. Doch dann fährt er fort:

> »… Aber ich war bald beruhigt. Wenn es um das Theater geht, ist Ustinov ganz ernst. Nicht auf pathetische Art, da er seit jeher ein geschworener Feind jeder Form von Anmaßung oder Hochgestochenheit ist. Er strahlt vielmehr den Ernst eines Menschen aus, der das Theater liebt und dafür schreibt, denn er ist jemand, der sein Handwerk meisterlich versteht und seine Möglichkeiten und Grenzen kennt. Es fällt uns nicht immer leicht, ihn zu verstehen, da er ein wärmeres, leichtfüßigeres Temperament besitzt als wir britischen Theaterzuschauer. Seine Phantasie und sein Humor tragen ihn oft über die Grenzen unseres eher bodenständigen Geschmacks hinaus. Und nicht selten ist er gerade dann am ernsthaftesten, wenn er sich am leichtfüßigsten gibt, wodurch er uns immer wieder zu überraschen vermag.
> Sein stetes Bemühen um eine feine Textur seiner Komödien verleiht diesen eine kultivierte Eleganz. So hat etwa sein derzeitiges Londoner Erfolgsstück *Romanoff and Juliet* etwas sehr Artifizielles, was durch den formalen Schluß im Stil des 18. Jahrhunderts noch hervorgehoben wird. Das Stück ist absolut symmetrisch aufgebaut – was man fast übersieht, weil es so spritzig und so federleicht ist.
> Ustinov meint, in letzter Zeit sei zu viel Gewicht auf Realismus und ›Tiefgang‹ gelegt worden. ›Die Leute begreifen nicht,‹ sagt er, ›daß ein Stück, auch wenn es nicht tiefsinnig scheint, doch eine tiefgehende Wirkung auf die Zuschauer haben kann, indem es sie zum Nachdenken bringt. Ich versuche immer, meine Ideen in Komödien zu verpacken und bewußt leichte Stücke zu schreiben, so daß die Zuckerschicht um die Pille erst hinterher abgeht, wenn die Leute auf dem Heimweg sind. Ein Stück sollte, wenn man es sieht, nur erfreuen und unterhalten – darüber nachdenken kann man später immer noch.
> Gerade in der Komödie ist Spontaneität etwas ganz Wesentliches – was uns auch auf die Sache mit dem Catchen brachte.

›*Catchen,*‹ erklärte mir Ustinov, ›ist hervorragendes Theater. Meistens sind die Kämpfe getürkt, so daß der Gute gewinnt. Aber manchmal muß auch, damit das Publikum bei der Stange bleibt, der Schurke siegen.‹«

Etwa um dieselbe Zeit, als sich das West-End-Publikum an der »federleichten« Komödie *Romanoff and Juliet* ergötzte, debütierte aus Old Vic in Bristol ein völlig anderes Ustinov-Stück. *The Empty Chair,* mit Peter O'Toole in der Hauptrolle, stieß – wie auch *Vice-Versa, The Moment of Truth* und *No Sign of the Dove* – auf gemischte Reaktionen und galt allgemein als seiner Zeit voraus. Es spielt im 18. Jahrhundert und ist inspiriert durch Reflexionen über die Französische Revolution und Gestalten wie Danton, Robespierre, St. Just, Barras und Desmoulins. Seine »Botschaft« – um es in Ermangelung eines besseren Wortes so zu formulieren – liegt einerseits in der Verdeutlichung der Gefahren des Absolutismus und andererseits im Aufzeigen der Mechanismen, mittels derer die Revolution ihre eigene Kinder frißt.

Mehr als dreißig Jahre später erklärt Ustinov: »Es ist ein symbolisches Stück. Der leere Stuhl ist ein Thronsessel, den das Volk in Versailles erbeutet und im Triumphzug nach Paris geschleppt hat, wo er in Vergessenheit geraten und im Sitzungssaal des Kabinetts gelandet ist. Die drei Putzfrauen, deren Aufgabe es ist, den Raum zu reinigen, ehe er benutzt wird (und durch deren Augen das Geschehen betrachtet wird), glauben an den Mythos, daß jeder, der auf diesem Sessel sitzt, seiner selbst unsicher ist und deshalb als nächster unter die Guillotine kommen wird. Und in jedem der vier Akte setzt sich einer der Akteure – um einem Argument Nachdruck zu verleihen oder auch aus Wut – auf den Stuhl, und im nächsten Akt ist er nicht mehr da. Am Ende hat die Revolution sich selbst verzehrt, und die Putzfrauen, ähnlich wie die Hexen in *Macbeth* oder wie ein griechischer Chor, putzen eifrig den Stuhl und denken: ›Jetzt verdient wohl keiner mehr, darin zu sitzen.‹« Trotz des ernsten Tons war *The Empty Chair* nicht als akkurate Spiegelung der historischen Geschehnisse gemeint. »Im Theater gibt es kaum etwas Tödlicheres als jene historischen Stücke, bei denen der dramatische Stoff vom Schweiß der Recherche durchtränkt ist«, erklärte Ustinov damals. »Deshalb sollte dieses Stück,

Rechts: Zweimal Peter Ustinov in der Titelrolle seiner Komödie ›Romanoff und Julia‹.

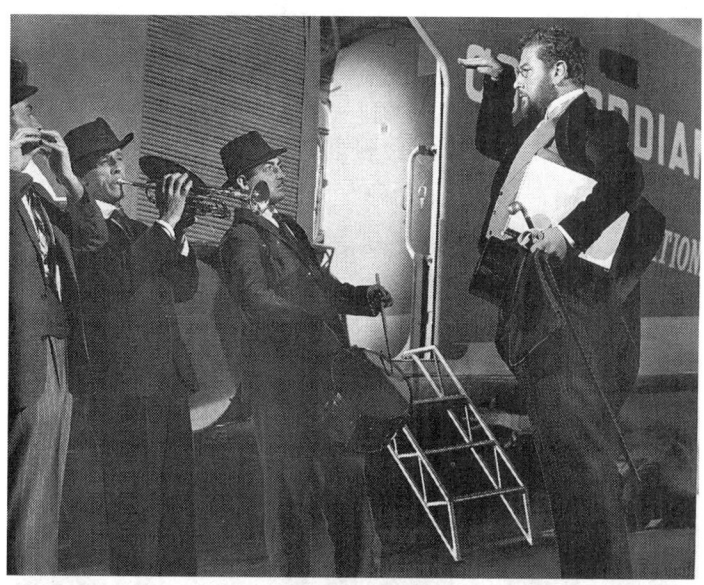

Adolph Green, Peter Ustinov und seine zweite Frau Suzanne Cloutier bei einer Galavorführung von ›Romanoff und Julia‹.

auch wenn es auf tatsächlichen Ereignissen beruht, nicht als bloße Nachzeichnung des Geschehens gesehen werden, sondern als Aussage über die Psychologie der Revolution ganz allgemein.«
Das Großartige an der Geschichte ist für Peter, »daß sie so vielseitig auslegbar ist. Sie läßt alle möglichen Interpretationen zu und wird oft falsch gedeutet. So wird die Französische Revolution gefeiert, weil sie angeblich so viel Gutes gebracht hat. Aber

138

in Wahrheit ist nicht viel Gutes dabei herausgekommen. Sie hat uns Napoleon beschert, ihre eigene Antithese. In meinen Augen war er einer der größten Egozentriker und Gierhälse der Geschichte.«

Die *Times* fand 1956, *The Empty Chair* sei »ein dezent unterhaltsames Konversationsstück zwischen historischen und erfundenen Figuren«, während eine andere Kritik meinte, das Stück werde »gewiß den Vorwurf auf sich ziehen, zu wortreich zu sein, was in diesem Fall jedoch nicht recht zieht, da die Worte das eigentlich Wichtige sind. Die Sprache bringt einen großen Reichtum an rebellischem Witz und gelegentlich auch abgeklärter Leidenschaftlichkeit.«

Nach der Premiere in Bristol war in Großbritannien von diesem Stück nicht mehr viel zu hören. Später wurde es für das amerikanische Fernsehen verfilmt, mit Ustinov als Danton und George C. Scott als Robespierre. Dann verschwand es wieder in der Versenkung, bis es im Sommer 1989, wie Peter mit sichtlicher Befriedigung erzählt, »in Hamburg zur Aufführung kam«. Am Premierenabend versank die Bühne wegen eines Stromausfalls über eine halbe Stunde im Dunkeln, aber dennoch waren die Reaktionen überaus positiv. Peter erklärt: »Die größte Zeitung schrieb: ›Mit einer hervorragenden Besetzung würde es sich wohl als hervorragendes Stück erweisen. So ist es lediglich ein großer Erfolg.‹ Die Kritik endete mit dem Satz: ›Dieses Stück muß man zweimal sehen, um alle seine Qualitäten mitzubekommen.‹ «

Seit Peter Ustinov bei Kriegsende die Fäden seines Lebens wieder aufnahm, hat es für ihn kaum untätige Momente gegeben. Er stiehlt sich, sooft es irgend geht, ein paar Tage, um zu Hause aufzutanken. Und ab und zu gönnt er sich sogar eine kurze Erholungspause auf seinem »größten Luxus« – der zwanzig-Meter-Ketsch, die er Mitte der fünfziger Jahre von einem Geschäftsfreund in Südfrankreich erwarb. Damals hieß das Boot *Christina,* was dazu führte, daß es immer wieder mit Aristoteles Onassis' schwimmender Luxusvilla verwechselt wurde. Peter taufte es auf den Namen *Nitschewo* um, was im russischen »nichts« heißt. Ansonsten hält es Ustinov nur selten lange am selben Fleck aus. Regelrecht reisesüchtig, jettet er ständig über den Globus, von Osten nach Westen und wieder zurück. Ende 1956 fand er sich jedoch plötzlich zur Unbeweglichkeit verurteilt. Bei einem Tennis-Match in der russischen Botschaft in Kensington war er so

Peter Ustinov spielt Tennis als Ausgleich zur Arbeit.

unglücklich aufgekommen, daß sich eine Bandscheibe verschoben hatte.

Dickschädlig, wie er zuweilen sein kann, schlug Peter nicht nur den Rat seines Arztes in den Wind, nie wieder Tennis zu spielen. Er wies auch nach einmaligem Tragen das Korsett von sich, das eigens für ihn angefertigt worden war, um seinen Rücken zu stützen. Er nannte es ein Museumsstück, an dem »jeder sadomasochistische Transvestit sofort Gefallen gefunden hätte«.

Nachdem er Weihnachten gezwungenermaßen im Bett verbracht hatte, wurde Peter kurz darauf von einer Bekannten von Suzanne kuriert, die »sich in orientalischen Dingen auskannte und mit ihrem ganzen Gewicht auf meiner Wirbelsäule entlangspazierte und dabei imaginäre Zigaretten auf den einzelnen Wirbeln ausdrückte«.

Er war schon bald wieder auf den Beinen und spielte in jenem Jahr 1957 in zwei Filmen. Der erste, *Les Espions* (Spione am Werk), wurde unter der Regie von Henri-Georges Clouzot in Paris gedreht. Zur Besetzung gehörten neben Peter auch Martita Hunt, Curt Jürgens, Sam Jaffe und die hochneurotische Frau des Regisseurs, Vera, die bald darauf Selbstmord beging. Der zweite, *An Angel Over Brooklyn* (Der Hund, der »Herr Bozzi« hieß), spielte in New York und wurde unter der Regie des Ungarn Ladislao Vajda in Madrid gedreht. Er lief als spanischer Beitrag beim

Pablito Calvo auf dem Hund, der auf den Namen »Herr Bozzi« hört und von Peter Ustinov gespielt wird.

Filmfestival in Venedig 1957. Die Handlung dreht sich um einen Geizkragen namens Mr. Bozzi, eine Art »Scrooge« – Verschnitt, gespielt von Ustinov. Es war eine rührselige Geschichte vom Sieg der Güte über die Habgier, aber immerhin so publikumswirksam, daß der Film ein Kassenerfolg wurde, auch wenn man nicht behaupten kann, daß Ustinovs schauspielerische Fähigkeiten besonders gefordert waren.

Ebenfalls 1957 übersiedelten die Ustinovs offiziell in die Schweiz. Suzanne hatte schon seit ein paar Jahren darauf gedrängt, England zu verlassen, auch wenn ihre Gründe nicht immer einleuchtend oder logisch waren. Mit ihrer Art hatte sie bereits das gesamte *Othello*-Team fasziniert, verwirrt und zur Verzweiflung gebracht, und Peter selbst wußte auch nicht recht, was er von den Umständen ihrer ersten Heirat halten sollte. Noch immer gab es Momente, in denen Wirklichkeit und Fiktion sich untrennbar vermischten, und vieles, was sie erzählte, durfte man nicht allzu wörtlich nehmen. Eine Zeitlang gefiel sie sich in der Behauptung, sie habe Indianerblut in den Adern. Aber sie erklärte auch, ihre Mutter habe als Deutsche jüdischer Abstammung vor den Nazis nach Kanada fliehen müssen. Beides war aus der Luft gegriffen.

Zu Beginn ihrer Beziehung hatte Peter Suzannes Einfälle unterhaltsam gefunden, aber nach drei Jahren waren sie zu einer Belastung für die Ehe geworden, die auch Außenstehende nicht übersehen konnten. »Sie vertrugen sich einfach nicht«, berichtete Frank Muir. »Die Frage war nicht, was schief lief, sondern was gut lief.«

»Ich erinnere mich an ein Essen bei Peter und Suzanne«, erinnert sich Cyril Luckham, »bei dem Peter wie immer dafür sorgte, daß wir vor Lachen nicht mehr konnten. Doch Suzanne – die bekannt dafür war, daß sie seine Geschichten zu Ende erzählte – saß die ganze Zeit mit unbewegter Miene da. ›Wissen Sie‹, hatte sie mir einmal erklärt, ›ich habe absolut keinen Humor‹. Das erstaunte mich dann doch. Als Peters Frau zu erklären, sie habe keinen Humor – das war einfach tragisch.«

Robin Bailey gehörte ebenfalls zu den Gästen im Hause Ustinov, die Suzanne in Erstaunen versetzte. »Sie hatte die ungewöhnliche Gabe – wenn man es so nennen kann –, einfach einzuschlafen, oft schon vor dem zweiten oder dritten Gang.«

Diese und andere Probleme belasteten die Beziehung und erzeugten eine unterschwellige Spannung, mit der Peter immer schlech-

Die Hundstage sind vorbei. Peter Ustinov in ›Der Hund, der ›Herr Bozzi‹ hieß‹.

ter fertig wurde. In der Rolle des »Friedensstifters«, wie er es nennt, hatte er daher dafür gesorgt, daß die Familie aus London in ein gemietetes Châlet in der Schweiz übersiedeln konnte.

Die Schweiz galt damals noch als Steuerparadies, und viele Briten, die es satt hatten, sich vom Staat das Geld aus der Tasche ziehen zu lassen, suchten dort Zuflucht. Obgleich solche finanziellen Überlegungen sicher auch eine Rolle spielten, waren sie nicht der Hauptgrund für Ustinov Entscheidung. Doch angesichts der Tatsache, daß ihm von der Gage für eine vierstündige BBC-Fernsehfassung von *Peer Gynt* nach Steuerabzug gerade noch fünf Pfund blieben, war er dem Gedanken wohl nicht abgeneigt, anderswo mehr von seinem Geld haben zu können.

Ende 1958 stieß Peter in Hollywood zu dem Staraufgebot für *Spartacus*. Produzent war Kirk Douglas, der auch die Hauptrolle spielte, und Regie führte Stanley Kubrick. Der Film erzählt die

143

Kirk Douglas, Jean Simmons, Peter Ustinov und Stanley Kubrick haben am Set von ›Spartacus‹ etwas zum Feiern.

Geschichte des thrakischen Sklaven und Gladiators, der 74 vor Christus aus Capua floh und über drei Jahre einen großen Sklavenaufstand in Süditalien anführte.

Mit seiner straff organisierten Armee von etwa 90 000 Mann bestand Spartakus Kampf um Kampf siegreich, bis er schließlich sechs Legionen unter dem Kommando des Prokonsuls Markus Licinius Crassus gegenüberstand. Binnen sechs Monaten zerschlug Crassus das Rebellenheer. Über 6000 aufständische Sklaven wurden entlang der Via Appia gekreuzigt, Spartakus selbst auf dem Schlachtfeld in Stücke gerissen.

Der Film nach dem Roman von Howard Fast – in dem der thrakische Held am Ende jedoch ebenfalls gekreuzigt wird –

kostete über zwölf Millionen Dollar und mehr als ein Jahr Arbeit. Ein Heer von 8 000 Komparsen wurde aufgeboten. Obgleich Peter das Gefühl hatte, daß die Dreharbeiten »überhaupt nie aufhörten«, fand er den Sklavenhändler Batiatus eine interessante Rolle, auch wenn es ihm gar nicht paßte, wieder ein Toga tragen zu müssen. »Ich kann mir für meine Figur kein unvorteilhafteres Kleidungsstück vorstellen.«

Neben Kirk Douglas in der Hauptrolle wirkten mit: Laurence Olivier als Crassus, John Gavin als Julius Cäsar, Tony Curtis als Antonius und Charles Laughton als Gracchus. Laughton hatte Peter schon vor vielen Jahren im Barn Theatre kennengelernt, wo er mit seiner Frau Elsa Lanchester eine Vorstellung von *Mariana Pineda* besuchte. Bald darauf war er ihm im Londoner Green Park wiederbegegnet, nachdem er ihn gerade als Nero in *The Sign of the Cross* gesehen hatte.

Zwanzig Jahre später vertiefte *Spartacus* diese flüchtige Bekanntschaft zu einer kollegialen Arbeitsbeziehung. Noch heute erzählt Peter gern, wie sein Sohn Igor, damals drei oder vier, zum ersten Mal mit dem fülligen Darsteller so denkwürdiger Charaktere wie Heinrich VIII., Captain Bligh und Quasimodo zusammentraf. Laughton trug Lockenwickler, um sein »Römerhaupt« in Form zu halten. Nachdem Igor ihm vorgestellt worden war, fragte er seinen Vater: »Wer ist die Frau?« Peter erklärte, es sei keine Frau, sondern ein Mann. »Warum hat er denn einen Busen?« wollte der Junge wissen.

In *Ustinov in Focus* gibt Tony Thomas eine andere amüsante Laughton-Anekdote wieder, die ihm Peter bei einem Interview für das Kanadische Fernsehen in den sechziger Jahre erzählt hatte.

»Laughton war ein Original. Ich weiß noch, wie ich einmal mit ihm in seiner Garderobe saß – wir beide in der Toga –, als eine ältere Touristin den Kopf durch die Tür steckte. Sie erspähte Charlie und schrie: ›Sie kenne ich! Sie sind der Größte. Ich habe Sie in *Die Katze auf dem heißen Blechdach* gesehen, wo Sie Krebs hatten und alle angeschnauzt haben. Und dann die wunderbare Szene drunten im Keller, mit all den alten Möbeln.‹ Laughton zog die Mundwinkel hoch, zwinkerte mir zu und murmelte: ›Danke. Vielen Dank.‹ Als sie wieder gegangen war, sagte er: ›Wenn man ihnen widerspricht, kommen sie nur wieder.‹ Aber sie kam auch so wieder, um sich tausendmal zu

Batiatus (Peter Ustinov), Leiter der Gladiatorenschule von Capua und sein zukünftiger »Musterschüler« ›Spartacus‹ (Kirk Douglas).

entschuldigen. ›Wie konnte ich Sie nur mit Mr. Ives verwechseln?‹ Charlie warf mir einen gequälten Blick zu und sah dann die Frau an. Er deutete auf mich und sagte: ›Darf ich Ihnen Edward G. Robinson vorstellen?‹ Sie schüttelte den Kopf und sagte: ›Nein, das ist nicht Mr. Robinson. Das ist doch Walter Hustonov.‹

Zu »Hustonovs« großer Erleichterung wurde *Spartacus* 1960 schließlich doch fertig. Aber die Arbeit hatte so lange gedauert, daß Peter in der Zwischenzeit nicht nur seinen ersten Roman geschrieben hatte, sondern auch erneut Vater geworden war. Am 30. März hatte Suzanne ihr drittes Kind geboren: die zweite gemeinsame Tochter Andres.

Im Jahr 1951 war Peter der Oscar für seine Darstellung des Nero in *Quo Vadis* knapp entgangen. Jetzt machte sein zweites großes Römerepos alles wett: er bekam den Oscar für die beste Nebenrolle. Aus dem ersten Jahrhundert vor Christus begab sich Ustinov direkt in die endlose Weite des australischen Buschlands der zwanziger Jahre. *The Sundowners* (Der endlose Horizont), nach einem Roman von John Cleary unter der Regie von Fred Zinnemann für Warner Brothers gedreht, schildert das Nomadendasein

Peter Ustinov als Nero in ›Quo vadis?‹.

der irisch-australische Schafzüchter-Familie Carmody. Paddy, von Robert Mitchum mit einem überaus glaubhaften australischen Akzent gespielt, ist mit dem unbelasteten Wanderleben ganz zufrieden, während sich sein Frau Ida, verkörpert von Deborah Kerr, und der 14jährige Sohn Sean, gespielt von Michael Anderson Junior, nach dem seßhaften Leben auf einer eigenen Farm sehen.

Zu dieser Kleinfamilie stößt der archetypische Engländer Rupert Venneker, gespielt von Ustinov. Venneker, »eine Art überalterter Pfadfinder«, erscheint als ein Herumtreiber von der charmanten Sorte. Seine Geschichte bleibt weitgehend im dunkeln: er verrät kaum mehr über sich, als daß er seinen unehrenhaften Abschied vom 17. Lencer-Regiment nehmen mußte und das Chinesische Meer befahren hat. Er ist zweifellos die originellste und exzentrischste Figur, die man sich in der australischen Wildnis denken kann. In einem typischen Ustinov-Dialog fragt Sean Venneker: »Warum reden Sie mit Pferden?« worauf er zur Antwort erhält: »Hat dir niemand beigebracht, daß es unhöflich ist, anderer Leute Gespräche zu belauschen?« Und kurz darauf erklärt Venneker dem Jungen: »Ich bin nie erwachsen geworden, und du hast nie Zeit gehabt.«

Zur Vorbereitung des Films – dem Jack Hildyards virtuose Kameraführung einige wunderbare Sequenzen von springenden Schafen und hüpfenden Kängeruhs bescherte – verbrachte Zinnemann zwölf Wochen in Australien, um geeignete Drehorte ausfindig zu machen, ehe das übrige Team in Cooma in Neu-Südwales landete. Beim Drehen entwickelte sich eine wechselseitige Sympathie zwischen Ustinov und Zinnemann, wenn auch erst nach einem wenig verheißungsvollen Auftakt. In einem Interview anläßlich der Londoner Premiere des Films erzählt Peter dem *Sunday Telegraph:*

»Anfangs kam ich mit Zinnemann nicht sonderlich gut zurecht. Aber dann, eines Tages, passierte etwas. Ich ging auf und ab, mit einer baumelnden Zigarette im Mund, und versuchte, eine Textzeile besser hinzukommen. Plötzlich grabschte mir Zinnemann die Zigarette weg, so daß meine Lippe aufriß. ›Warum haben Sie das getan?‹ fragte ich. ›Weil Sie sich nicht richtig konzentrieren können, wenn Sie eine Zigarette im Mund haben‹, sagte er. ›Sie meinen, weil Sie sich nicht konzentrieren

Peter Ustinov scheint seinem Pferd zu sagen: »Das ist ›Der endlose Horizont‹«.

können, wenn ich eine Zigarette im Mund habe‹, sagte ich. Von da an verstanden wir uns prächtig.«

Auch die extremen klimatische Bedingungen – Regen und Graupel in den Snowy River Mountains, sengende Sonne und heißer Wind in Port Augusta – konnten Ustinovs gute Laune nicht erschüttern.
»Wie viele verschiedene Wesen – Tiere, ganze Orchester, Opernsänger – steckten nur in diesem ungewöhnlichen Menschen?«

Peter Ustinov, Robert Mitchum und Deborah Kerr in ›Der endlose Horizont‹.

fragt Deborah Kerr. »Ich werde nie vergessen, wie ich mit Peter *The Sundowners* drehte, unter ziemlich strapaziösen Bedingungen. Wir trafen uns jeden Morgen in dem behelfsmäßig zusammengeschusterten Maskenraum in Cooma, und der Maskenbildner konnte mich kaum dazu bringen, stillzuhalten und mir ›mein Gesicht verpassen zu lassen‹, weil ich so sehr über Peter lachen mußte.

Einmal war es Beethovens *Eroica* – er imitierte *sämtliche* Instrumente absolut perfekt. Am nächsten Morgen dann *Madame Butterfly!* Jeden Tag war er ein anderer – ein Russe, ein Chinese, ein Japaner und so fort! Er ist von einer unbändigen Energie. Ich bin voller Bewunderung für alle Facetten seiner Person – auch die ernste Seite – und voller Dankbarkeit für den Spaß, den er mir und unzähligen anderen beschert hat.«

Im Spätsommer 1960 war Peter wieder in Italien, wo sein Erfolgs-
stück *Romanoff and Juliet* verfilmt wurde. Bereits während der
Dreharbeiten zu *Spartacus* war er mit Universal übereingekom-
men, daß er selbst den General spielen würde – das Staatsober-
haupt des fiktiven Concordia, das im Film durch das etwa 150
Kilometer nördlich von Rom gelegene, aus dem elften Jahrhundert stammende Dorf Todi repräsentiert wurde.

Das Vertragspaket enthielt jedoch die Klausel, daß Universal die
Rollen der verliebten Diplomatensprößlinge zwei eigenen Ver-
tragsschauspielern übertragen würde. So mußte Peter, obwohl er
die Besetzung keineswegs ideal fand, John Gavin – der im *Spartacus* den Julius Cäsar gespielt hatte – und Sandra Dee – auch
»Hollywoods erste jungfräuliche Sex-Bombe« genannt – in den
Titelrollen akzeptieren. Eine Darstellerin fand jedoch seine vor-
behaltlose Billigung – seine Frau Suzanne. Sie verkörperte in ihrer
ersten Rolle seit ihrer Heirat eine russische Marineoffizierin, die
auf der Suche nach ihrem ehemaligen Geliebten Igor Romanoff

*Peter Ustinov und Robert Mitchum in Fred Zinnemanns ›Der endlose
Horizont‹.*

nach Concordia kommt, dort aber zunehmend Geschmack am westlichen Leben findet.

In Rom, wo Teile des Films in den Studios von Cinecittà gedreht wurden, war in den ohnehin verstopften Straßen in jenem Sommer endgültig kein Durchkommen mehr, als am 25. August die Olympiade begann. Um nicht im Stau schwitzen zu müssen, verfiel Peter auf eine kühne Idee. Er erzählte später: »Wegen des Olympia-Verkehrs dauerte es Stunden, Rom mit dem Auto zu durchqueren. Also kam ich eines Tages darauf, die Concodia-Flagge an den Wagen zu stecken. Das wirkte Wunder. Die Polizisten nahmen Haltung an, salutierten und eskortieren uns durch das Verkehrsgewühl. Wir hatten auch ein altes italienisches Militärflugzeug, das in den Farben von Concordia bemalt war. Einmal bekam der Pilot auf dem Militärflughafen, den wir benutzten, keine Landeerlaubnis. Also flog er zum Ciampino, dem Hauptflughafen von Rom. Er meldete sich als ›Concordia Airlines, Flug 423 aus Beirut‹ und durfte sofort landen.«

Suzanne Cloutiers Mitwirkung in *Romanoff and Juliet* fiel in eine vergleichsweise ausgeglichene Phase ihres Lebens. Außerdem brachte sie eine Atempause in dem quälenden Nervenkrieg, zu dem sich die Ehe der Ustinovs entwickelt hatte und dem Peter zu entkommen versuchte, indem er sich entweder in Schweigen flüchtete oder bei jeder sich bietenden Gelegenheit verschwand. Wären da nicht die Kinder gewesen – Andrea, Igor und ihre ältere Schwester Pavla, die ihre Kindheitsjahre wegen einer Störung der Knochenentwicklung gutenteils im Gips verbringen mußte –, hätte Peter wohl nie solange an diese Ehe festgehalten, bis die Scheidung endgültig unausweichlich war. »Töricht wie man ist, bildet man sich immer ein, daß Ehen der Kinder wegen aufrechterhalten werden müssen«, sollte er später schreiben. Dabei, so fuhr er fort, seien die Kinder »die ersten, die die Unaufrichtigkeit und die gespielte Harmonie in todgeweihten Ehen wittern. Ich redete mir ein, indem ich mich absetzte, könnte ich die Ursache der Spannungen beseitigen, aber das erwies sich als falsch. Ich steckte lediglich meinen Kopf in fernen Sand, statt mich mit dem Haufen vor meiner Haustür zu begnügen.«

Äußerlich gesehen fehlte es Suzanne an nichts. Nach Villars-sur-Ollon und Montreux, wo der gefeierte Schriftsteller Vladimir Nabokov ihr Nachbar war, erwarb Peter ein Grundstück in dem kleinen Wintersportort Les Diablerets bei Gstaad, auf dem er ein

Zwei britische Schauspieler-Giganten: Peter Ustinov und Charles Laughton in ›Spartacus‹.

Châlet bauen ließ. Als es Suzanne nach Paris zog, mietete er zuerst ein Domizil an der Rue de Prony und dann ein noch größeres, noch imposanteres vierstöckiges Haus mit Lift an der Rue Edouard Nortier in Neuilly. Hier schien Suzanne in ihrer Rolle als Hausherrin und Gastgeberin ganz in ihrem Element zu sein. Mit ihrem »ausgezeichneten Geschäftssinn«, wie Peter es formulierte, war sie nicht nur für die Finanzen, sondern auch für das Personal zuständig, was dem Haushalt unter anderem eine rasche Abfolge von Kindermädchen und Sekretärinnen bescherte. Kurz: Suzanne führte ein vornehmes Haus, voll frischer Blumen, poliertem Holz und glänzenden Möbeln, und sie managte es »so straff wie einen wohlorganisierten Betrieb«. Sie organisierte Peters Sozialleben, kümmerte sich um die Kinder, für die sie Aktivitäten wie Reiten,

153

Klavierspielen und Judo arrangierte und, wie sich Igor und Andrea erinnern, »unglaubliche Geburtstagsfeste veranstaltete«. Im Garten wurde ein halber Rummelplatz aufgebaut, Jongleure und Zauberer kamen, und selbst berühmte Schlagerstars wurden engagiert, um die Kinder zu unterhalten. Igor erklärte: »Es gab Zeiten, da mußte man arbeiten, und es gab Zeiten, da durfte man sich vergnügen«.

Andere bescheinigen Suzanne »Wärme«, »Stil« und, wie sie es nennen, »innere Vornehmheit«. Außerdem konnte sie sehr freundlich und gütig sein. »Suzanne war jemand«, berichtete Peters Sekretärin, »die zu Festen wie Weihnachten Leuten Blumen schickte, wenn sie wußte, daß sie sich eigentlich keine leisten konnten«. Doch selbst dieser üppige Lebensstil schien ihr nicht zu genügen. Natürlich trug die Eifersucht auf Peter zu Suzannes Zerquältheit bei: sie hungerte nach eigenständiger Bestätigung und Anerkennung.

»Es muß ja auch schrecklich gewesen sein, mit einem der beliebtesten Menschen der Welt verheiratet zu sein«, meinte Frank Muir. »Wieviel leichter hätte sie es als Frau eines begabten Ekels gehabt. Dann hätten die Leute sie wenigstens um ihrer selbst willen gemocht und ihn wegen seines Talents.« Ein anderer Freund, Schuyler Chapin, erzählt von einer Situation in New York, als Suzanne sich in Peters Gegenwart »auf meinen Schoß warf, mich ansah und fragte: ›Finden Sie mich nicht anbetenswert?‹« Er fährt fort: »Ich sah Peter an. Seine Miene war absolut neutral. Er sprach mit *niemandem* über seine Probleme, aber ich hatte das Gefühl, daß das schon öfters vorgekommen war.«

Es wird oft betont, daß am Zerfall einer Ehe eigentlich nie einer allein schuld ist. In Peters und Suzannes Fall trugen sicherlich ungewöhnlich viele Faktoren zur Zerrüttung der Beziehung bei. Daß Suzanne eine sehr problematische Persönlichkeit war, steht außer Zweifel. Nicht recht klar ist dagegen, zu welchem Grad Peter die Probleme wirklich an sich heranließ. Seine Strategie, sich in Schweigen zu flüchten oder im Zuge seiner Arbeit Hunderte, wenn nicht Tausende von Meilen zwischen sich und Suzanne zu legen, ist wohl als eine Form der Verleugnung zu deuten, die schließlich zur Zuspitzung der Situation führen mußte.

Das Resultat ist ein hoffnungslos fragmentiertes Bild, das auch noch so viele Spekulationen und Ausschmückungen aus zweiter Hand nicht schlüssig zusammenzufügen vermögen.

Jonglieren zwischen Petrus und dem Teufel

Seit 1941, dem Jahr, in dem er *House of Regrets* schrieb, hatte Peter Ustinov 23 Bühnenstücke verfaßt. Im allgemeinen nimmt er Erfolge und Mißerfolge eher gelassen, aber es fällt ihm schwer, seinen Stücken selbst eine Rangfolge zu geben. »Ich habe kein Lieblingsstück«, meint er. »Man muß ja auch immer den Anspruch bedenken, der hinter einem Stück steht. Es ist schwierig, ein Stück mit weniger hohem Anspruch, das lediglich auf einen bestimmten Unterhaltungswert abzielt, mit einem anderen zu

Ein früher Fall von Schleichwerbung: Regisseur und Schauspieler Peter Ustinov während einer Umbaupause zu ›Die Verdammten der Meere‹.

vergleichen, das seinen eigenen, höheren Ansprüchen vielleicht nicht ganz gerecht wird, aber trotzdem besser ankommt als das erste.«

Was seine Filme angeht, sind Peters Vorlieben hingegen ganz eindeutig. Ohne Zögern nennt er *Billy Budd* (Der Verdammte der Meere) seinen Lieblingsfilm. In Deutschland gewann er den David O. Selznick-Preis und außerdem acht Nominierungen für das britische Äquivalent des Oscars. »Das scheinbar Unmögliche hat mich immer gereizt«, erklärt er, »und dieses Projekt war schrecklich schwierig. Es ist praktisch unmöglich, Gut und Böse angemessen zu dramatisieren, wenn man die Gegensätze nicht simplifizieren will. Das Böse darf einwenig attraktiver wirken als das Gute, aber gerade das ist ziemlich kompliziert. Mit der Hilfe von ein paar wunderbaren Schauspielern ist es mir aber irgendwie doch gelungen.« Nachdenklich fährt er fort: »Für mich war es eine fruchtbare Zeit damals… In einem Artikel, den ich, soweit ich mich erinnere, für das *Time Magazine* verfaßt habe, schrieb ich, daß ich es immerhin geschafft hatte, mir selbst treu zu bleiben. *Billi Budd* war eine große Herausforderung für mich: Ich wollte in die starren Rituale des Militärbetriebs so etwas wie menschliche Gefühle einfließen lassen. Ich fand das wunderbar.«

Der Roman *Billy Budd, Foretopman* (Billy Budd) erschien erstmals im Jahr 1924, also mehr als dreißig Jahre nach dem Tod seines Autors Herman Melville. Er war das letzte Werk des amerikanischen Schriftstellers, der unter anderem *Moby Dick* geschrieben hat. Heutzutage wird Melville als einer »der ersten Schriftsteller der Moderne« gesehen. *Billy Budd* stellte für ihn eine moralische Abhandlung dar, oder, drastischer gesagt, eine Aufarbeitung des »christlichen Mythos'«: Billy als eine Art Christus-Figur, die »von einer gewaltigen, aber vergänglichen Tyrannei in den Tod geschickt wird, von Machthabern, die meinen, das ›Gesetz‹ und die ›Zivilisation‹ zu vertreten.«

Dieser Kampf zwischen Gut und Böse spielt auf hoher See, gegen Ende des 18. Jahrhunderts. Robert Ryan übernahm die Rolle des Claggart, eines sadistischen Schiffspolizisten, den Billy unabsichtlich tötet, und Ustinov war Captain Vere, der »Pontius Pilatus dieser Passionsgeschichte«, der sich zwischen Gesetzestreue und seinem eigenen Gewissen nicht entscheiden kann. Es war eine große Rolle, aber keine, die Peter normalerweise für sich ausgesucht hätte. »Ich wollte Vere eigentlich überhaupt nicht spielen«,

Robert Ryan und Peter Ustinov in ›Die Verdammten der Meere‹.

erklärte er damals. »Ich glaube nicht, daß ich dafür geeignet bin. Aber es war die einzige Möglichkeit, noch einen berühmten Namen in den Vorspann zu bekommen, ohne daß es eine Menge Geld kostete. Auf dem Papier hätte ich Vere als einen viel englischeren Typ gesehen. Aber ich fühlte mich ein bißchen wie ein gestrandeter russischer Admiral… und sah mir selbst dabei immer ziemlich verdrießlich zu.«

Kurz bevor *Billy* im Jahr 1961 mit einem Budget von 1,4 Millionen Dollar in Produktion ging, hatte Peter (der nicht nur der Star des Films war, sondern gleichzeitig auch als Produzent, Regisseur und Drehbuchautor fungierte noch immer keinen Darsteller für die Titelrolle. Sie ging schließlich an einen jungen Unbekannten aus dem Londoner East End namens Terence Stamp. In seiner Autobiographie *Coming Attractions* erinnert sich Stamp an die Probeaufnahmen für den Film, mit dem seine Karriere begann:

»Sobald die Kamera stillstand, kam Ustinov auf den Set und nahm mich verschwörerisch beiseite. Mit leiser Stimme erklärte er mir, er wolle noch ein bißchen mehr von mir sehen. Er hatte vor, mich von seinem Regiestuhl aus zu provozieren, mir Vorwürfe zu machen und mich grundlos zu beschimpfen. Da ich ein reines Gewissen hatte, mußte mich das völlig durcheinanderbringen. Ich sollte mir vorstellen, ich hätte eine Sprachhemmung und würde kein Wort herausbringen, wenn ich etwas nicht verstand. Also durfte ich nichts sagen, egal, was passierte, sondern mußte um jeden Preis den Mund halten, bis Ustinov den Befehl ›Schnitt‹ gab. Nach dieser Anweisung führte er mich zurück zu einem Kreidestrich, der vor der Kamera auf den Boden gemalt war. ›Bleiben Sie hier stehen‹, sagte er. ›Wenn Sie fertig sind, können wir loslegen.‹ Ich nickte. Sofort begann er mich zu beschimpfen, genau wie der gemeine Claggart. Ich hatte das Gefühl, als bewerfe mich jemand mit Steinen. Gefühle überwältigten mich, die mir buchstäblich die Sprache raubten. Ich wollte laut aufschreien, aber so sehr ich es auch versuchte – ich brachte keinen Ton heraus.

Aber Ustinov hörte nicht auf. Schließlich war das Filmmaterial verbraucht, und die Kamera blieb ratternd stehen. Jemand rief: ›Schnitt!‹ Alle kicherten, dann wurde es auf einmal ganz still. Ustinov kam auf mich zu und tätschelte mir die Wange. ›Danke‹, sagte er. ›Das war wirklich –‹, er zögerte und lächelte dann, ›wirklich aufregend‹.«

In diesem Augenblick hatte Peter gefunden, was er suchte. »Als Terence Stamp zu mir kam«, berichtete er später, »war er wahnsinnig nervös. Aber je mehr er dachte, er bekäme die Rolle nicht, desto sicherer wußte ich, daß er der Richtige war, denn er benahm sich wie Billy. Ich kam mir ganz schön sadistisch vor – Terence saß da, starrte ins Leere, bewegte tonlos die Lippen und zitterte am ganzen Körper. Aber er bestand den Test großartig. Man muß mit der Rolle des Billy sehr vorsichtig sein, denn so eine Persönlichkeit gibt es eigentlich nicht. Es ist auch ziemlich schwierig, sich einen Menschen vorzustellen, der so böse ist wie Claggart. Deshalb habe ich eine lange Konfrontation zwischen den beiden gedreht, in der es um ein Haar zu einer gegenseitigen Beeinflussung kommt: Billy erkennt das Schlechte im Menschen, und Claggart kommt in Versuchung, weich zu werden.

Billy Budd ist ein ehrlicher und vollkommen ungekünstelter Film. Darauf bin ich stolz.«

158

Vor der Küste von Alicante fanden auf einem umgebauten Segelboot die Dreharbeiten statt. Peter hatte beschlossen, in Schwarzweiß zu filmen, denn er hatte das Gefühl, daß »Farbe alles viel zu sauber erscheinen ließe, während man in Schwarzweiß viel besser das Gefühl von zersplittertem Holz, von Takelwerk, von Himmel und See vermitteln kann. Mich interessiert diese historische Epoche sehr, und ich wollte die Geschichte als eine Art Dokumentarfilm drehen.«

Außer dem Trio Ustinov, Ryan und Stamp wirkten an dem Film auch Melvyn Douglas, David McCallum und Cyril Luckham mit, die fast alle für ihre schauspielerische Leistung gelobt wurden. Überhaupt fand der Film damals bei der Kritik viel Beachtung und

Edward Fairfax Vere (Peter Ustinov) ist der bösartige Kommandant des Kriegsschiffes »Avenger« in ›Die Verdammten der Meere‹.

gilt auch heute noch als Ustinovs »Meisterwerk« und als »kleiner Klassiker«.

Mit Cyril Luckham, der auf eine lange und abwechslungsreiche Karriere als Charakterdarsteller zurückblickt und schon vor *Billy Budd* mehrmals mit Ustinov zusammengearbeitet hatte, unterhielt ich mich über Ustinovs Regie. »Er war sehr unterhaltsam und ein bißchen unberechenbar«, erinnert sich Luckham. »Und es war eigentlich das einzige Mal in meiner ganzen Laufbahn, daß ich als Schauspieler das Gefühl hatte, unter angemessener Regie zu arbeiten. Ich muß auch sagen, daß es einzig und allein Peters unendlicher Geduld und Feinfühligkeit zu verdanken ist, daß dieser gräßliche Stamp eine so hervorragende Leistung brachte. Für mich war Peters Regie ein reiner Genuß. Jeden Morgen mußten wir um fünf Uhr aufstehen und mit dieser elenden Fregatte aufs Meer hinausfahren, aber Peter wußte, daß die Warterei auf den richtigen Wind und all das ziemlich nervenaufreibend war, und er setzte alles daran, uns bei Laune zu halten.

Manchmal führte er uns sein gesamtes ›Orchester‹ vor, und wir hielten uns den Bauch vor Lachen. Dann machte er für die spanische Crew noch einmal dasselbe, und schon hörte man auch ihr Gelächter, denn Peter war auf spanisch genauso witzig. Ich erinnere mich noch gut an den Tag, als er im Stil eines spanischen Stierkämpfers Regie führte, dann wieder verkörperte er Ben Jonson. Einmal imitierte er Benjamin Britten: Er intonierte typische Britten-Tonfolgen, und das ohne Unterbrechung, den ganzen Tag. Es war unglaublich komisch.«

Ustinovs technische Fähigkeiten als Regisseur wurden also immer unterstützt durch seine Entertainer-Qualitäten, mit denen er die selbst für erfahrene Schauspieler oft schrecklich langweiligen Drehpausen überbrückte. Doch er war auch als Diplomat und sogar als Kindermädchen gefordert, wenn es darum ging, die Sorgen seines jungen und unerfahrenen Protegés zu beschwichtigen. Zweifellos wußte Terence Stamp, welche Verantwortung auf seinen Schultern lastete, und zu allem Überfluß litt er auch noch an Heimweh und überwältigenden Selbstzweifeln.

In *Double Feature,* dem zweiten Band seiner Memoiren, beschreibt Stamp die Gefühle, die ihn damals umtrieben:

»Die Situation, der ich mich während der Dreharbeiten vor Ort ausgesetzt sah, war anders als alles, was ich bisher erlebt hatte.

Ich war zum erstenmal im Ausland; und ohne meine Freunde, an die ich mich hätte wenden können, fühlte ich mich vollkommen haltlos. Wie immer, wenn ich mich in einer fremden Umgebung aufhalten mußte, verfiel ich in eine Art Trance, die mir eine gewisse Sicherheit gab.

Während der ersten Wochen klammerte ich mich an diese Pseudo-Stabilität. Nachdem ich die technischen Vorgänge bei den Dreharbeiten etwas besser zu verstehen begann, merkte ich, daß meine Psyche ganz merkwürdige Dinge zutage förderte, die ich für meine Rolle aber gut gebrauchen konnte... Meine erste Szene mußte ich zusammen mit Claggart spielen, also mit Robert Ryan höchstpersönlich. Billy stößt unerwartet auf Claggart, und vor lauter Verwirrung beginnt er zu stottern. Ich wollte seine Sprachschwierigkeiten als emotionales Problem darstellen und hatte die ganze Zeit versucht, mir auszudenken, welche Art von psychischer Blockade das Sprechen behindern kann. Als wir drehbereit waren, merkte ich, wie sich eine Melancholie in mir ausbreitete, die für die Szene genau richtig gewesen wäre. In diesem Moment kam ein Schiff ins Bild, und Kameramann Robert Krasker stoppte die Aufnahme, bis es vorbeigefahren war. Während wir warteten, wurde meine Stimmung noch düsterer, und bevor ich wußte, wie mir geschah, brach ich in Tränen aus. Ustinov fragte, was mit mir los sei. Ich versuchte es ihm zu erklären, aber auf einmal bekam ich Angst, ich könnte mich nicht in das vorherige Gefühl zurückversetzen, wenn die Kamera wieder lief. Ustinov schien mich zu verstehen. ›Natürlich schaffst du das‹, meinte er beruhigend, ›und wenn du noch ein bißchen Zeit brauchst, dann warten wir, bis du soweit bist‹.«

Zweifellos spielte Peters einfühlsame Art eine große Rolle, Stamp zu einer Leistung zu ermutigen, welche die prominente britische Filmkritikerin Dilys Powell als »überwältigend« bezeichnete. Doch zwischendurch mußte sich auch Suzanne Ustinov um den jungen Schauspieler kümmern. »Peter meint, weil es dein erster Film ist, solltest du dir die Schnellkopien lieber nicht ansehen«, sagte sie zu Stamp. »Er glaubt, das könnte dich durcheinanderbringen. Wenn du dich jetzt anschaust, dann würdest du vielleicht etwas ändern, weil du nur dich selbst wahrnimmst und damit alles andere aus einer falschen Perspektive siehst. Denk immer daran: Peter ist ein Genie; selbst wenn du nicht gut wärst, würde er dich gut *machen...* Wenn er nichts sagt, dann ist es das beste Zeichen; es bedeutet, daß ihm deine Arbeit gefällt.«

Ustinovs Urteil über Terence Stamps Leistung wurde auch von den Kritikern geteilt. In Großbritannien, wo der Film von Rank verliehen wurde, hatte *Billy* beträchtlichen Erfolg. Doch die weitere Auswertung verlief mehr als enttäuschend. In den USA erschien zwar im *Time Magazine* eine hervorragende Kritik, aber da der Film von einem kleinen Verleih ohne jede Informationskampagne vertrieben wurde, brachte er es nicht sehr weit. Nach einer erfolgreichen Premiere in New York wurde der Film – nach Peters Worten – »einfach auf den Markt geschmissen. Das Publikum hatte keine Ahnung, was es da vorgesetzt bekam.« Noch ärgerlicher war allerdings das Vorgehen des Verleihs, der den Film in Kanada herausbrachte: Wie Peter später herausfand, »schleuste man ihn in aller Eile durch alle möglichen Geschäftsviertel«, teilweise zusammen »mit Pornofilmchen, wo er dann als Zweitprogramm nach Streifen wie ›Und leise schlägt die Peitsche zu‹ auf der Leinwand erschien.«

Billy Budd war noch in Produktion, als endlich der Roman erschien, den Peter während der Dreharbeiten von *Spartacus* geschrieben hatte. *The Loser* (Der Verlierer) war Ustinovs drittes Buch. Sein erstes, eine Sammlung von acht Kurzgeschichten mit dem Titel *Add a Dash of Pity,* war 1959 erschienen, während *Ustinov's Diplomats,* ein Bilderbuch mit Karikaturen politischer Größen aus aller Welt, im darauffolgenden Jahr auf den Markt kam.

The Loser, das übrigens 1909 neu aufgelegt wurde, spielt im Zweiten Weltkrieg und erzähle die qualvolle Geschichte eines jungen deutschen Soldaten namens Hans Winterschild. Unter dem Einfluß seines Vaters – eines Soldaten der alten Schule – und seines Schwagers, eines SA-Manns, wird Hans zu einem »gefühllosen kleinen Monster« und einem fanatischen Anhänger des Naziregimes. Im Verlauf der Handlung wird Winterschild durch die Liebe zu einer Frau wachgerüttelt, doch die Erkenntnis seiner eigenen Menschlichkeit kommt zu spät.

Auf die Frage, was ihn dazu gebracht habe, *The Loser* zu verfassen, meinte Ustinov: »Das ist sehr schwer zu beantworten. Ich wollte zeigen, wie nach einem Konflikt eine Übersimplifizierung eintritt. Man darf nicht vergessen, daß ich ja bereits ein Stück geschrieben hatte, das mehr oder weniger direkt die Geschichte von Laval und Pétain behandelte. Den Prozeß gegen Laval im Herbst 1954 fand ich grauenhaft. In gewisser Hinsicht war er schlimmer als alles, was im Krieg passiert ist. Laval hatte mehrmals versucht, sich mit Schlaftabletten umzubringen, und man hat ihm immer wieder den Magen ausgepumpt, damit er für die Hinrichtung in Form ist! Diese Seite der menschlichen Natur treibt mich auf die Barrikaden – ich schäme mich dann richtig, daß ich zu dieser Gattung gehöre.

Natürlich wollte ich Hans Winterschild in *The Loser* nicht rechtfertigen«, erläutert Peter weiter. »Ich plädiere sowieso für niemanden, denn das würde bedeuten, daß es irgendeine höhere weltliche Autorität gäbe, der man sich unterwerfen muß. Und an eine solche Autorität glaube ich nicht. Ich wollte nur zeigen, daß so ein Mensch von seiner Umwelt geprägt wird und dann als Kriegsverbrecher verdammt werden kann, ohne zu verstehen, weshalb… Es kommt mir völlig absurd vor, daß manche Leute sich hinstellen und sagen: ›Der ist ein Nazi‹, ohne dabei zu überlegen, daß derselbe Mensch unter anderen Bedingungen durchaus eine akzeptable Persönlichkeit hätte werden können, wenn sie ihn nicht zu früh in die Finger bekommen hätten und wenn er sich ein wenig mehr Gedanken gemacht hätte. In meinem Roman schildere ich einen Mann, der sich verhärtet hat, als er noch jung war und nur so reagieren konnte, wie man es ihm beigebracht hatte.«

Oft wird behauptet, daß Ustinovs Bücher – und vor allem seine Theaterstücke – trotz seiner sonstigen Offenheit nur »erstaunlich wenig über seine Person« offenbaren. Man hat auch behauptet, daß er lieber als *nicht*-»autobiographischer Schriftsteller angesehen werden möchte. Peter meint dazu: »Es ist mir egal, wie mich die Leute sehen. Tatsächlich ist nur sehr wenig, was ich geschrieben habe, autobiographisch, und in diesem Sinn hat *The Loser* nichts mit mir zu tun. Aber ich schreibe über Dinge, die ich beobachtet habe. Mir ist es lieber, wenn eine Autobiographie eine Autobiographie bleibt und ein Roman ein Roman. Ich mag eigentlich keine Nabelschau. Man geht immer davon aus, daß vor allem die erste Veröffentlichung eines Schriftstellers autobiographisch ist, ja sogar sein *muß*. Nun, bei mir war das nicht der Fall.

Ich analysiere mich selbst nicht gern, wenn es nicht unbedingt nötig ist. Deshalb finde ich es auch so schwierig, Fragebogen ernsthaft auszufüllen. Vor kurzem bekam ich von einer Zeitschrift einen zugeschickt, und er enthielt Fragen wie: ›Wie möchten Sie gerne sterben?‹ Das ist wirklich eine bezaubernde Frage. Ich habe geantwortet: ›Jedenfalls nicht mitten im Satz.‹ Oder: ›Wer ist Ihr Lieblingskomponist?‹ Da schrieb ich: ›Salieri, weil ich auf den nicht neidisch bin.‹ Ich kann so etwas einfach nicht ernstnehmen, deshalb offenbare ich natürlich auch nicht sehr viel von mir.

Aber als Theaterschriftsteller muß man ein Advokat des Teufels sein – manchmal sogar mehr als nur einer –, denn um einen dramatischen Konflikt zu schaffen, muß man seine Figuren Meinungen vertreten lassen, die man selbst nicht teilt. Nur so werden die eigenen Überzeugungen deutlich. Das trifft natürlich auch auf einen Romanschriftsteller zu, auch wenn es etwas weniger offensichtlich ist. Beim Roman kann der Autor in seine Handlung persönlicher eingreifen, und deshalb kann er die Karten eher auf den Tisch legen. Bei einem Theaterstück geht das nicht.«

Ustinovs Beobachtungsgabe, sein politischer Weitblick und sein Interesse am Zeitgeschehen haben ihm immer wieder Themen an die Hand gegeben, die er entweder zu einem Theaterstück verarbeitet oder als Grundlage für einen neuen Roman verwendet hat. Der verstorbene Peter Daubeny bemerkte dazu einmal:

> »Alles, was Peter schreibt, enthält eine Menge Lebenserfahrung, die er mit Humor und mit halb ernsten, halb komischen Paukenschlägen präsentiert. Sein beißend ironischer Witz bewahrt ihn davor, Mitleid zu Sentimentalität verkommen zu lassen. Er jongliert zwischen Himmel und Erde, zwischen Petrus und dem Teufel. In Stücken wie *House of Regrets, The Love of Four Colonels* und *Romanoff and Juliet* bewegen sich die Charaktere in einem Bereich irgendwo zwischen Illusion und Wirklichkeit und sind immer Zielscheibe der Satire, die mit derselben gnadenlosen Präzision ins Ziel trifft wie ein von geübter Hand abgefeuertes Maschinengewehr.«

Man kann die Originalität seines Werks, sowohl als Theaterautor wie auch als Romanschriftsteller, wohl kaum ernsthaft in Frage stellen, auch wenn manche Theaterkritiker – unter ihnen auch J. C. Trevin – wie Richard Attenborough der Meinung sind, daß Peters *großes* Bühnenstück noch aussteht. Sein 15. Theaterstück *Photo Finish, das 1962 gleichzeitig mit Billy Budd* im West End startete, stieß auf ein Echo, das jeden Bühnenautor sofort dazu gebracht hätte, die Champagnerkorken knallen zu lassen. *Photo Finish,* von Ustinov selbst als ein »biographisches Abenteuer«

beschrieben, war nach sechsjähriger Abwesenheit sein erstes Stück auf einer Londoner Bühne. Die Premiere des Stücks fand am 23. April im Saville Theatre in der Shaftesbury Avenue statt, nachdem es bereits vier Wochen am Gaiety Theatre in Dublin gespielt worden war. Ustinov selbst trat in der Rolle des Sam Kinsale auf, eines achtzigjährigen Schriftstellers, der beim Schreiben seiner Autobiographie seinem eigenen Ich im Alter von sechzig, vierzig und zwanzig Jahren begegnet. Da alle vier Personen gleichzeitig auf der Bühne stehen, um ihr Leben zu rekapitulieren, mußten Schauspieler gefunden werden, die zumindest eine leichte Ähnlichkeit mit Ustinov aufwiesen.

In seinen Memoiren *My World of Theatre* schrieb Peter Daubeny, der das Stück inszenierte:

> »Peter und ich hatten bereits seit drei Monaten in London Bühnenbilder präpariert, Kostüme ausgesucht und Schauspieler vorsprechen lassen. Wir prüften Gesichter, Tonfall, Gestik und Körperbau und suchten nach den winzigsten Ähnlichkeiten für die drei Generationen, die wir für *Photo Finish* benötigten. Manchmal kamen wir uns vor wie Gesichtschirurgen, wenn wir immer wieder Augen untersuchten, Nasenlängen ausmaßen und Nasenflügel begutachteten.«

Schließlich wurde eine Rolle nach der anderen besetzt: Wensley Pithey als Alter Sam, Robert Brown als Sam in mittlerem Alter und Edward Hardwicke, dessen jugendliches Aussehen seine dreißig Jahre Lügen strafte, als Junger Sam.

Wie *The Banbury Nose* behandelt auch *Photo Finish* ein Thema, das Ustinov schon immer angezogen hat: »Das Verhältnis von Vergangenheit und Zukunft fasziniert mich. Die heutige Zivilisation wird oft als endgültig gesehen, dabei ist sie das gar nicht. Die Werte ändern sich, aber die Menschen nicht.« Zu diesem Thema kehrte Peter auch in späteren Jahren noch einmal zurück, und zwar mit dem Stück *The Unknown Soldier and His Wife* (Der unbekannte Soldat und seine Frau), doch im Moment war der »experimentelle Charakter« von *Photo Finish* eindeutig für die Kritiker und das zahlende Publikum ebenso anziehend wie für Ustinov selbst. W. A. Darlington schrieb im *Daily Telegraph:*

> »Der treffsichere, leichte Stil, mit dem Peter Ustinov uns seine Phantasien näherbringt, ist wie funkelndes Geschmeide in der

ansonsten recht spärlich ausgestatteten Schatzkammer unseres Theaters. Dies bewies sich wieder einmal ganz deutlich in seinem neuen Stück *Photo Finish*. Sam Kinsale ist achtzig Jahre alt und verbringt an der Seite seiner keifenden Ehefrau Stella (gespielt von Diana Warwick, die viel Applaus erntete) einen recht unglücklichen Lebensabend. Er denkt über das Leben nach, das hinter ihm liegt, und Ustinovs Magie gestattet ihm, es noch einmal zu betrachten, aber aus einer ungewöhnlichen Perspektive. Es gibt keine banalen Rückblenden. Nicht nur die Menschen und Ereignisse aus Sams Leben werden auf der Bühne lebendig, sondern auch Sam selbst in den jeweiligen Verkörperungen einer Altersstufe. Auch eine Begegnung mit dem Vater findet statt. Jetzt, da der Sohn der Ältere ist, können sich die beiden in aller Ruhe zusammensetzen und über das Leben plaudern. Sie merken, daß sie gute Freunde hätten sein können, wenn sie das Schicksal nicht zu Vater und Sohn gemacht hätte. All dies ist ein großartiges Vehikel für Mr. Ustinovs kluge, humorvolle und tolerante Betrachtungsweise menschlicher Beziehungen. Er erlaubt seinen Figuren nicht, die Fehler der Vergangenheit auszubügeln, aber er läßt sie ein bißchen besser verstehen, wie es zu diesen Fehlern gekommen ist.

The Time wich ein wenig von dem allgemein positiven Echo ab und schrieb: »Auch wenn man Mr. Ustinov nicht schon als unvergleichlichen Schauspieler und Geschichtenerzähler kennen würde, käme einem der Verdacht, daß hier ein Bühnenautor ein wenig zu sehr in seine eigene Virtuosität verliebt ist.« Doch die meisten Kritiker waren begeistert, wie Robert Muller von der *Daily Mail:* »Wenn so vieles, was einem heutzutage im West End aufgetischt wird, kaum besser ist als Essen aus einem Schnellimbiß, dann freut man sich natürlich besonders über dieses üppige Theater-Festmahl, hervorragend zubereitet und vom Chef höchstpersönlich serviert.«
Doch auch bei *Photo Finish* wurde ein inzwischen schon vertrauter Kritikpunkt laut: Fast einhellig erklärten die Theaterkritiker, das Stück sei zu lang. *The Illustrated London News* beispielsweise vertrat die Ansicht: »Es ist bestimmt das Stück des Jahres, und es wäre sogar das Stück überhaupt, wenn Ustinov es etwas gestrafft hätte. Es könnte dem Stück nur guttun, wenn er es behutsam und kritisch von Ballast befreite.«

Das sollte schon bald geschehen, allerdings nicht durch Ustinov selbst. Nach einer Weile übernahm Paul Rogers Peters Rolle des alten Sam, und er strich zusammen mit dem Regisseur Nick Garland bestimmte Passagen des Stücks, die sie für unspielbar hielten. Als *Photo Finish* dann jedoch in die USA kam, hatte man die Streichungen wieder eingefügt. Das Stück hatte in Boston Premiere, doch die Rezensionen waren alles andere als positiv. »Man könnte sagen, daß wir die Kritiken in der richtigen Reihenfolge bekamen, was für Peter aber die falsche war«, erinnert sich Paul Rogers. »Vom wichtigsten amerikanischen Theaterkritiker bekamen wir eine sehr schlechte Besprechung. Unter anderem beklagte er sich über die Länge des Stücks. Später wurden dann die anderen Kritiken unter der Tür meines Zimmers im Ritz durchgeschoben, und ich tat etwas, was ich normalerweise nicht tue: Ich las sie. In diesem Moment klingelte das Telefon. Es war Peter. ›Paul, hast du gerade etwas zu tun? Könntest du heraufkommen?‹ Also ging ich zu ihm. Die Luft in seinem Zimmer war zum Schneiden dick. Peter sah furchterregend aus. Nick Garland war anwesend, Peters damalige Frau Suzanne – und es herrschte eisiges Schweigen.

Ich setzte mich in die Nähe der Tür und wartete. Schließlich sagte Peter: ›Paul, ihr habt doch in London einiges gestrichen.‹ ›Ja‹, antwortete ich und kam mir vor, als müßte ich barfuß über Glasscherben balancieren. Peters ›Babys‹ sind eben seine ›Babys‹, und er mag es nicht, wenn man sie anfaßt. Zum Glück hatte er die Nachmittagszeitungen nicht abgewartet, denn da waren die Kritiken eher positiv. Aber so verfügten wir für die New Yorker Premiere über ein schönes, kompaktes Stück.«

Obwohl Peter sagt, er könne Kritik inzwischen »besser einstekken«, hat sie ihn doch oft sehr wütend gemacht, vor allem, wenn seine Arbeit davon betroffen war. »Wenn Peter eine Schwäche hat, dann ist es seine Empfindlichkeit«, meint Paul Rogers. »Man muß sich eine Elefantenhaut zulegen, man muß in der Lage sein, Kränkungen einfach abzuschütteln. Kritiker loben einen, und gleich darauf machen sie einen zur Schnecke, das ist eben so. Als Peter zum erstenmal schlechte Kritiken bekam für etwas, was er geschrieben hatte, war er tief verletzt. Er wollte am liebsten gar nicht mehr schreiben, was man ja durchaus verstehen kann. Nicht, daß für Peter der kreative Akt des Schreibens ein Kampf gewesen wäre – er hatte eine Menge Spaß daran. Aber als das Produkt seiner Arbeit als unbedeutend abgetan oder gar ablehnend aufgenommen wurde, war das ein harter Schlag für ihn.«

Rogers fährt fort: »Peter hat eine Aura des Rätselhaften. Niemand kann wirklich sagen: ›Ich kenne Ustinov.‹ Wenn man ihm begegnet, ist er sehr warm und herzlich, aber man weiß sofort, daß es Teile seiner Persönlichkeit gibt, die man nie, nie kennenlernen wird. Zum Beispiel seine Wut. Da kriegt man einen ganz schönen Schrecken. Peter kann einem wirklich Angst machen, und ich glaube, er weiß ganz genau, daß er manchmal sehr abweisend wirkt. Ich habe nie erlebt, daß er die Beherrschung verliert. Peter geht nicht in die Luft. Aber man merkt ganz genau, wie er innerlich kocht – wie ein Vulkan kurz vor dem Ausbruch.«

Als ich Peter mit Paul Rogers' Einschätzung des »wütenden Ustinov« konfrontierte, um noch ein Teilchen dieses menschlichen Puzzles an der richtigen Stelle einzufügen, meinte er: »Ich finde das sehr interessant, denn bei solchen Gelegenheiten hört man Dinge über sich, die man normalerweise nie erfahren würde. Mich interessiert Pauls Beschreibung schon allein deshalb, weil er dabei war, als ich in *Billy Budd* Regie geführt habe, und da hat er ja mitbekommen, wie ich mit negativen Gefühlen umgehe.

Wenn ich merke, daß ich kurz davor bin zu explodieren – was sehr selten passiert –, dann versuche ich immer an das chinesische Sprichwort zu denken: ›Wer die Beherrschung verliert, verliert auch seine Argumente.‹ Ich denke, darin steckt eine Menge Wahrheit, denn auch sonst im Leben glaube ich fest daran, daß es gut ist, etwas in Reserve zu behalten. Wenn ich die Gelegenheit habe, etwas zu sagen, nehme ich sie im allgemeinen nicht wahr, weil ich denke, vielleicht kann ich später noch mehr damit anfangen. Wahrscheinlich ist das eine typisch russische Eigenschaft – sie durchzieht die gesamte russische Geschichte. Wenn man nicht geduldig sein kann, bekommt man gar nichts. Und genau diese Art von Geduld spüre ich auch in mir, wenn ich denke: ›Ich bin körperlich nicht besonders flink, weil ich zu dick bin; mein Geist ist beweglich, aber man muß immer etwas in Reserve behalten.‹ Ich mag es nicht, wenn Schauspieler in lauten Momenten ihre ganze Stimme einsetzen, denn ich höre dann immer heraus, daß sie nicht mehr lauter werden können. Wenn man dagegen nicht die ganze Stimme einsetzt, hat man immer die Möglichkeit, doppelt so laut zu werden, wenn man will. Das gilt auch sonst im Leben. Ich finde, man sollte mit allem maßvoll umgehen.«

Toleranz und »Maßhalten« sind unverrückbare Merkmale von Ustinovs Charakter, ja sogar Teil seiner weltweiten Popularität. »Im Filmgeschäft kommen die Leute oft nur nach oben, indem sie andere zu Fall bringen«, meint Ustinovs Londoner Agent Steve Kenis. »Das ist nicht Peters Art. Er gilt als absolut kooperativ und professionell und würde sich auch nie anders verhalten, denn er will seine Mitmenschen einfach nicht so behandeln.

Wenn Peter jemanden für dumm oder aufdringlich hält, versucht er auf Distanz zu gehen, aber er kritisiert den Betreffenden nicht. Er meidet ihn, so gut es geht. Peter ist nie unfreundlich oder gemein. Mag er jemanden nicht, würde er es ihm nie sagen, und der Betreffende erfährt es normalerweise auch nicht. Ich glaube, Peter hat seine ganz eigenen Ansichten über das Leben und darüber, was er sich von ihm erhofft. Er strebt sicher nicht nach Perfektion, aber er behandelt andere nach Möglichkeit so, wie er es für richtig hält und wie er von ihnen behandelt werden will. Er folgt einfach seinem Instinkt.«

Für Peter und seine Mutter endete das Jahr 1962 sehr traurig. Nach seiner Pensionierung im Herbst 1952 war Klop mit Nadia in ein Tudor-Häuschen bei Cheltenham, Gloucestershire, gezogen, das wie Barrow Elm, wo Nadia während des Krieges gewohnt hatte, ihrem Freund Sir Thomas Bazley gehörte. Während ihrer letzten gemeinsamen Jahre führten Klop und Nadia ein relativ ruhiges Leben – zurückgezogen vom Theater und Geheimdienst. Sooft er konnte, besuchte Peter seine Eltern in ihrem Haus – mit und ohne Familie –, oder er traf sich mit ihnen in London, wenn er auf der Durchreise war. Für Nadia waren diese Besuche zu selten, vor allem, als die Intervalle immer größer wurden. »Es ist schade, daß wir nicht mehr Kinder haben«, sagte sie einmal zu Klop. »Vielleicht wäre dann wenigstens eines von ihnen mit uns in Kontakt geblieben.«

»Unsinn!« hatte Klop geantwortet. »Es ist viel besser so, wie es ist. Es genügt, wenn man sich über ein Kind Sorgen machen muß. Und wir hatten auch noch das Glück, daß es ein Junge ist! Wenn ich mir vorstelle, was uns hätte blühen können! Denk bloß, wir hätten eine häßliche Tochter gehabt, die keinen Mann abkriegt, oder noch schlimmer – eine schöne und attraktive! Die ganzen Sorgen, wie ich ihr Schwierigkeiten ersparen könnte, hätten mich schon längst ins Grab gebracht.«

Inzwischen war Klop beinahe siebzig und hatte sich doch geschworen, diesen Geburtstag wolle er nie erleben. In seiner Autobiographie schreibt Peter: »Es war während des Krieges, als mein Vater plötzlich aus heiterem Himmel erklärte, daß er sich weigere, älter als siebzig Jahre zu werden. Seine kategorische Ankündigung überraschte alle, insbesondere, da es im Gespräch keinerlei Hinweise gegeben hatte, die als Vorwarnung verstanden werden konnten.«

Klops Reaktion auf die Geburt seiner ersten Enkelin Tamara war eher schockiert als freudig gewesen, und dieses Ereignis hatte ihm vielleicht mehr als alles andere bewußt gemacht, daß er die Zeit nicht aufhalten konnte. »Ich glaube, er spürte, daß er schwächer wurde«, schrieb Peter. »Nicht nur, was seine körperliche Verfassung anging, sondern auch in Bezug auf seine Glaubwürdigkeit als Verführer. Aber er wollte kein Leben als Beobachter führen, der nichts mehr zu erwarten hat, als das langsame Absinken in die Senilität.«

Im November 1962 ließen Klop seine Kräfte dann ganz im Stich. Als Nadias älteste Schwester Olga Steiner – »Olia« genannt – ihn besuchte, war ihr sofort klar, daß er im Sterben lag. Am 29. November kam Peter aus Paris angereist, und das munterte Klop für kurze Zeit so sehr auf, daß er sogar nach Champagner verlangte. Allerdings trank er »nur einen winzigen Schluck«, wie Nadia sich später erinnerte.

Als Peter am darauffolgenden Morgen in sein Zimmer trat, erzählte ihm Klop, er habe etwas geträumt.

»Von mir?« wollte Peter wissen.

»Ja«, antwortete Klop. Dann fügte er mit nachdenklichem Gesicht leise hinzu: »Je te reconnais de mes rêves« (Ich kenne dich aus meinen Träumen.

Klop starb am 1. Dezember, vier Stunden vor seinem siebzigsten Geburtstag. Viele Jahre später sagte Peter: »So verabschiedete sich ein Mann, den ich nie richtig gekannt habe, und den ich, wie alle Söhne auf der Welt, besser hätte kennen sollen.«

Oscar Nummer zwei

Für seinen 18. Film, *Topkapi,* den United Artists 1964 herausbrachte, gewann Peter seinen zweiten Oscar als bester Nebendar-
steller. Hier sein Kommentar:

> »Ich kam langsam in das Alter, in dem man den Lohn für seine
> Arbeit einstreicht. Auf meinem Schreibtisch standen bereits
> zwei magere Herren und zwei ebenso magere Damen. Letztere
> waren die Emmys, die ich für die Darstellung des Dr. Johnson
> und des Sokrates bekommen hatte. Die vier gaben ein hervor-
> ragendes gemischtes Doppel ab. Dann gewann ich einen dritten
> Emmy für die Verkörperung eines alten jüdischen Ladenbesit-
> zers in Long Island, der sich mit Rassenvorurteilen in Gestalt

*Peter Ustinov mit seinem Oscar für die beste Nebenrolle in
›Spartacus‹.*

171

eines selbstbewußten schwarzen Jungen auseinandersetzen muß… Jetzt hatten wir also auch noch eine Schiedsrichterin.«

Es ist schwierig, die Funktion der beiden goldenen Oscar-Statuetten in diesem seltsamen Match einzuschätzen. Eine Weile waren sie in Peters Badezimmer untergebracht, wo sie den Besucher durch die Glastür eines kleinen Schranks anstarrten. »Ich weiß noch, wie David Selznick einmal bei uns zu Abend gegessen hat und wütend aus dem Badezimmer gerannt kam, weil er meine Trophäen dort entdeckt hatte«, erinnert sich Ustinov belustigt. »Er fand, ich hätte damit das gesamte Preisverleihungssystem lächerlich gemacht. Er konnte einfach nicht verstehen, daß das Badezimmer der einzige Ort ist, an dem man sich ungestraft einschließen darf, und so die Möglichkeit hat, in aller Ruhe über die eigenen Errungenschaften zu sinnieren.«

Heute steht einer dieser Fetische der Filmwelt auf Peters Schreibtisch in seinem Haus in der Schweiz und der andere in seiner Pariser Wohnung. So fühlt sich bestimmt niemand mehr auf die Füße getreten.

Topkapi (nach Eric Amblers Roman *The Light of Day (Topkapi)* drehte Jules Dassin an Originalschauplätzen in der Türkei und in Griechenland. Der unterhaltsame und oft sehr lustige Film erzählt die Geschichte einer Frau (Melina Mercouri, die verrückt ist nach Diamanten. Zusammen mit ihrem Liebhaber (Maximilian Schell und einer handverlesenen Gruppe von Amateuren, die sich bei der Polizei noch keinen Namen gemacht haben, plant sie, einen juwelenbesetzten Dolch aus dem Museum im Topkapi Serail, dem ehemaligen Palast des osmanischen Sultans, zu stehlen.

Zu dem Ganoventeam, das den unglückseligen Coup ausführen soll, gehört auch ein gewisser Arthur Simpson, ein naiver Engländer, der sich als Fremdenführer in Griechenland mühsam seinen Lebensunterhalt verdient. Wie die Oscar-Nominierung zeigt, hauchte Ustinov diesem snobistischen und gleichzeitig bemitleidenswerten Charakter gerade die richtige Portion Leben und Komik ein. »Mir gefällt die Idee eines Mannes, der sich seine Ziele niedrig steckt und sie trotzdem nie erreicht«, witzelte Peter, als der Film herauskam, und fügte hinzu: »Simpson ist ein Mann, der allzusehr auf dem Tragen eines Blazers besteht, ein Mann mit militärischem Dünkel, der unbedingt Mitglied in einem Kricketclub sein muß. Er gehört zu den Menschen, die entweder als

Ein Fremdenführer auf Abwegen. Peter Ustinov als Arthur in
›Topkapi‹.

negative Sensation in den Nachrichten auftauchen oder völlig
unbeachtet dahinvegetieren.

Während der sechziger Jahre trat Ustinov in nicht weniger als
zehn Filmen auf, die es durchaus nicht alle verdienten, daß er
ihnen seine Zeit und sein Talente widmete. »Wenn man sich
ansieht, was Peter gemacht hat«, sagte Dilys Powell einmal zu
mir, »dann merkt man, daß ein großer Teil sich eher negativ auf
seine Karriere ausgewirkt hat. Vieles entspricht absolut nicht dem
Niveau eines Mannes, der als Satiriker und Schauspieler so bemerkenswert ist. In Topkapi zeigte er sich von seiner ironischen,
harmloseren Seite. Er bot eine seiner besten Leistungen, und es
ist schön, daß er dafür einen Oscar bekommen hat – er hat es
wirklich verdient. Aber im Grund glaube ich, daß Ustinov ins

173

Drei Herren auf dem Dach. Gilles Segal, Peter Ustinov und Maximilian Schell in ›Topkapi‹.

Theater gehört und nicht auf die Kinoleinwand – irgendwie spürt man das.

Während des Krieges habe ich ihn in ein paar Filmen gesehen, und ich weiß noch, wie ich gedacht habe: ›Hier ist ein ausgezeichneter, interessanter Schauspieler.‹ Ich hoffe, daß ich es laut genug gesagt habe.«

Doch wie manche Kritiker stellt auch Dilys Powell fest, daß Peter oft Rollen annahm, die überhaupt nicht zu ihm paßten. »Ein echter Komiker ist eine Seltenheit, und ich bin überzeugt, Peter ist einer«, erklärt sie weiter. »Aber immer wieder wurde sein Talent unter Wert gehandelt. Ein Schauspieler kann leicht in eine Falle geraten – schließlich muß er wie alle Leute auch sein Geld verdienen. Er bekommt ein Rollenangebot, und dann überlegt er sich, ob er mit dem Drehbuch etwas anfangen kann. Aber er weiß nie, worauf er sich mit dem Film sonst noch alles einläßt.«

Einer von Ustinovs schlechtesten Filmen war *John Goldfarb, Please Come Home*, den er unmittelbar nach *Topkapi* drehte. Der Streifen wurde von Steve Parker für 20th-Century Fox produziert und gehört zu den unzähligen Schrottfilmen – anders kann man sie wirklich nicht nennen! –, die in den Sechzigern und Siebzigern von Hollywood auf den Markt geworfen wurden, in dem Gefühl, man könnte sich alles erlauben. Der Film kostete über vier Millionen Dollar und wurde von Kritikern beschrieben als »verbissen und ohne jeden Witz... Es kommt einem vor, als wollte hier jemand mit Bleigewichten an den Füßen schwimmen gehen.« Die Geschichte handelt von einem amerikanischen Piloten (Richard

Peter Ustinov mit »Haremsdame« Shirley MacLaine in ›Eine zuviel im Harem‹.

König Fawz alias Peter Ustinov in ›Eine zuviel im Harem‹.

Crenna) namens John Goldfarb, der beim Rückflug von einem Spionageauftrag in Rußland über dem Königreich Fawzia ab-stürzt.

Goldfarb, ein ehemaliger Football-Spieler, wird zu König Fawz (Peter Ustinov) gebracht und vor die Wahl gestellt, entweder das Training der königlichen Football-Mannschaft zu übernehmen oder an die russischen Behörden ausgeliefert zu werden.

Auch Shirley MacLaine übernahm einen Part in diesem Film – im

Grunde hatte Peter sich nur ihretwegen bereit erklärt mitzumachen. Sie spielte eine amerikanische Reporterin. Um eine Story
über den Harem des football- und sexbesessenen Monarchen zu
bekommen, mischt sie sich unter die leicht bekleideten Mädchen
und ist die meiste Zeit damit beschäftigt, sich den König von Hals
zu halten, der auch sie in sein Bett locken möchte.

Auf *John Goldfarb* folgte 1965 Lady L (Peter schrieb nicht nur
das Drehbuch und führte Regie, sondern spielte auch selbst mit).
Produziert wurde der Film von Carlo Ponti für MGM; Sophia
Loren spielte die Titelrolle, und in weiteren Hauptrollen sah man

Peter Ustinov und Scriptgirl Lucy Lichtig während einer Drehpause zu ›Lady L‹.

Paul Newman, David Niven und Philippe Noiret. Obgleich das Projekt wesentlich unterhaltsamer war als sein Vorgänger, erging es ihm kommerziell gesehen nicht viel besser.

Nachdem Ustinov nun einen arabischen König (in *John Goldfarb)* und einen bayerischen Prinzen (in *Lady L)* gespielt hatte, war seine Rolle im ersten der drei Filme, die er für die Walt-Disney-Studios drehte, wesentlich weniger nobel. In *Blackbeard's Ghost* (Käpt'n Blackbeards Spukkaschemme) spielte er den Piratenkapitän Blackbeard, der auf der Erde eine gute Tat vollbringen muß, um seine Seele zu erlösen. Regie führte Robert Stevenson, der drei Jahre zuvor mit Julie Andrews *Mary Poppins* gedreht hatte. Selbstverständlich gelingt Kapitän Blackbeard nicht nur *eine* gute Tat. Am Ende verjagt er alle Bösen, macht die Guten glücklich und kann endlich sein Schiff in himmlische Gewässer steuern. Der Film war reine Familienunterhaltung, und der Name Disney bürgte für Erfolg.

Es wirft eigentlich ein schlechtes Licht auf die Traumfabrik, daß von den zehn Filmen, die Ustinov in dieser Zeit gemacht hat, keiner in die Kinogeschichte einging. Selbst *The Comedians* (Die

178

Stunde der Komödianten), zu dem Graham Greene das Drehbuch verfaßte und Peter neben Elizabeth Taylor, Richard Burton, Alec Guinness und Lilian Gish eine Hauptrolle spielte, war kein Kassenschlager und brachte keinem der Beteiligten großen Ruhm ein. Gedreht wurde im westafrikanischen Dahomey, da dies dem

Peter Ustinov als berüchtigter Seeräuber in der Disney-Produktion ›Käpt'n Blackbeard's Spukkaschemme‹.

Originalschauplatz Haiti am nächsten kam. *The Comedians* sollte die Zeit unter »Papa Doc« Duvalier beschreiben. Hätte man nicht auch noch eine öde Liebesaffäre zwischen der Ehefrau eines leidgeprüften Diplomaten (Elizabeth Taylor) und einem heruntergekommenen Hotelbesitzer (Richard Burton) in den Film hineingepackt, so hätte das Projekt durchaus klappen können. Obwohl der Film nur wenig Lob einheimste, stieß Peters Darstellung des betrogenen Ehemanns wenigstens bei Schauspielerkollegen wie Alec Guinness auf Anerkennung. In seiner Autobiographie *Blessings in Disguise* (Das Glück hinter der Maske) schreibt Guinness: »*The Comedians* war insgesamt enttäuschend, aber der Film enthielt eine überragende schauspielerische Leistung, nämlich die von Peter Ustinov: ein ernstes, kluges und einfühlsames Porträt eines unglücklichen Mannes.«

Suzanne Pleshette, Dean Jones und Peter Ustinov in der Fantasy-Komödie ›Käpt'n Blackbeards Spukkaschemme‹.

*›Die Stunde der Komödianten‹: Hotelier Brown (Richard Burton)
hat den verkleideten Major Jones (Alec Guinness) in das Haus des
Botschafters Pineda (Peter Ustinov) geschafft.*

Auch Peter selbst war mit *The Comedians* nicht besonders zufrieden. Später bemerkte er zu diesem Thema: »Der Film war zu
eigenwillig und zu lang… Bei manchen Filmen passiert es, daß
auf den Schnellkopien alles ganz toll aussieht, aber wenn man die
Einzelteile später zusammenfügt, wirkt das ganze schrecklich
unausgegoren. So etwas gehört zu den Eigenarten des Filmema-
chens, die man nicht richtig erklären kann.«
Ende 1967 war Peter wieder in London, um die Produktion seines
nächsten Stücks abzuschließen. Es handelte sich um eine bissige
Zeitsatire mit dem Titel *Halfway up the Tree* (Halb auf dem
Baum). Die ganze westliche Welt war inzwischen von der kulturellen und gesellschaftlichen Revolution überrollt worden, die
ihren Anfang in Großbritannien genommen hatte. Die Beatles –

Peter Ustinov und Elizabeth Taylor spielen tragende Rollen in Peter Glenvilles Graham Greene-Verfilmung ›Die Stunde der Komödianten‹.

die »Fab Four«, wie man sie nannte – waren die unumstrittenen Vorreiter einer neuen Jugendkultur. London wurde als swingende Hauptstadt der Welt gefeiert und diktierte die neuesten Trends in Mode, Kunst und Musik. Designerin Mary Quant, Vorkämpferin des Minirocks, machte King's Road in Chelsea berühmt, wo sich jetzt eine Boutique und eine Diskothek an die andere reihte. Barbara Hulanicki und »Biba« verliehen Kensington denselben Kultstatus, während John Stephens die bis dahin eher schäbige Carnaby Street in ein Mekka der Schickeria verwandelte.

Im Namen der neuen freiheitlichen Weltanschauung – von der Presse in dem Slogan »Pille, Hasch und Freiheit« auf den Punkt gebracht – rebellierten überall auf der Welt junge Leute gegen das Establishment. Moral wurde eine Art Schimpfwort, und »Flower

Power« übernahm allenthalben die Macht. Das aus Amerika importierte Musical *Hair* revolutionierte über Nacht auch das britische Theater: Die Schauspieler zogen sich aus, benutzten anstößige Ausdrücke und so weiter. Wenig später veranstaltete ein bärtiger, weißgekleideter John Lennon mit seiner frisch angetrauten Ehefrau im Amsterdamer Hilton ein »Bed-in« für den Frieden, das bei der Presse für großen Wirbel sorgte.

All dies war natürlich nur die Spitze des psychedelischen Eisbergs. Für einen Stückeschreiber mit der Beobachtungsgabe eines Peter Ustinov war die Situation ein gefundenes Fressen. In Form einer Komödie beleuchtete er den Generationenkonflikt und die Auswirkungen der »neuen Moral«. *Halfway up the Tree* erzählt die Geschichte vom ultrakonservativen Gardegeneral Sir Mallalieu Fitz-Buttress, der soeben von einer längeren Dienstreise aus Malaysia zurückgekehrt ist, und seinem rebellischen Hippie-Sohn.

In London führte John Gielgud Regie, während Peter nach New York fuhr, um das Stück am Broadway zu inszenieren. Gielgud erinnert sich, daß er das Skript schon einige Zeit vorher gelesen hatte, als er und Peter im Beverly Hills Hotel nebeneinander wohnten. »Mir gefiel *Halfway Up the Tree* ausgesprochen gut«, berichtet er, »und ich schlug Binkie Beaumont, meinem Manager, vor, es für Ralph Richardson zu kaufen; aber Richardson wollte es nicht. Ein Jahr später schlug Beaumont Robert Morley für die Rolle des Sir Mallalieu vor, der sie auch übernahm.«

Morley war die ideale Besetzung, aber beim ersten Vorsprechen er war sehr unhöflich zu Peter. Aus New York schickte mir Peter dann verschiedene Textänderungen. Morley nahm sie nicht einmal zur Kenntnis, sondern schrieb immer wieder Szenen so um, wie es ihm gerade paßte. Er änderte ausgerechnet all das, was Richardson damals gestört hatte. Ich war ziemlich nervös, als Peter nach London zurückkam, um sich unsere letzten Proben anzusehen, aber zu meiner großen Überraschung und Erleichterung hatte er keine Einwände, sondern gratulierte uns sogar zu unserer Arbeit. Das Stück war ein großer Erfolg und lief sehr lange, obwohl Morley gehen mußte und in den letzten Wochen Jimmy Edward seine Rolle übernahm.«

Jonathan Cecil, damals ein noch unbekannter junger Schauspieler, spielte die Rolle des tollpatschigen Pfadfinderführers, der die schwangere Tochter des Generals heiraten soll. Auch er erinnert sich daran, daß Robert Morley dauernd an dem Stück herumbastelte. »In der letzten Woche der Tournee, vor der Aufführung in London, bekam ich einen Eindruck von Peters trockenem Humor. Robert Morleys komisches Talent und seine Publikumswirksamkeit gehen Hand in Hand mit einem fast zwanghaften Bedürfnis, jede Textzeile der Rolle nach seinen eigenen Einfällen umzuschreiben. Nachdem er sechs Wochen nicht da gewesen war, sah Peter das Stück, in dem es jetzt von ›Morleyismen‹ nur so wimmelte. Im Anschluß an die Probe kam er hinter die Kulissen, um dem Ensemble zu gratulieren. Ein wenig eingeschüchtert meinte Richard: ›Großer Gott, meistens weigert sich der Autor des Stücks in diesem Stadium der Tournee, überhaupt noch ein Wort mit mir zu wechseln.‹

›Sie meinen, Sie hören auf, mit sich selbst zu reden?‹ war Peters schlagfertige Antwort.«

Nach London, New York und Berlin hatte *Halfway up the Tree* auch in Kopenhagen und in Prag Premiere. Wenn Peter in diese Städte reiste, fuhr Suzanne manchmal mit. Nach außen lebten die beiden immer noch die harmonische Partnerschaft der Illustriertenstorys. Das Leben mit Peter sei nach wie vor »chaotisch, aber amüsant«, behauptete Suzanne, und sie bedaure es nicht im geringsten, ihre eigene Schauspielkarriere aufgegeben zu haben. »Schließlich ist das wirkliche Leben wichtiger als die Schauspielerei«, erklärte sie.

Trotz der zur Schau gestellten Harmonie war das Ende ihrer Ehe bereits abzusehen. Im Frühjahr 1960 mußte Peter zugeben, daß die endgültige Trennung der einzig gangbare Weg war.

Seine Hauptsorge galt dem Wohl der Kinder. Er war damals gerade in England und drehte mit Maggie Smith unter der Regie von Ira Wallach *Hot Millions* (Das Millionending). Da die Kinder praktisch allein in Neuilly geblieben waren, beschloß Peter, sie in ein Schweizer Internat zu schicken und beauftragte seinen Anwalt mit den notwendigen Maßnahmen. So kam die 14jährige Pavla nach Château Brillamont; Igor, der inzwischen zwölf geworden war, nach Le Rosay und die achtjährige Andrea nach Châlet Marie-José.

Außerhalb des engsten Familienkreises wird über die Gründe für Peters Trennung von Suzanne Cloutier (wie sie sich inzwischen wieder nennt) nicht gesprochen. In seiner Autobiographie macht Peter zwar einige Andeutungen, aber als Mensch, der großen Wert

Karl Malden und Peter Ustinov in Eric Tills Kriminalkomödie ›Das Millionending‹.

auf seine Integrität legt, behält er sich immer das Recht vor, sein Innerstes nicht vor den neugierigen Augen der Öffentlichkeit bloßzulegen. Bei Erscheinen des Buches bemängelten ein paar Kritiker diese Diskretion, doch Ustinov selbst erläuterte seine Gründe ganz unmißverständlich:

»… meine zweite Ehe gibt genug Stoff ab für ein weiteres Buch, ein Buch, das nie geschrieben werden wird – jedenfalls nicht von mir. Sollte sich eines meiner Kinder in den Kopf setzen, so eindeutig und objektiv zu urteilen wie ihre Großmutter über ihren Großvater, dann ist dies das legitime Recht einer späteren Generation. Vielleicht stehen ihnen dann psychologische Erkenntnisse zur Verfügung, die mir versagt blieben. Möglicherweise können sie das Irrationale schlüssiger erklären und gelassen und präzise die Ursachen meiner Verzweiflung analysieren.«

Peter ist nach wie vor entschlossen, seine zweite Ehe nicht zum Gesprächsthema zu machen. Die Trennung, die im Jahr 1971 erfolgte, brachte ihn hart an den Rand einer emotionalen und finanziellen Katastrophe. Es war zwar eine Scheidung in gegenseitigem Einverständnis, doch um die Abfindung von einer halben Million aufzubringen, die von den Schweizer Gerichten beschlossen worden war, sah er sich gezwungen, alles Wertvolle zu verkaufen, um die »Anzahlung« machen zu können: Grundbesitz, Gemälde, Kunstobjekte und so weiter. Die verbliebene Restschuld, die sich mit Zinsen schließlich auf über eine Million Dollar belief, mußte er über mehrere Jahre hinweg abbezahlen. Während dieser Zeit drehte Peter Werbespots fürs Fernsehen und nahm Rollen an, die ihn wenig oder überhaupt nicht befriedigten. Das tat er, »um über die Runden zu kommen und um meinen Kindern eine Jugend zu ermöglichen, die etwa so sorglos sein sollte wie ihre Kindheit problematisch war.«
Fast zwanzig Jahre später, als Peter und ich über diese schwierige Phase seines Lebens sprachen, ließ er durchblicken, warum ihn diese Ehe »beinahe kaputtgemacht« hätte.
»Ich habe damals zwar nicht den Glauben an mich selbst verloren«, meinte er, »aber eine Zeitlang fiel es mir schwer, die nötige Distanz und Objektivität gegenüber meiner Arbeit zu finden. Ich gönnte mir nicht einmal mehr den Luxus, mich hin und wieder zu entspannen. Dabei bin ich ein Mensch, der Ruhe braucht... ich vertrage keinen Druck, auch nicht bei der Arbeit. Es gibt Leute, die bringen ohne Streß nichts zustande. Es gibt auch Regisseure, die so sind, und ich versuche immer, sie weitgehend zu meiden, oder ich sage ihnen gleich, sie sollen es lieber erst gar nicht mit mir versuchen, weil es doch nicht so klappen wird, wie sie es sich wünschen.
Die Ehe mit Suzanne war am Ende ungefähr so, als wäre ich permanentem Schlafmangel ausgesetzt. Genauso war es, und das war für mich das Allerschlimmste. Nicht meine geistigen Kräfte standen auf dem Spiel, sondern es ging ganz konkret um meine Lebensenergie. Und als Mensch, der mit seiner Energie sehr vorsichtig umgeht, war das für mich kaum zu verkraften.
Heute denke ich kaum noch daran. Die Zeit heilt eben doch alle

Wunden. Zum Glück kann ich mit meinen Kindern offen über das reden, was damals geschehen ist, und das bedeutet für mich eine große Erleichterung, weil es mir ja schon immer hauptsächlich darum ging, sie zu schützen. Natürlich haben sie gelitten, aber ich glaube, das Schlimmste ist überstanden – obwohl ich manchmal noch Reste davon entdecke, Bodensatz. Mein ›Sieg‹ bei der ganzen Geschichte war die Tatsache, daß ich das Sorgerecht für die Kinder bekam.

Daß gerade »Clowns« im Privatleben häufig zu Depressionen neigen, ist eine wohlbekannte Tatsache. Peter Ustinov gehört nicht in diese Kategorie, denn obgleich seine Arbeit als Schauspieler (oder besser gesagt als Entertainer) im Zentrum seines Schaffens steht, unterscheidet er sich von den meisten seiner Kollegen – nicht nur durch seinen intellektuellen Anspruch, sondern auch durch die Vielfalt seiner Aktivitäten. Wie Frank Muir es einmal ausdrückte: »Peter arbeitet nicht an seiner Karriere, er lebt sein Leben.«
Preisverleihungen, Partys, Nachtclubs, die Gesellschaft der sogenannten »beautiful people« – das alles ist nicht nach Ustinovs Geschmack.
»Ich kann mit gutem Gewissen sagen, daß ich das Showgeschäft hasse«, erklärte er mir einmal. »Ich hasse das Showgeschäft, und ich hasse schon die Worte, die dazugehören. Dieses Geglitzer, dieser Glamour. Das interessiert mich alles nicht die Bohne.«
Peter zeigt nicht nur wenig Begeisterung für die eher oberflächlichen Aspekte seines Berufs, er zieht sich zum Beispiel auch in Drehpausen lieber in seine Garderobe zurück als auf dem Set herumzuhängen. Das heißt aber nicht, daß er ungesellig ist und sich von seinen Mitmenschen distanzieren will. Er möchte für seine Kollegen ansprechbar sein, aber gleichzeitig seine Zeit auch konstruktiv nutzen.
Jonathan Cecil, der drei oder vier Filme mit Ustinov gemacht und dabei mitbekommen hat, wie Peter seine Arbeitsbeziehungen handhabt, meint dazu: »Peter ist immer ganz begeistert von den Fähigkeiten seiner Kollegen – ohne jede Spur von Neid oder Egoismus. Das macht die Zusammenarbeit mit ihm sehr angenehm. Überhaupt ist er für mich wegen der Atmosphäre, die er auf dem Set und in den Kulissen verbreitet, ein idealer Hauptdarsteller. Beim Drehen regt seine Spontaneität die Schaupieler an, ihr

Bestes zu geben – es sei denn, sie sind hoffnungslos borniert. Obwohl Peter technisch brillant ist, liegt es ihm nicht, wenn eine Szene allzuoft wiederholt wird; seine Stärke ist die Improvisation.«

»Zwischen den einzelnen Aufnahmen und oft auch bei den Proben sorgt er als Alleinunterhalter für Spaß und Stimmung«, fährt Cecil fort. »Er versteht es, das Eis zu brechen und auch unter ungünstigen Bedingungen hervorragend zu arbeiten. Obwohl er ja kein Engländer ist, besitzt er doch viele der besten Eigenschaften eines altmodischen englischen Gentleman. Er behandelt jeden gleichermaßen zuvorkommend, versteht die Sorgen eines Anfängers und ist tolerant gegenüber den Schwächen anderer. Aber er weiß auch ganz genau, was ihm nicht gefällt, er haßt schlechtes Benehmen, und die humorlosen Allüren gewisser Stars sind ihm zuwider. Trotzdem hat er eine Engelsgeduld. Ich habe ihn übermüdet erlebt, ich habe mitbekommen, daß er sich nicht wohl fühlte, daß er sich mit Unverständnis herumplagen mußte – aber niemals hat er die Geduld verloren.

Dabei fällt mir ein besonders gutes Beispiel ein, wie fürsorglich Peter sich um seine Kollegen kümmert. Während der Dreharbeiten mußte er einmal über's Wochenende geschäftlich nach Irland fahren. Es war Spätherbst; und als Peter zurück kam, hatte er für jede Schauspielerin einen handgewebten Schal mitgebracht, sorgfältig nach ihren Lieblingsfarben ausgewählt.

Peters Fähigkeit, einen Schuß Humor zu ernsten Themen beizutragen, ist eine sehr sympathische Eigenschaft, denn sie zeigt eine realistisch ausgewogene Lebenseinstellung. Wenn jemand mich fragt, ob Peter Ustinov auch privat so amüsant sei wie bei seinen Auftritten, bejahe ich das immer und füge noch hinzu, daß ich ihn am amüsantesten finde, wenn er über ernste Dinge spricht.«

Zweifelsohne wurde Ustinov aus solchen und ähnlichen Gründen im Jahr 1968 als erster Präsident der neugegründeten Universität von Dundee vorgeschlagen. Die Studenten, meinte Ustinov, »haben vielleicht gedacht, das sollte ein Witz sein, aber für mich war es ein ganz wichtiger Moment. Ich widmete mich neuen und echten Problemen – nicht nur Problemen in Theaterstücken oder Filmen.«

Wie es das Protokoll vorschrieb, wurde er von der Football-Mannschaft der Universität in einer offenen Kutsche durch die Straßen der Stadt gezogen, wobei er eine halbe Flasche Whisky aus einem

Das Multitalent in ›Ustinovs Rücksichten‹.

silbernen Kelch schlürfen mußte. Im Oktober 1968 trat er offiziell sein Amt an. Als er in dem vorgeschriebenen blau-roten Gewand die große Festhalle betrat, erhob sich ein Höllenlärm; Luftballons, Papierschwalben und Unmengen von Toilettenpapierschlangen wurden in die Luft geworfen. Doch das grelle Pfeifkonzert galt wohl eher der Universitätskanzlerin, Königinmutter Elizabeth, an deren Seite Peter den Weg zum Podium, zurücklegte.

Philip Howard, Reporter von *The Times,* schrieb über die Zeremonie:

»Ein ehrwürdiger Patriarch hätte bestimmt Schwierigkeiten gehabt, die Fallstricke der Feier und der Uniform zu bewältigen. Doch Mr. Ustinov kam seiner Aufgabe mit einer Anmut nach, als wäre er für den Posten des Präsidenten geboren. Er brachte es fertig, gleichzeitig die Aura eines kaltschnäuzigen römischen Kaisers und eines listigen Diplomaten auszustrahlen. Mr. Ustinovs Antrittsrede war eine trockene, sehr komische und doch

189

sehr ernsthafte Betrachtung über den Zustand der Welt und eine nachdenkliche Ode an die Jugend; eine *Tour de Force,* getragen von Ustinovs Philosophie über die Bedeutung des Individuums, die sich auch durch alle seine Theaterstücke zieht. Als er auf die allgegenwärtige Studentenrevolte zu sprechen kam, warf er die Frage auf, ob die jungen Leute sich genügend gegen die zunehmende Hoffnungslosigkeit in unserer modernen Welt zur Wehr setzen. ›Hat die Jugend wirklich die Erwartungen erfüllt, die wir in sie gesetzt haben? Alle unsere Hoffnungen haben wir in sie gelegt, wie jede Generation ihre Hoffnung in diejenigen setzt, die ihr nachfolgen. Ungeduldig warten wir darauf, ob der Idealismus derer, die gegenwärtig noch keine Verantwortung zu tragen haben, überleben wird, wenn er in die ungeschützte Realität eines konkurrenzorientierten Lebens hinaustritt…‹«

Über die besonderen Probleme des 20. Jahrhunderts sagte Ustinov nach Philip Howards Bericht folgendes:

»Früher war die Welt ein Ort unbeantworteter Fragen, ein Ort der Poesie. Der Mensch lebte unter einem unendlichen Himmel; winzig, nackt, seinen Feinden und den Elementen ausgeliefert, glaubte er an Götter oder auch an einen einzigen Gott; ein Sinnbild für die ungelösten Rätsel seiner Existenz. Immer wieder stellte er die Frage nach dem Warum – in Worten, Musik und Tanz. Doch nun wird die Welt bald ein Ort sein, an dem es Antworten gibt, aber keine Fragen mehr. Schon jetzt überschütten uns hochentwickelte Computer mit Antworten auf Fragen, die so kompliziert sind, daß nur ein anderer Computer sie stellen kann. Doch ohne Fragen gibt es auch keine Musik, keinen Tanz – gibt es keine Worte. Eine Welt ohne Fragen ist das Totengeläut für alle Götter, die Totenglocke Gottes – und letztlich auch des Menschen.«

Nach Ustinovs Ansicht sind es die Zweifel, welche die Menschen vereinen, während ihre Überzeugungen sie voneinander trennen. »Ich bin gewillt, jemandes Zweifel zu teilen«, fügte er hinzu, »Aber es gibt Überzeugungen, die ich nicht teilen kann und will.« In seiner ersten Amtsperiode als Präsident der Universität von Dundee mußte sich Peter mit einer Gruppe von Studenten auseinandersetzen, die nach seiner Beschreibung »sehr versiert waren in allen möglichen Tricks und politischen Machenschaften«. Es handelte sich um marxistische Soziologen, die Versammlungen abhielten, ohne jemanden darüber zu informieren. Schließlich reichten sie eine Petition ein, in der sie den Rücktritt des Präsidenten forderten: In einer (geheimen) Abstimmung seien vierzig für den Antrag gewesen und nur sechs dagegen.

Zu dieser Mißtrauenskundgebung war es gekommen, weil Ustinov sich geweigert hatte, die Studenten bei einem illegalen Streik für höhere Regierungsstipendien zu unterstützen – obwohl er die Forderung als solche guthieß. Nun reagierte er auf den Angriff, indem er eine neue geheime Abstimmung forderte, bei der »Stimmzettel an sämtliche Studenten der Universität« verteilt wurden. Das Ergebnis sah diesmal völlig anders aus: 45 Stimmen waren für seinen Rücktritt, aber fast 2000 dagegen.

In seiner Autobiographie schreibt Peter:

> »Man schrie Zeter und Mordio, ich hätte mich verfassungswidrig verhalten. Das ignorierte ich, schrieb einen Artikel für eine überregionale Zeitung und setzte meine Kontroverse mit den Knaben im Fernsehen fort. Natürlich beschwerten sie sich bei mir privat darüber, daß ich mich solcher Mittel bediente. Ich erklärte ihnen, sie hätten es doch in erster Linie auf Publicity abgesehen, die ich ihnen als ein ihnen wohlgesonnener Universitätspräsident hiermit verschafft habe.«

Am Ende seiner ersten Amtsperiode wurde Peter auf Anhieb für drei weitere Jahre wiedergewählt. Aufgrund der Auseinandersetzungen beschloß er, seine zweite Antrittsrede den Vorzügen der Vernunft zu widmen: »In Momenten der Frustration oder der Angst... sollten wir nicht nur auf dem herumreiten, was schlecht ist, sondern auch... das zur Sprache bringen, was nicht ganz schlecht ist. Wir müssen uns klarmachen, daß es an allem etwas auszusetzen gibt..., aber darüber nicht vergessen, daß das Gespräch der wertvollste Aktivposten ist, der uns zur Verfügung steht...

Tun wir also unsere Meinung kund, aber hören wir unserem Gegenüber auch zu. Stürzen wir uns in einen permanenten Dialog. Und kommen wir mit Hilfe unserer Vernunft zu einer Lösung, ohne Rücksicht auf Rang oder Alter. Das ist immer noch der beste, der einzige Weg. Und wenn uns unser Temperament dazu verführt, daß wir schreien oder uns in Schweigen hüllen – je nach dem, welches Image wir haben – dann sollten wir im Gedächtnis behalten, daß derjenige, der in den Spiegel schaut, immer wichtiger ist als das Bild, welches ihm entgegenblickt.«

An Peters sechsjährige Tätigkeit als ehrenamtlicher Präsident in Dundee erinnert heute der *Ustinov Room* in der neuerbauten Bonar Hall. Er selbst weihte den Raum, der in erster Linie für Empfänge und Konferenzen genutzt wird, im Mai 1979 ein. Hier gibt es unter anderem ein außergewöhnlich originelles Porträt von Präsident Ustinov zu bewundern: eine fünfköpfige Bronzestatue des venezianischen Bildhauers Erno Plazzotta, welche die Universität im Jahr 1960 erwarb.

Peter denkt gern an seinen Vorstoß in die akademische Welt. Die amüsanteste Erinnerung ist sicher der Brief eines hilflosen Vaters, der den Umschlag an den »Herrn Rektum der Universität von Dundee« adressierte. »So«, sagt Ustinov »habe ich mich seither immer gefühlt, wenn mich Selbstzweifel plagten«.

Hélène

Wenn Ustinov sich verliebte, war er wie ein kleiner Junge, ver-
spielt, überschwenglich und hoffnungslos romantisch; er neigte
zu Liebeskummer und brach leicht in Tränen aus – »bei Anlässen,
die im nachhinein albern erscheinen, es aber zum jeweiligen
Zeitpunkt nicht waren«. Obwohl er Frauen gegenüber angeblich

Peter Ustinov und seine Frau Hélène du Lau d'Allemans (1972).

immer sehr schüchtern war, mangelte es ihm nie an Interesse von weiblicher Seite. Natürlich waren manche Beziehungen weniger dauerhaft als andere und manche auch schmerzlich.

Kurz nach seiner Trennung von Suzanne gab es zum Beispiel eine (nie identifizierte amerikanische Schauspielerin, von der alle Welt glaubte, sie würde mit Sicherheit die dritte Mrs. Ustinov. Weshalb sie plötzlich aus Peters Leben verschwand, weiß niemand. Doch, was auch immer die Gründe gewesen sein mögen – es verletzte Peter schwer.

Als hätte das Schicksal seine Hand im Spiel, trat kurz danach Hélène du Lau d'Allemans wieder in sein Leben: eine lebhafte, dunkelhaarige Pariserin mit rauchiger Stimme und sprudelndem Humor, die Peter bereits Anfang der fünfziger Jahre in London kennengelernt hatte. Sie ist nicht nur die Enkeltochter des Marquis de Ludré Frolois, eines vornehmen republikanischen Senators, sondern stammt auch von dem bekannten französischen Maler Jacques-Louis David ab, zu dessen Werken unter anderem *Marats Tod, die Krönung Napoleons* und das dezent erotische Gemälde *Madame Récamier* gehören.

Obwohl sie sich schon bei ihrer ersten Begegnung vor fast zwanzig Jahren zueinander hingezogen gefühlt hatten, war damals – jedenfalls was Hélène anging – der Gedanke an eine Heirat ausgeschlossen gewesen. Hélène stammte aus einer Familie mit sieben Kindern und war, wie alle ihre Geschwister, streng katholisch erzogen. »In meiner Familie heiratete man niemanden, der geschieden war«, sagt sie. »Außerdem wollte ich meinen Eltern nicht wehtun.« Als sie Peter ungefähr 15 Jahre später bei einer Filmvorführung in Paris wiederbegegnete, hatte sich ihre Einstellung verändert. »Nach und nach habe ich eingesehen, daß man sein Leben verschwendet, wenn man immer nur darauf bedacht ist, anderen Menschen nicht wehzutun«, erklärt sie.

Nach ihrer zweiten Begegnung wurden die beiden allmählich so unzertrennlich, daß Hélène 1969 sogar ihren Beruf als freie Journalistin aufgab, um Peter zu den Dreharbeiten von *Viva Max* nach Mexiko zu begleiten. In seiner Autobiographie schreibt Peter: »Hélène hat mich – heimlich, still und leise – so verändert, daß ich jetzt fast der Mensch bin, der ich immer gern werden wollte. An einem Wendepunkt der anstrengenden, erschreckenden und großartigen Reise zu uns selbst, die wir das Leben nennen, kam sie und rettete mich. Dafür bin ich ihr unendlich dankbar.«

›Viva Max‹: Peter Ustinov und sein Schimmel King Cotton vor dem Fort Alamo.

Als wollte sie dieses Kompliment zurückgeben, erzählte mir Hélène: »Peter ist das große Glück meines Lebens. Er ist ein außergewöhnlicher Mann, ein Genie. Menschen wie er sollten ewig leben. Ich glaube an Freundschaft, an Liebe und an gegenseitigen Respekt. Genau wie Peter mußte auch ich Enttäuschungen einstecken – so ist das Leben nun einmal. Vielleicht hätte ich ihn nicht so gut verstanden, wenn ich nicht selbst gelitten hätte.« Am 17. Juni heirateten Peter und Hélène auf Korsika. Aus Rücksicht auf Peters Kinder und ihre Mutter, von der er im Jahr davor geschieden worden war, veranstalteten sie ein fröhliches, aber sehr privates Fest. Der Standesbeamte, der die Trauung vollzog, war ein guter Freund des Paares und richtete die Hochzeit im Kreis seiner Familie aus.

»Hélène und ich passen gut zusammen«, sagte Peter einmal, »denn wir sind beide schrecklich unabhängige Menschen, sie aus Gewohnheit, ich von Natur aus. Und was noch wichtiger ist – wir respektieren diese Unabhängigkeit.« Einer der Gründe, weshalb die Ehe zwischen den beiden so gut klappt, ist die Tatsache, daß sie nicht dauernd zusammen sind.

Nicht sehr lange vor seiner Heirat befreundete sich Peter mit einem anderen Paar, das – allerdings aus anderen Gründen – auch nie dauerhaft zusammenblieb: Elizabeth Taylor und Richard Burton. Das letztemal hatten die drei bei dem wenig erfolgreichen MGM-Film *The Comedians* zusammengearbeitet. Jetzt bereiteten sie sich auf einen Film vor, für den Peter das Drehbuch geschrieben hatte und in dem er selbst Regie führen wollte.

In Melvyn Braggs Burton-Biographie wird ein Tagebucheintrag des Schauspielers zitiert:

»Ich habe das Skript mit dem Titel *Hammersmith Is Out* gelesen, das P. Ustinov mir geschickt hat. Es ist ziemlich wild und chaotisch, aber genau auf so etwas habe ich momentan Lust. Vor allem, weil auch eine wunderbare Rolle für E(lizabeth) darin vorkommt. Das ganze beginnt und endet, in einem Irrenhaus, und meine Rolle ist ein gefährlicher und verrückter Killer namens Hammersmith. Die Idee ist nicht neu: Wer sind die wirklich Verrückten – die in der Klapsmühle oder die draußen? Bei Ustinov sind beide Seiten irre. Es würde bestimmt viel Spaß machen, den Film zu drehen, vor allem mit einem so angenehmen und klugen Menschen wie Ustinov. Als Zugabe könnte auch noch ein kommerzieller Erfolg dabei herausspringen.«

Leider traf letzteres nicht ein. Später schrieb Peter:

»Nachdem ich bei zwei Projekten mit den Burtons zusammengearbeitet habe, kann ich nur wiederholen, daß das Aufeinandertreffen der beiden in einem Film – was die Geldgeber von vornherein als großen Coup ansehen – eigentlich gar kein besonderes Flair verbreitet. Liebesszenen und – noch schlimmer! – erotische Szenen zwischen zwei Menschen, die in ihren eigenen vier Wänden wahrscheinlich etwas Ähnliches tun, wirken auf der Leinwand oft banal, und wenn die beiden in ihrer Beziehung gerade eine Krise durchmachen, dann werden diese Szenen nicht nur banal, sondern lediglich routiniert – und etwas Schlimmeres kann es kaum geben.«

In dieser Zeit war Peter literarisch überaus produktiv, sowohl für das Theater als auch für den Buchmarkt. Im gleichen Jahr, in dem

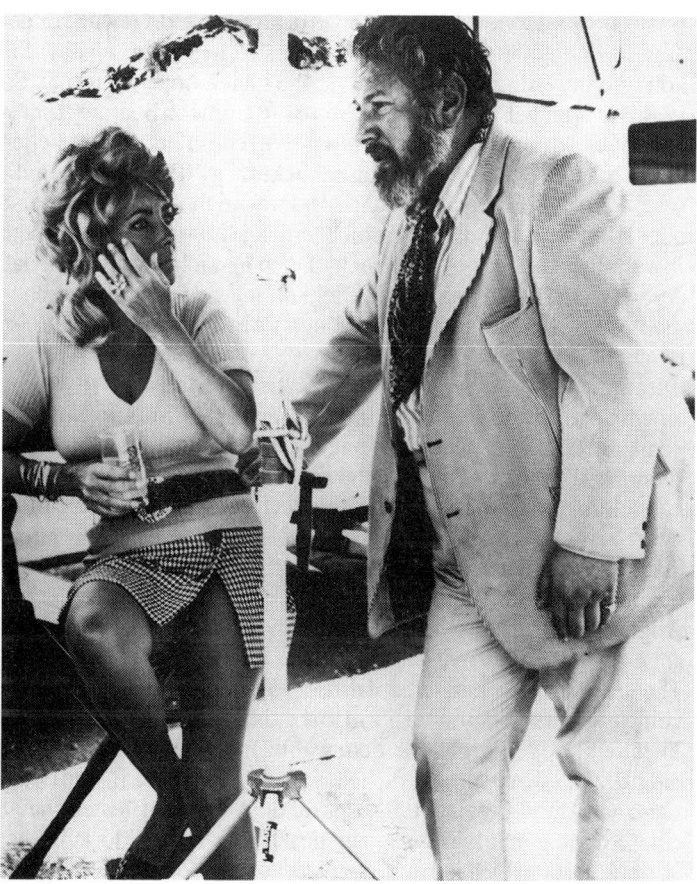

Ein Plausch am Set. Elizabeth Taylor und Peter Ustinov bei den Dreharbeiten zu ›Hammersmith Is Out‹.

197

Hammersmith Is Out herauskam, wurde Peters sechstes Buch veröffentlicht: sein zweiter Roman *Krumnagel.*

Man könnte das Buch beinahe mit dem Untertitel »Peter Ustinovs Amerika« versehen, denn in dieser bissigen, brillanten Satire schildert er schonungslos die Absurditäten von Gerechtigkeit und Gesetz – allerdings auf beiden Seiten des Atlantiks. Barton Krumnagel ist ein vulgärer, borniert er Polizeichef aus dem amerikanischen Mittelwesten; ein schießwütiger Cop, für den es eine scharfe Grenzlinie gibt zwischen Schwarz und Weiß, zwischen Gut und Böse. In seiner Heimatstadt sind Korruption und Gewalt an der Tagesordnung, doch die Polizei macht sich mehr Sorgen über die hohe Vergewaltigungsrate als über die gleich hohe Mordrate. So stellt Krumnagel einen Spezialtrupp zusammen: Beamte in provokativen Miniröcken und Pfennigabsätzen, in der traditionellen Aufmachung orthodoxer Juden (abgekürzt ASP für »antisemitische Patrouillen«, aufgemacht als Drogenabhängige, Perverse oder Hippies. Krumnagel erschießt einen Mann, den er von einem Juweliergeschäft wegrennen sieht. Doch als sich herausstellt, daß der vermeintliche Dieb in Wirklichkeit nur seinen Bus erreichen wollte, wird Krumnagel von seiner Dienststelle auf Weltreise geschickt.

Zusammen mit seiner Frau Edie, einer dreifachen Witwe mit einem »Aussehen, das sich in den Tagen des Stummfilms gut gemacht hätte«, kommt Krumnagel nach England, im Gepäck all seine verkorksten Ansichten und sogenannten moralischen Wertvorstellungen – und natürlich seinen Revolver. In einer stillen Dorfkneipe zieht er bei einer hitzigen Debatte mit einem streitlustigen Schotten seine Waffe und tötet seinen Kontrahenten. So beginnt der Zusammenprall von Alter und Neuer Welt.

Allgemein wird *Krumnagel* als Ustinovs bisher bester Roman angesehen, so wie *The Unknow Soldier an His Wife* als sein bestes Theaterstück gilt. Letzteres wurde 1967 im Lincoln Arts Center von New York und im Mai 1960 im britischen Chichester Festival Theatre uraufgeführt. Außerdem wählte man die Inszenierung für die offizielle Einweihung des New London Theatre in der Drury Lane aus, die im Januar 1973 stattfand. Das neue Theater war an einer Stelle erbaut worden, an der früher ein viktorianisches Varieté gestanden hatte und noch davor ein Pub namens *Great Mogul,* der unter anderem von Nell Gwynne, der berühmten Kurtisane des 17. Jahrhunderts, frequentiert worden war.

In *The Unknown Soldier an His Wife* reflektierte Ustinov noch einmal die faszinierende Frage von Zeit und Vergänglichkeit, ein Thema, das er schon in zwei seiner früheren Theaterstücke, *The Branbury Nose* und *Photo Finish,* behandelt hatte. Doch diesmal benutzte er das Thema, um vor dem damals aktuellen Hintergrund des Vietnamkriegs gegen die Dummheit und Unmoral des Krieges zu plädieren. Das Stück zeigt den ewigen Soldaten, der sich nach Jahrhunderten blinden Gehorsams schließlich weigert, für eine Autorität zu sterben, die, wie es eine Figur in dem Stück ausdrückt, »keinen Platz hat in einer Gesellschaft, welche über die Mittel verfügt, sich selbst zu zerstören«.

Der »unbekannte Soldat« ist der kleine Mann von der Straße, der immer und überall auf der Welt das Opfer politischer Konflikte gewesen ist und der für die Verschwendungssucht und die Eitelkeit von Prinzen, Politikern und Generälen mit seinem Leben bezahlen muß. Er ist der Mann, der, wie seine Frau sagt, »nie von jemandem anerkannt worden ist«, der den Befehl erhält, die zu töten, mit denen er sich viel lieber anfreunden würde, und zu sterben, wenn es sein einziger Wunsch ist zu leben – was er schließlich auch zu fordern lernt.

»Ideen kann man nicht danach beurteilen, ob sie in der Praxis erfolgreich sind oder versagen«, spricht die immer wiederkehrende Stimme der Rebellion. »Die Idee der Freiheit wird einem erst richtig klar, wenn man gefangen ist. Gleichheit wird nur verständlich in einer Diktatur. Brüderlichkeit bekommt ihre Bedeutung im Bürgerkrieg. Zu gewöhnlichen Zeiten sind Ideale wenig für die praktische Anwendung geeignet. Erst wenn sie unerreichbar sind, füllen sie sich mit Leben.«

In *The Unknow Soldier* führt uns Ustinov durch 2000 Jahre Krieg: vom Schlachtfeld auf Kreta, wo die Römer auf die Griechen stoßen, über das Heilige Land, wo der christliche Kreuzfahrer dem islamischen »Ungläubigen« entgegentritt, bis zur Revolution, den Weltkriegen und schließlich zu den unermeßlich schlimmeren Gefahren, welche die sogenannte zivilisierte Menschheit der Gegenwart heraufbeschworen hat.

Ein Kritiker schrieb über Ustinovs Werk:

»Eine Untersuchung seiner Bücher und Stücke zeigt ihn als fundamentalen Moralisten, obgleich es ihm nicht recht ist, als solcher gesehen zu werden. ›Ich versuche, keiner von denen zu

Hnup Wan (Peter Ustinov) ist in ›Wer hat unseren Dinosaurier geklaut?‹ hinter der geheimnisvollen Formel »Lostus X« her.

sein, die den moralischen Zeigefinger erheben‹, sagt er. ›Ich glaube auch gar nicht, daß ich ein Recht dazu habe. Wenn ich es dennoch tue, dann so dezent wie möglich. Und ich achte immer darauf, daß der Finger wenigstens attraktiv aussieht, damit die Leute nicht merken, daß ich ihn erhoben habe. Ich hasse jede Art von Dogma.‹«

1974, ein Jahr, nachdem er zusammen mit seiner Tochter Tamara in New York auf der Bühne gestanden hatte, sah man Peter wieder auf der Leinwand, und zwar in seinem zweiten Walt-Disney-Film *One of Our Dinosaurs is Missing* (Wer hat unseren Dinosaurier geklaut?. Sein dritter und bisher letzter Disney-Film, *The Treasure of Metecumbe* (Der Goldschatz von Matacumbe folgte zwei Jahre darauf.

Fast so leichte Kost wie eine Walt-Disney-Produktion war der Film *Logan's Run* (Flucht ins 23. Jahrhundert). Man schreibt das Jahr 2274, und der Rest der Menschheit, welcher Umweltverschmutzung und Kriege überlebt hat, hat sich in einer Stadt aus Glaskuppeln irgendwo am Rande der Ruinen des ehemaligen Washington D.C. niedergelassen. Doch das Leben in diesem luxuriösen Schlupfloch ist nicht ganz so schön, wie es vielleicht aussieht, denn keiner der makellos uniformierten Einwohner darf älter werden als dreißig Jahre.

Kino für jung und alt: Peter Ustinov in ›Der Goldschatz von Matecumbe‹.

Natürlich sagt diese Idee der erzwungenen Euthanasie nicht allen Bürgern der Kuppelstadt zu, deshalb beschließt hin und wieder jemand abzuhauen – und wird von der Polizei niedergeschossen. Der Sicherheitsbeamte Logan, dargestellt von Michael York, und Jessica, besser bekannt als Jenny Agutter, schaffen es dennoch, in die Wildnis zu entkommen. Mitten in der gewaltigen Trümmerlandschaft stoßen sie auf einen Überlebenden der verlorenen Welt, gespielt von Peter Ustinov. Seine Darstellung eines neunzigjährigen exzentrischen Katzenliebhabers – »voller Charme und Eigenwilligkeit«, wie Dilys Powell in ihrer Rezension schreibt – war eine der wenigen guten Seiten eines ansonsten fragwürdigen Films.

Anfang 1975, in dem Jahr, als *Logan's Run* produziert wurde, ging Peter zurück nach London, denn seine Mutter lag im Sterben. Gut zwölf Jahre waren seit Klops Tod vergangen, und in der letzten Zeit war Nadia immer mehr in Kummer und Passivität verfallen, genau wie Peters Vater, kurz bevor er 1962 gestorben war. Nadia Benois, von der *The Times* schrieb, sie sei »als Frau ebenso geliebt worden wie als Künstlerin verehrt«, starb am 8. Februar im Alter von 79 Jahren friedlich in ihrem Haus in Eastleach, Gloucestershire.

Nadia hatte die Leistungen ihres Sohnes immer aufmerksam verfolgt und seine Karriere mit der Sympathie und Objektivität einer Künstlerkollegin begleitet. »Ihre Kritik konnte vernichtend sein«, berichtet Peter, »doch sie blieb dabei immer höflich und ruhig. Sie kannte die Schwierigkeiten schöpferischen Schaffens viel zu gut und war deshalb nie unachtsam, wenn sie etwas ablehnte, und nie rückhaltlos, wenn sie etwas lobte.«

Hätte sie nur ein paar Monate länger gelebt, wäre ihr noch die Freude und Befriedigung zuteil geworden, Peters »Verdienste für die Kunst« offiziell honoriert zu sehen. Im Sommer fand in der britischen Botschaft von Paris in Anwesenheit von Hélène und einer Handvoll Freunde eine Zeremonie statt, in der Ustinov von dem Botschafter Edward Tomkins im Namen der Königin in den Rang eines Ordenskommandeurs des britischen Empires erhoben wurde.

Doch von all den Preisen, Auszeichnungen, Medaillen und Diplomen, die Peter im Lauf der Jahre erhalten hatte, waren ihm selbst immer die am wichtigsten, die etwas mit seiner Arbeit für die Kinder dieser Welt zu tun hatten. Man sagt, daß Ustinov in einer

In ›Flucht ins 23. Jahrhundert‹ ist das Altern verboten. Peter Ustinov setzt sich übers Gesetz hinweg.

Katz-und-Maus-Situation grundsätzlich die Maus unterstützt. Anders ausgedrückt: Seine Sympathien gelten immer den Unterdrückten, den Schwachen, den Unterprivilegierten und den Bedürftigen. Zusammen mit dem Roten Kreuz und dem englischen Variety Club sind es vor allem die Wohltätigkeitsorganisationen UNICEF und UNESCO, die Peter teilweise schon über zwanzig Jahre unterstützt.

Es gibt auch andere Anlässe, bei denen sich Peter aktiv für die Ziele einsetzt, an die er glaubt. 1989 zum Beispiel brachte ein Spendenaufruf, den er über Fernsehen und Radio verbreitete, dem Royal National Institute for the Deaf über 10.000 Pfund zur Unterstützung der Taubstummen ein.

Auf Grund seiner Persönlichkeit und weil man weiß, wieviel Respekt sein Name überall auf der Welt hervorruft, wird Peter ständig mit Anfragen bombardiert, in allen möglichen Gremien und Komitees die verschiedensten Ziele und Zwecke zu vertreten.

Sir Peter mit Orden und Schwert.

Fragt man ihn – oder auch die Menschen seiner unmittelbaren
Umgebung –, was sein größter Fehler ist, fällt allen prompt seine
Unfähigkeit ein, nein zu sagen.

»Ich merke manchmal, wie ich mich so sehr in die Lage anderer
Menschen hineinversetze, daß ich zu allen erdenklichen Sachen
ja sage, die ich eigentlich gar nicht machen will, nur weil ich
merke, wie sehr mein Gegenüber das braucht«, erklärt er. »Es ist
wirklich albern. Aber es gibt auch Momente, da muß man hart
bleiben, schon aus reinem Selbsterhaltungstrieb. Obwohl es mir
schrecklich schwerfällt, darf ich deshalb nicht immer zu allem ja
sagen, denn das mindert auch meine Glaubwürdigkeit bei den
Dingen, die mir wirklich wichtig sind.« Nach kurzem Nachdenken fügt er hinzu: »Es liegt auch ein bißchen am Alter. Wenn man

204

sich selbst im Spiegel ansieht, denkt man irgendwann, daß ein Nein inzwischen etwas glaubwürdiger klingen könnte. Jetzt kann ich es mir leisten, schlechte Laune zu haben. Niemand ist böse auf einen alten, grauhaarigen Gentleman, wenn er mal ›nein‹ sagt.«

1968 begann Peter Ustinov, sich für die internationale Kinderhilfsorganisation UNICEF zu engagieren. »Es gibt eine Seite meiner Persönlichkeit, die unbedingt anderen helfen muß«, sagt er. Diese Gelegenheit bekam er dann, als die UNICEF, von der er damals kaum etwas wußte, ihn einlud, bei einem Konzert im Pariser Théâtre National de l'Odéon als Conferencier zu fungieren.

»Ich verstand gar nicht, wie so eine Organisation ein Konzert auf die Beine stellte – drei Ballettgruppen, vier Orchester und Solisten aus aller Welt –, das sich kein kommerzielles Unternehmen hätte leisten können«, meinte er später. »Dann fand ich heraus, daß sogar die Hotelzimmer und Flugtickets gespendet worden waren. ›Das muß ja ein ganz außergewöhnlicher Laden sein, wenn er die Leute zu soviel Großzügigkeit anregt‹, dachte ich. Eine seiner lebendigsten Erinnerungen an diese Veranstaltung ist der Moment, als ein Tänzer mit einer polnischen Volkstanzgruppe »mein Mikrophonkabel aus Versehen mit seiner Axt durchtrennte«. Als Conferencier mußte Ustinov nun den Rest des Abends schreien und war am Ende »ein wesentlich heiserer, aber auch glücklicherer Mensch«.

Seither widmet sich Peter der Verbreitung und Unterstützung der Ziele nicht nur der UNICEF, sondern auch ihres kulturellen »Zwillings«, der UNESCO. Als Botschafter des guten Willens bereiste er Staaten wie China, Ägypten, Kenia, Jordanien, Thailand, Guatemala, die Philippinen, Indien und Pakistan, um Informationen zu sammeln und direkte »Feldforschung« zu betreiben. Mit Dokumentationen, Fernsehsendungen, Werbespots, Vorträgen und One-man-Shows war er verantwortlich für eine Menge Aufklärungsarbeit über die Situation in der Dritten Welt.

Angesichts der immensen Arbeit, die vor allem im medizinischen Bereich in den meisten afrikanischen und asiatischen Staaten noch ansteht, sagte er einmal: »Was wir leisten, ist natürlich nur ein Tropfen auf den heißen Stein, doch es ist immerhin der Versuch, ein Gleichgewicht herzustellen. Wir tun das, was eigentlich Sache der Regierungen sein sollte, wovor sich diese aber leider drücken.«

Ustinovs Engagement für die UNESCO wurde ursprünglich angeregt von Léon Davico, einem ehemaligen Journalisten, der zur UNICEF versetzt worden war und jetzt die Presseabteilung des Pariser Stützpunkts der UNESCO leitet. Doch teilweise ist sein Einsatz auch der Tatsache zuzuschreiben, daß »ich das Glück habe, vier Kinder mein eigen zu nennen, die mehr oder weniger vorzeigbar, intelligent und sympathisch sind«. Also, »habe ich gedacht, es ist an der Zeit, daß ich meine Schulden für dieses Glück allmählich abzahle. Wenn man es geschafft hat, in der Welt voranzukommen, dann wird die Verantwortung größer, keineswegs kleiner.«

Ein weiterer Faktor, der Peters Entscheidung bestärkt hat, mit seiner Wohltätigkeitsarbeit weiterzumachen, war die Erkenntnis, daß die Höhe der Spenden aus aller Welt für die UNICEF *pro Jahr* dem Betrag entspricht, der im Westen alle anderthalb Stunden für

Aufrüstung ausgegeben wird. »Ich fand diese Statistik so ungeheuerlich, so widersinnig und so makaber«, berichtet Peter, »daß ich alles tun wollte, was in meiner Macht steht, um die Leute über die UNICEF zu informieren«.

Im Jahr 1968 hatte die Hilfsorganisation nur einen einzigen »berühmten« Sprecher, nämlich den amerikanischen Entertainer Danny Kaye. Doch obgleich er überall auf der Welt bekannt war, entsprach er doch nicht jedermanns Geschmack. »Die Leute mochten ihn, oder sie mochten ihn nicht, erklärt Léon Davico, »deshalb war ich der Meinung, wir brauchten noch einen anderen. Ich dachte dabei sofort an Peter Ustinov, denn er ist nicht nur außerordentlich beliebt, sondern auch ganz besonders sensibel für die Probleme aller, die leiden, gleichgültig, ob es sich um Kinder,

Zwei lebende Legenden in der TV-Sendung ›Kein Abend wie jeder andere‹: Heinz Rühmann und Peter Ustinov (1981).

arme Menschen oder um arme Staaten handelt. Neben allem, was er für die UNICEF leistet – und das ist eine ganze Menge –, ist Ustinov auch noch für die UNESCO aktiv. Dort hält man es für den ersten und wichtigsten Schritt, den Kindern der Dritten Welt eine Chance zum Überleben zu geben. Aber wenn sie überleben, muß man ihnen auch eine angemessene Erziehung und Bildung zukommen lassen, denn was wäre ein Leben ohne das?

Die Ziele der UNESCO sind deshalb weiter gesteckt als die der UNICEF. Peter arbeitet also für die UNICEF, um den Kindern das Überleben zu ermöglichen, und für die UNESCO, weil er als kultivierter Mensch – als Schriftsteller und so weiter – die Bedeutung von Erziehung und Bildung genau kennt. Auch in den UN-Kommissionen für Flüchtlinge war er aktiv. Wieder einmal sind Kinder unschuldige Opfer der Folter, die Leidtragenden in Gefangenenlagern, im Krieg. Peter Ustinov setzt sich von ganzem Herzen für sie ein und auch mit seiner ganzen einzigartigen Klugheit.

Galaveranstaltungen finden bei den Ustinovs normalerweise wenig Anklang, aber wenn es darum geht, Spenden für Hilfsorganisationen aufzutreiben, sieht Peter sie als Mittel zu einem guten Zweck und macht ohne weiteres mit. 1979, im Internationalen Jahr des Kindes, flog er zu einer vom Fernsehen übertragenen Galavorstellung von *Peter und der Wolf,* das er speziell für diesen Anlaß auf dänisch einstudiert hatte. Auch die Mitglieder der dänischen Königsfamilie waren anwesend, und so brachte allein diese Festveranstaltung fünf Millionen Dollar ein.

Immer wieder hat das bloße Bewußtsein, daß Peter sich für die UNICEF einsetzt, andere wohlhabende Prominente dazu gebracht, selbst etwas für einen guten Zweck beizusteuern. Im Februar 1972 feierte Elizabeth Taylor in Budapest eine verschwenderische Luxusparty anläßlich ihres vierzigsten Geburtstages. Eine Menge Stars waren eingeladen, und Richard Burton schenkte Liz den berühmten herzförmigen indischen Diamanten, der 50.000 Dollar gekostet und überall in Europa Schlagzeilen gemacht hatte. Damals versprach Burton, die gleiche Summe, die er für die Party ausgegeben hatte, einem guten Zweck zukommen zu lassen, und fünf Monate später erhielt Ustinov tatsächlich einen Scheck über 45.000 Dollar von Burton, ausgestellt zugunsten der UNICEF.

Auch wesentlich geringere, aber genauso großzügige Spenden hat

Stolz zeigt Peter Ustinov seinen Karl Valentin-Orden, den er als neunter Prominenter 1981 von der Münchner Narhalla verliehen bekommen hat.

Peter oft entgegengenommen. Kurz nachdem er selbst angefangen hatte, für die Organisation zu arbeiten, brachte er einmal einen Stapel Broschüren über die UNICEF mit nach Hause.

»Wieviel kosten die?« wollten seine Kinder wissen. Peter antwortete: »Nichts, man bekommt sie umsonst.« Am gleichen Tag noch kamen Igor, Pavla und Andrea zu ihm und drückten ihm etwas Geld in die Hand. Ohne sein Wissen hatten sie die Broschüren in der Nachbarschaft verkauft.

Im März 1968, zehn Jahre nachdem er zum erstenmal bei der UNICEF-Gala in Paris aufgetreten war, erhielt Ustinov den Verdienstorden der Organisation. Sechs Monate zuvor hatte er in Warschau an einer ähnlichen Veranstaltung teilgenommen und einen etwas ungewöhnlicheren Preis entgegengenommen: den Orden des Lächelns. Ausnahmsweise war dieser Preis einmal nicht von Erwachsenen, sondern von Kindern – oder eher von *einem* Kind – erfunden worden: von einem kleinen Jungen aus dem Konstancin-Hospital, das von der UNICEF mit technischen Geräten unterstützt worden war. Warum, so hatte der Junge gefragt, warum verliehen nur die Erwachsenen irgendwelche Auszeichnungen und nicht auch einmal die Kinder? Diese Frage veranlaßte den *Kurier Polski,* eine polnische Tageszeitung, einen Wettbewerb für Kinder auszuschreiben. Der Preis für den besten Entwurf eines Ordens ging an Ewa Chrobak, ein neunjähriges Mädchen aus Glucholazy. Ihr Vorschlag – eine strahlende Sonne mit blauen Augen und einem roten, lächelnden Mund – wurde aus über 50.000 Einsendungen ausgewählt und in die Form einer Medaille gebracht, die an einem Band hing. Der erste Preisträger, den die polnischen Kinder wählten, war ein berühmter Orthopäde. Unter den darauffolgenden Nominierten befanden sich ein russischer Puppenspieler, jugoslawische und tschechoslowakische Schriftsteller und im Jahr 1977 dann Peter Ustinov.

Ustinov spricht mehrere Fremdsprachen – fließend Französisch, Italienisch, Spanisch und ein paar Brocken Russisch – aber in Ländern wie Thailand oder China stieß er doch auf gewisse Verständigungsprobleme. Das heißt, die Verständigung war schwierig, bis er eines Tages auf die Idee kam, die Kinder, mit denen er sich traf, »anzubellen«. Am Anfang, erzählt er, sahen sie ihn oft ein bißchen verwirrt oder verängstigt an, aber »als sie merkten, daß ich für einen Hund ziemlich schick angezogen war«, wurden sie auf einmal ganz zutraulich und lebhaft. Peter mußte sich dann unweigerlich auf alle Viere niederlassen, und die Kinder kletterten auf ihm herum. »Das ist eine Form von unmittelbarem Kontakt, eine Art weltweit verständliche Sprache«, erklärt er.

Eine weitere Art, mit Kindern erfolgreich Kontakt zu knüpfen, besteht in der Erzeugung einer Illusion. Als Peter vor einiger Zeit im Nahen Osten eine Schulklasse besuchte, ahmte Peter das Gurren einer Taube nach. Dann klatschte er in die Hände, machte ein Geräusch wie Flügelschlagen, und alle Kinder hoben gleichzeitig den Kopf und blickten in dieselbe Richtung, um den Vogel davonfliegen zu sehen. Es war »eine Erfahrung, die einem eine Gänsehaut über den Rücken jagte«.

Im Lauf der Jahre, in denen Peter nun schon für die UNICEF arbeitet, ist er vielen einflußreichen Persönlichkeiten vorgestellt worden, unter ihnen zum Beispiel auch Papst Johannes Paul II. Diese Begegnung fand im Vatikan statt, als Ustinov zusammen mit Léon Davico anläßlich des Internationalen Jahres des Kindes Rom besuchte. Es war ein entspanntes Zusammentreffen zweier Männer mit ähnlichen Interessen und Vorlieben, nicht nur, was die humanitären Ziele anging, sondern auch bei Dingen wie Theater oder sogar Tennis.

»Die Stellung des Papstes fasziniert mich«, meint Peter, »was er alles zu tun hat und so weiter. Einmal habe ich ihn ziemlich frech gefragt: ›Glauben Sie, daß wir so gut miteinander auskommen, weil ich kein Katholik bin?‹ ›Das ist sehr gut möglich‹, war seine Antwort. Natürlich fand unser Gespräch auf einer relativ oberflächlichen Ebene statt, aber es war sehr angenehm und offen, ganz unkompliziert.«

Als Ustinov an diesem Tag den Vatikan verließ, dachte der ehemalige Erzbischof von Krakau offensichtlich bereits an ein weiteres Treffen. Denn als Peter wieder in London eintraf, erwartete ihn dort schon eine eilige Nachricht von Bischof John Magee, dem Sekretär des Papstes. »Ich fand das sehr seltsam«, erzählt Peter, »also habe ich ihn sofort angerufen. Magee sagte: ›Der Heilige Vater hat mir gerade folgende Botschaft für Sie übermittelt: wenn Sie das nächste Mal in Rom sind, sollen sie Ihren Tennisschläger bitte nicht vergessen.‹«

Doch leider kam es nie zu diesem päpstlichen Match. Im Mai 1981 feuerte ein junger Türke vier Schüsse auf Johannes Paul II. ab, als dieser in seinem »Papamobil« über den Petersplatz fuhr, um eine riesige Menge Gläubiger zu segnen. Zwar überlebte der Papst das Attentat, aber Ustinov meinte: »Ich glaube, er ist durch dieses Ereignis ziemlich gealtert, jedenfalls was solche Pläne angeht, und ich habe ihn seither auch nicht mehr gesehen.«

Soweit wie möglich versucht Ustinov, seine Wohltätigkeitsarbeit und seine Filmprojekte unter einen Nut zu bekommen. Im Jahr 1977 drehte er zum Beispiel *The Last Remake of Beau Geste,* in dem der Regisseur Marty Feldman sowie Ann-Margret und John Cleese neben Ustinov die Hauptrollen spielten. Danach kam sofort *Purple Taxi* (Irisches Intermezzo mit Charlotte Rampling und Fred Astaire, und als dieser fertig war, brach Ustinov sofort nach Ägypten auf, um in Agatha Christies *Death on the Nile* (Tod auf dem Nil) mitzuwirken. Da er sich schon einmal in diesem Teil der Welt aufhielt, war es ihm sehr wichtig, ein Treffen mit den dortigen UNICEF-Mitarbeitern zu arrangieren, denn »es kam mir unsinnig vor, den weiten Weg zu machen, ohne die Gelegenheit zu nutzen«.

Death on the Nile wurde von John Brabourne produziert, Peter Anthony schrieb das Drehbuch, John Guillermin führte Regie, und Peter gab sein Debüt als Hercule Poirot. Damit trat er die Nachfolge einer Reihe illustrer Schauspieler an: von Austin Tre-

›Drei Fremdenlegionäre‹: Peter Ustinov und Roy Kinnear auf der Jagd nach einem wertvollen Saphir.

vor und Francis L. Sullivan über Charles Laughton bis zu Albert Finney, die alle die berühmte belgische Spürnase mit den »kleinen grauen Zellen«, dargestellt hatten. Angeblich hat Agatha Christie die Figur nach einer wirklichen Person gestaltet: dem österreichisch-ungarischen Privatdetektiv Ignatius Paul Pollaky, der um 1850 ein Büro im Londoner Stadtteil Paddington besaß und von Gilbert und Sullivan in ihrer Operette *Patience* unsterblich gemacht wurde.

Doch wer immer Christies Vorbild gewesen sein mag – Poirot erblickte jedenfalls (wie Ustinov im Jahr 1921 das Licht der Welt – in *The Mysterious Affair at Style* (Roger Ackroyd und sein Mörder). Es war nicht nur Agatha Christies erstes Buch (das von sechs Verlegern abgelehnt wurde, bis es endlich im Druck erschien), sondern auch der erste von 33 Romanen (neben 56 Kurzgeschichten), in denen der gewitzte und einfallsreiche Detektiv die Hauptrolle spielt.

Death on the Nile, ein sehr unterhaltsamer Krimi mit dreifachem Mord, brachte Peter Ustinov ein Wiedersehen mit David Niven und Maggie Smith. Außerdem konnte er mit seiner ehemaligen Schwägerin Angela Lansbury zusammenarbeiten (welche die Rolle eines der Opfer, der exzentrischen Salome Otterbourne, übernommen hatte), und er stand zum erstens und einzigen Mal neben Bette Davis vor der Kamera, die eine reiche, giftige Dame der höheren Gesellschaft namens Mrs. Van Schuyler spielte.

Obgleich Peter berichtet, daß er mit der legendären Schauspielerin »sehr gut zusammenarbeitete«, fand er sie doch auch »ziemlich einschüchternd«. Dieses Urteil bezog sich vor allem auf eine bestimmte Situation: als der Drehplan in letzter Minute geändert wurde und Ustinov erfuhr, daß er und David Niven schon am nächsten Morgen eine Aufnahme mit Bette Davis drehen mußten.

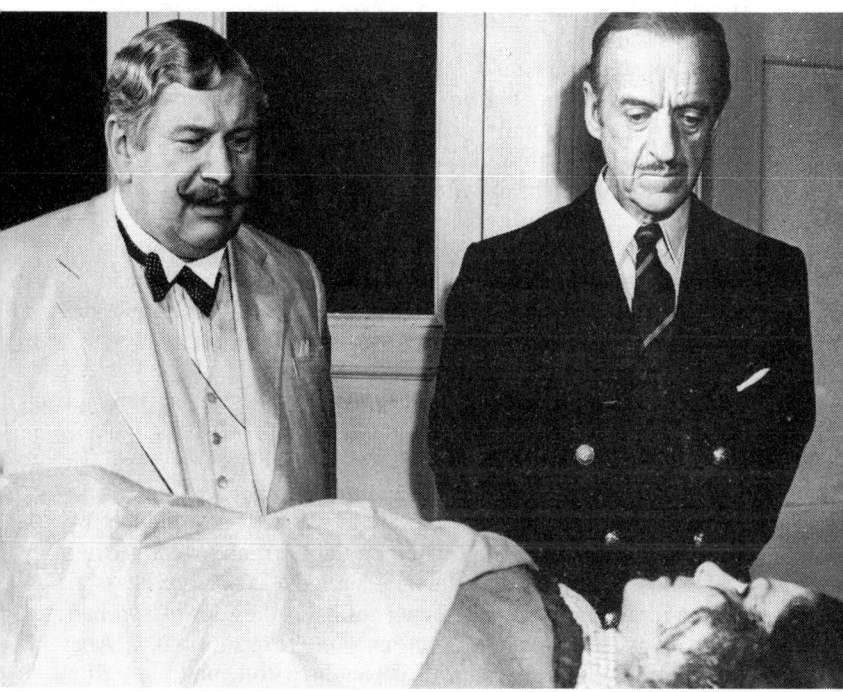

Nicht einmal während einer Flußfahrt kann Hercule Poirot seine »kleinen, grauen Zellen« abschalten. David Niven, Peter Ustinov und Lois Chiles in ›Tod auf dem Nil‹.

Hier die Geschichte in Peters eigenen Worten:

»Wir wohnten alle in demselben Hotel in Assuan, und da teilte man mir plötzlich abends um acht Uhr mit, einer der Schauspieler habe Mandelentzündung und deshalb sei der Drehplan umgestellt worden. David Niven und ich sollten unsere Szene mit Bette Davis am folgenden Morgen drehen. Ich sagte: ›Okay‹ und erbot mich, David zu informieren, der zufällig im Zimmer nebenan wohnte. Also klopfte ich an seine Tür: ›Unsere Szene mit Bette Davis …‹

›O nein!‹ schrie David sofort ganz entsetzt.

›Was ist los?‹ wollte ich wissen. ›Du hast doch schon mit ihr gearbeitet.‹

›Nein‹, antwortete er, ›aber ich habe in Hollywood gelebt, und dort kennt sie jeder. Alle haben schreckliche Angst vor ihr. Sie weiß besser über deine Rolle Bescheid als du selbst. Dann unterbricht sie dich und will wissen, weshalb du gerade ein Komma weggelassen hast!‹

Ich stöhnte bloß ›O Gott‹ – und zog mich schnell in mein Zimmer zurück. Es war furchtbar heiß, und ich lief in Unterwäsche im Zimmer auf und ab und versuchte meine Rolle zu lernen. Es war unmöglich. Am nächsten Morgen wachte ich um sechs Uhr auf, eine halbe Stunde, bevor wir geweckt wurden. Ich lag auf dem Bett, immer noch in der Unterwäsche, und sämtliche Lichter brannten. Offenbar war ich in eine Art Ohnmacht gefallen. Ich fühlte mich entsetzlich und hatte die Szene immer noch nicht im Kopf. Kurze Zeit später lief ich David über den Weg, der kreidebleich war.

›Was ist denn mit dir los?‹ erkundigte ich mich.

›O Gott‹, erwiderte er, ›ich habe bis heute morgen um drei Uhr versucht, diesen Mist zu lernen, und ich schaffe es einfach nicht. Schließlich habe ich dann zwei Stunden geschlafen.‹

So machten wir uns auf den Weg zum Drehort. Die Szene sollte auf einem Boot spielen, und ich sah, wie Bette Davis dort herumspazierte und rauchte. Sie trug einen Schleier, und wenn sie den Rauch ausstieß, kam er pfeilgleich durch die Löcher geschossen. Sie sah furchterregend aus. Als wir anfingen, die Szene zu proben, bekamen weder David noch ich unseren Text zusammen. Aber auch Bette Davis wußte *kein Wort* von ihrer Rolle und führte sich ziemlich wild auf: Wütend schmiß sie ihre Zigarettenkippe auf den Boden, trat sie mit ihrem winzigen Füßchen aus und knurrte: ›Fuck, fuck, fuck…‹

Nach einer Weile trauten wir uns zu fragen: ›Was ist denn los mit Ihnen?‹, und sie antwortete: ›O Gott! Als ich gehört habe, daß wir diese Szene schon heute drehen, und auch noch wußte, ich muß mit zwei Profis zusammenarbeiten, da habe ich mich die ganze Nacht hingesetzt und versucht, meinen Text zu lernen, aber …‹ Wir fingen alle an zu lachen, und plötzlich – o Wunder! – konnten wir unsere Rollen perfekt.«

Neuland

Ein Leben lang hat Peter Ustinov sich der Beobachtung von Menschen in allen Lebenslagen gewidmet. Er gilt inzwischen als einer der besten Geschichtenerzähler der Welt – was sich unter anderem in einem riesigen Berg von Einladungen auf seinem Schreibtisch niederschlägt. Natürlich sind seine Lebensumstände auch ideal dazu geeignet, sein Repertoire ständig zu erweitern und nach Bedarf zu variieren.

Wenn Peter Charaktere aus seiner Schulzeit erzählt, erwachen zum Beispiel beliebte Dauerbrenner wie der Geistliche, der »sprach, als hätte er eine Kathedrale im Mund«, immer wieder zu neuem Leben. Kommt das Leben in den USA zur Sprache, tritt regelmäßig ein bestimmter Typ von verknöchertem englischen Gentleman auf: Als ihm zu viele Amerikaner innerhalb kürzester Zeit »Einen schönen Tag noch!« wünschen, bringt ihn das schließlich so auf die Palme, daß er wütend zurückfaucht: »Ich habe aber etwas anderes vor!«

Es ist sicher nicht überraschend, daß Ustinov sich immer gern mit interessanten Menschen umgeben hat. In seiner Autobiographie *Dear Me,* die im Oktober 1977 erschien, erzählt er zahlreiche Geschichten und Anekdoten über sie. Seinen ersten Roman widmete Peter einem dieser interessanten Menschen: Moura Budberg, einer Freundin von Klop und Nadia, eine imposante Erscheinung, die ein wenig aussah wie Peter der Große. Als jüngste Tochter eines russischen Grafen, der von Elisabeth I. abstammte (allerdings von der verkehrten Seite der Bettkante), verbrachte Baronin Budberg fast vierzig Jahre ihres Lebens im Mittelpunkt der Londoner Intellektuellen- und Künstlerkreise. Zu ihrer Berühmtheit trugen nicht zuletzt ihre Liebesaffären mit Maxim Gorki, H. G. Wells und Sir Robert Bruce Lockhart bei. Viele Jahre lang empfing die Baronesse am frühen Abend ihre Besucher, rauchte angeblich wie ein Schlot und konnte, ohne mit der Wimper zu zucken, jeden Seemann unter den Tisch trinken.

Eine von Peters Geschichten über diese unbeugsame Frau ereignete sich während des Zweiten Weltkrieges.

»Aufgrund von Umständen, die mindestens ebenso exzentrisch waren wie sie selbst, stand sie eines Abends splitternackt vor der verschlossenen Tür ihrer Londoner Wohnung. Statt das zu tun, was die meisten Frauen getan hätten, nämlich ihre Blöße so gut es ging zu bedecken und um Hilfe zu rufen, stülpte sich Moura einen Wassereimer über den Kopf und ging hinunter auf die Straße, um dort Beistand zu suchen.«

Auch den Labour-Abgeordneten Ernest Bevin bewunderte Ustinov sehr. »Ernie« war der uneheliche Sohn der Hebamme Mercy Bevin und wurde nicht nur der mächtigste Gewerkschaftsführer Großbritanniens, sondern im Krieg auch Arbeitsminister und danach Außenminister unter Premier Clement Attlee. Ustinov war noch keine dreißig Jahre alt, als er Bevin kennenlernte. »So einen Menschen hatte ich in meinem ganzen Leben noch nie gesehen«, berichtet er. »Er war wirklich ein außergewöhnlicher Charakter; mit der Außenpolitik ging er um, als wäre sie ein Abenteuerroman. Zum Beispiel sagte er zu den Russen: ›Also seht mal her, da passiert hintenrum alles Mögliche, und keiner hält mich richtig auf dem laufenden. So geht das nicht.‹ Auf diesem Niveau handhabte er seinen Beruf, denn so funktionierte sein Kopf. ›Konnte Stalin Englisch?‹ ›Nur wenn es ums Geld ging.‹ Das ist ein Zitat. Was Bevin sagte, traf immer voll ins Schwarze und war auf seine eigene Art ungeheuer spaßig. Er erzählte Geschichten wie diese: ›Das erinnert mich daran, wie wir beim…, beim Bolschoiballett (sic!) waren und in der Loge saßen. Ich war zusammen mit… mit…, und dann war die Vorführung zu Ende, und alle fingen an zu klatschen. Dann ging der Vorhang wieder auf, und da haben sie uns von der Bühne applaudiert. So geht das drei-, viermal, und da reicht es mir. Ich kann ja nicht mehr unterscheiden, wer hier wem applaudiert. So was hat ja keine Zukunft, also seh' ich zu, daß die Sache ein Ende hat… Außerdem tun mir auch schon die Hände weh. Also mach' ich hinter Stalins Rücken den Kommunistengruß. Stürmischer Beifall ertönt. Als ich heimkam, hat mich Clem (Attlee) ziemlich runtergeputzt.‹ Solche Geschichten fand ich wirklich witzig. So verrückt.
Wenn es langweilig zu werden drohte, fing Bevin manchmal an, im Duett mit seiner Frau alte Varieté-Schlager zum besten zu geben. Es war ihm ganz egal, wo sie gerade waren, ob zu Besuch bei Stalin oder sonstwo. ›Floss‹, sagte er nur (seine Frau hieß Florence), ›kennst du den hier noch… und schon legten sie los. Zwar klang alles immer ziemlich schief und gewagt, aber er

behielt Songs im Gedächtnis, die alle übrigen schon längst vergessen hatten. Natürlich gab es noch andere Leute, die mich beeindruckten, aber sie waren bei weitem nicht so angenehm. Und er war wirklich ausgesprochen amüsant.«

Ustinovs Autobiographie stieß bei den Literaturkritikern in England durchaus nicht auf einhellige Zustimmung. Im Gegenteil – die Besprechungen waren ziemlich durchwachsen. Die *Sunday Times* und auch *Books and Bookmen* besprachen das Buch positiv: Es sei »brillant«, »lustig«, »aufschlußreich« und »polemisch«. Doch beim *Sunday Telegraph* zum Beispiel rief es Enttäuschung hervor. Dort schrieb der Kritiker: »*Dear Me* wird bestimmt ein Verkaufserfolg, aber man wird es nie zu den großen Autobiographien rechnen können.«

Selbstverständlich sind auch Kritiker nur Menschen, das heißt, manchmal schaffen sie es, ein angemessen objektives Urteil über den Gegenstand ihrer Kritik zu fällen, manchmal aber auch nicht. Manche nehmen jemanden aus Eifersucht oder anderen persönlichen Gründen aufs Korn, während andere sich bemühen, ihre Arbeit korrekt und gut zu machen. Doch bei Licht besehen bleibt die freundlichste genauso wie die vernichtendste Kritik nichts weiter als eine »professionelle« Meinungsäußerung dieses Menschen. Entscheidend sind letztlich die Leute, die ein Buch kaufen, das Publikum, das sich einen Film oder ein Theaterstück ansieht. In Großbritannien wurde *Dear Me* ebenso zum Bestseller wie auf dem europäischen Kontinent und den Vereinigten Staaten. In Paris gewann das Buch den *Prix de la Butte* für die beste Autobiographie des Jahres.

Als im Jahr 1978 die englische Taschenbuchausgabe erschien, begann mit der ersten halben Million verkaufter Exemplare eine lange Serie von Neuauflagen, von denen im Jahr 1987 die 19. auf den Markt kam.

Neben Büchern und Theaterstücken fand Ustinovs spezieller satirischer Humor schon von Anfang an eine weitere, wenn auch weniger bekannte Ausdrucksform. Als Cartoonist und Karikaturist schuf er Zeichnungen von Prominenten, Schauspielerkollegen, Freunden und Bekannten, die bei allen, die sie zu Gesicht bekommen haben, bereits als begehrte Sammlerobjekte gehandelt werden. In Paris verwaltet Ustinovs Sekretärin Liliane Couturier eine Sammlung von Skizzen, die ganz verschiedene, reale und erfundene Persönlichkeiten umfaßt: von Charles de Gaulle (porträtiert als preussischer Offizier mit Spitzhelm) bis zu Imitationen der Comic-Figur Tintin. Während der Aufführungen von *Photo Finish* skizzierte Ustinov Karikaturen von Paul Rogers, der erklärt: »Fast jeden Abend präsentierte er mir ein neues interessantes Bild.« Auch Dennis Norden erinnert sich daran, wie er und Frank Muir während ihrer Radioserie in den fünfziger Jahren »Peters Kritzeleien sammelten«. Erst vor kurzem bat ein anderer Freund um ein »Selbstporträt«, das er bei einer Auktion für wohltätige Zwecke verkaufen wollte. Die Skizze, welche, Peter in wenigen Sekunden fertigstellte, erzielte einen Preis von 600 Pfund.

Seit seiner Kindheit hat Musik in Peter Ustinovs Leben eine große Rolle gespielt, hauptsächlich als Privatvergnügen, aber gelegentlich auch für kommerzielle Projekte.
Aus Hamburg schrieb mir der bedeutende Schweizer Komponist und Dirigent Professor Rolf Liebermann: »Die Welt kennt Peters Humor, seine Qualitäten als Autor und Schauspieler. Aber wahrscheinlich wissen nur wenige, wie gut er sich in der Musik auskennt. Ich wüßte eigentlich niemanden, der eine so umfassende, fast enzyklopädische musikalische Bildung besitzt, die von Monteverdi bis Boulez alle Epochen umfaßt. Er kennt die Namen von Schweizer Komponisten aus dem 18. und 19. Jahrhundert, die ich noch nie gehört habe. Dauernd überrascht er mich mit seinem Wissen – auf meinem eigenen Fachgebiet.«
Schon vor vierzig, fünfzig Jahren hat der Schuljunge Ustinov in Westminster seinen Lehrer mit seinen Musikkenntnissen beeindruckt, doch seine Reaktion auf bestimmte Fragen (die rückblickend eigentlich nur rein rhetorisch gemeint gewesen sein können), war zu schlagfertig und brachte ihm oft Ärger ein. Als man die Klasse nach dem größten Komponisten fragte, antwortete Peter: »Bach«. Darauf belehrte man ihn, die korrekte Antwort laute: »Beethoven«. Das konnte Peter nicht auf sich sitzen lassen, aber als der Lehrer hörte, daß der junge Ustinov vor sich hinbrummelte, seiner Meinung nach sei Mozart viel besser als Beethoven, mußte er zur Strafe hundertmal schreiben: »Beethoven ist der größte Komponist, der je gelebt hat.« Ein andermal sollte er einen russischen Komponisten nennen und schlug Rimski-Korsakow vor. Darauf bekam er zu hören, die richtige Lösung sei »Tschaikowsky«. Der Lehrer rügte ihn vor der versammelten Klasse und nannte ihn einen Angeber:

Wenn bestimmte Musikkritiker in späteren Jahren Ustinovs Opernszenierungen beurteilten, hätte man manchmal meinen können, Peters ehemalige Lehrer wieder zu hören. Vielleicht kam es ihnen seltsam vor, daß Ustinov sich auch auf diesem Feld betätigte, aber Schuyler Chapin, ehemaliger Intendant der Metropolitan Opera in New York, erklärt: »Als Impressario sucht man auf der ganzen Welt nach Theaterleuten, die über ähnliche Musikkenntnisse wie Peter verfügen, denn solche Menschen schaffen die neuen Perspektiven in der Kunst.«

Auch Sir Georg Solti vertrat diesen Standpunkt und lud Peter ein, in Covent Garden seine erste Oper zu inszenieren. Im Juni 1962, drei Monate bevor der amerikanische Schauspieler Sam Wanamaker Verdis *La Forza del Destino* inszenierte und dirigierte, traten unter Ustinovs Leitung Mary Costa, Amy Shuard und Geraint Evans in einem Dreifachprogramm auf: Ravels *L'Heure Espagnole,* Schönbergs *Erwartung* und Puccinis *Gianni Schicchi.*

Sechs Jahre später bat Georg Solti Ustinov, unter der Schirmherrschaft von Professor Rolf Liebermann in Hamburg die *Zauberflöte* aufzuführen. Peter ließ sich nicht zweimal bitten. Zwar umfaßt sein Musikgeschmack alles von mexikanischer Militärmusik über Flamenco, unbekannte russische Opern und Volksmusik bis zu den Klassikern, aber er war schon immer ein besonders begeisterter Mozartanhänger. »Man fragt mich oft, welche Schriftsteller mich beeinflußt haben«, stellt er fest, »aber ich kann eigentlich keinen nennen. Tschechow und Gorki und solche Leute haben mich immer sehr interessiert, aber ich glaube nicht, daß sie mich direkt beeinflußt haben. *Wenn* jemand mich beeinflußt hat, dann ist es Mozart, denn er hat das, was ich die tiefgründigste Oberflächlichkeit nennen möchte. Er hält an der Oberfläche alles still und sanft, damit man darunter die komplexen Felsformationen genau studieren kann. Das ist an sich schon eine großartige Leistung, denn auf diese Art fesselt er seinen Zuhörer, während er ihn gleichzeitig zum Nachdenken anregt. Und das, glaube ich, ist genau das richtige.«

Ustinovs Fassung der *Zauberflöte* erntete viel Bewunderung. »Ich gestaltete das ägyptische Phantasiereich auf der Bühne so, daß es aussah wie ein Universitätscampus – wie ein Querschnitt durch unsere Kultur.« Doch neben Anerkennung gab es natürlich auch herbe Kritik, vor allem von konservativer Seite. Als die gleiche Inszenierung jedoch einige Zeit später in Florenz auf die Bühne kam, stellte die *New York Herald Tribune* fest, es sei unbegreiflich, was das deutsche Publikum so gestört habe, und fuhr fort: »Die Aufführung zeigt großen Respekt vor dem Text und vor der Musik. Gleichzeitig ist sie ausgesprochen einfallsreich.«

Im Jahr 1973 erarbeitete Peter zwei weitere Opernaufführungen: Mozarts *Don Giovanni* für Peter Diamand anläßlich des Edinburgh Festivals, sowie Massenets *Don Quichote,* den er für Rolf Liebermann an der Pariser Oper produzierte, inszenierte und dirigierte.

Zusammen mit Daniel Barenboim, der in Edinburgh sein Debüt als Operndirigent gab, beschloß Ustinov, *Don Giovanni* so zu inszenieren wie Mozart und sein Librettist Lorenzo Da Ponte dies ursprünglich beabsichtigt hatten. Das hieß unter anderem, daß die komische Schlußszene wieder angefügt wurde, in der zwei Polizisten, die »*due ufficiali*« des Originallibrettos, in Madrid eintreffen, um Giovanni zu verhaften. Doch der berüchtigte Don Juan ist verschwunden, die Erde hat sich unter seinen Füßen aufgetan: zur Strafe für sein ausschweifendes, unmoralisches Leben hat ihn der Teufel geholt. Bei den meisten Inszenierungen fällt dieses Szene unter den Tisch, und der Vorhang schließt sich mit Giovannis Höllenfahrt.

Dieser ernste Schluß jedoch mindert, wie Ustinov immer wieder betont, die Wirkung dessen, was Mozart und Da Ponte beabsichtigte und auch in Szene gesetzt hatten: ein *Dramma Giocosa,* ein spaßiges Drama. »Die Geschichte soll nicht tragisch ausgehen, erklärt Peter. »Ich kann mir nicht vorstellen, daß ein Mann, der 2000 Frauen verführt – oder wie viele es nun genau waren – eine tragische Figur darstellt. Was er einer einzigen Frau antut, ist tragisch, aber was er mit 2000 macht, ist zum Lachen. Heutzutage behandelt man *Don Giovanni,* als ginge es um eine komplexe psychologische Studie, aber das stimmt nicht. Deshalb ließ ich am Ende die *due ufficiali* auftreten, zwei Polizisten, die einen Übeltäter gefangennehmen sollen, der ihnen aber leider entwischt. Also messen sie das Loch aus, in dem er verschwunden ist, und schreiben sich die Maße in ihre Notizbücher, denn sie müssen schließlich einen Bericht nach Madrid schicken.

Man hat mich deshalb heftig angegriffen, dabei ist meine Fassung genau im Sinne Mozarts. Alles paßt zusammen, wenn man das Werk so behandelt, wie sein Schöpfer es, geschrieben hat.«

Für die Aufführung beim Edinburgh Festival entwarf Peter selbst

die Kostüme sowie eine Drehbühne, die störende Kulissenschie-
bereien unnötig machte. Die Stars waren Roger Soyer als Don
Giovanni, Geraint Evans als sein Diener Leporello und Heather
Harper als Donna Elvira. Doch selbst diese erlesene Künstlertrup-
pe war nicht in der Lage, bei allen Kritikern Begeisterung hervor-
zurufen. Der Preis für den »Unglücklichsten Kritiker« ging ganz
klar an Gillian Widdicombe von der *Financial Times,* der kaum
ein gutes Haar an der Aufführung ließ. Er verdammte die Produktion als »schlampig«, »albern«, voller »nichtiger kleiner Details«,
»unnötiger Ablenkungen« und »horrender Widersprüche«.
Zum Glück für die Moral der Beteiligten war die Reaktion anderswo wesentlich freundlicher. Conrad Wilson vertrat im *Scotsman*
die Ansicht, daß es sicher eine Zeit gegeben habe, in der »ein
solcher *Giovanni* als zu eigensinnig, zu aufwendig und exzentrisch abgetan worden wäre«, doch inzwischen werde seiner Meinung nach »anerkannt, daß Produktionen, die ein Meisterwerk aus
einem anderen Blickwinkel betrachten, die etwas riskieren und
bestimmte Aspekte – manchmal auf Kosten anderer – hervorhe-
ben, durchaus ihre Vorzüge haben.
Ob richtig oder falsch – dieser *Giovanni* bezieht jedenfalls eindeutig Stellung. Deshalb gibt es bestimmt manche, die ihn hassen
werden. Ich fand ihn unwiderstehlich und von seiner ganzen
Anlage her sehr lebendig.«
Ein noch größeres Lob enthielt die Rezension von Ernest Brad-
bury in der *Yorkshire Post.* Ganz offensichtlich war dem Kritiker
die Originalidee der Oper wohlvertraut, und er feierte die Inszenierung als »überwältigenden Triumph – nicht zuletzt auch für die
ursprünglichen Autoren Da Ponte und Mozart«. Und während die
Kritik in der *Financial Times* die grotesken *due ufficiali* als
»Einfall eines Witzbolds« und den »Ruin des musikalischen Fi-
nales« gegeißelt hatte, sah die *Yorkshire Post* Ustinovs Schluß als
»eine trockene Anspielung auf die *Comédie Humaine* – wie die
beiden Polizisten die ganze Horrorgeschichte bürokratisch regi-
strieren, zeugt sowohl von einer gründlichen Kenntnis des Librettos als auch von geistreichem Humor«.
Fünf Jahre später, also 1978, unternahm Ustinov seinen nächsten
Ausflug in die »Hybridenwelt« der Oper, wie er sie nennt. Diesmal führte er ihn nach Berlin, wo er Offenbachs *Les Brigands*
inszenierte und dirigierte. Im darauffolgenden Frühling spielte in
Leningrad die Oper sogar eine kleine Rolle bei einer neunzigmi-

nütigen Fernsehsendung über die *Eremitage,* welche Peter zusammen mit Natalie Wood (die von russischen Eltern abstammte und eigentlich Natascha Virapaev hieß für NBC präsentierte. Doch in diesem besonderen Fall fungierte Peter nicht als Dirigent, sondern er und sein Sohn Igor erschienen in Kostümen aus dem 18. Jahrhundert auf der Bühne des kleinen Theaters im Winterpalais und gaben ein Duett aus *Der eingebildete Gelehrte* zum besten. Diese Komposition von Pasiello, dem Hofkomponisten Katharinas der Großen, war im gleichen Theater uraufgeführt worden.

Igor war damals 23, studierte Biologie an einer regulären Universität, Bildhauerei an der Kunsthochschule, gab seinen Kommilitonen Nachhilfestunden in Englisch und nahm nebenbei noch Gesangsunterricht. Nach seinem Bericht hatten er und sein Vater ganze drei Tage Zeit, um das Duett einzustudieren, bevor es dann als Teil des Programms auf Tonband aufgenommen wurde.

Nachdem Ustinov eine weitere Dokumentation für die UNICEF zusammengestellt, die Uraufführung seines jüngsten Films *Ashanti* (mit Michael Caine und Omar Sharif) gesehen und voll Faszination miterlebt hatte, wie der zwanzigjährige Björn Borg zum viertenmal hintereinander die Tennismeisterschaft von Wimbledon gewann, machte er sich auf den Weg nach Kanada, um die Titelrolle einer neuen Inszenierung von *King Lear* in Stratford, Ontario zu übernehmen.

Genau wie bei seinen Ausflügen in die Welt der Oper gab es auch jetzt wieder Leute, die es seltsam fanden, daß ein 58jähriger Schauspieler sich auf Shakespeare und dazu noch auf den *Lear* einließ. Peters typische Erklärung lautete: »Ich habe selbst drei Töchter, und das bedeutet garantiert eine wesentliche bessere Einstimmung auf die Rolle, als alles, was Stanislawsky sich je hätte ausdenken können.«

Unter der Regie von Robin Phillips sollte Ustinovs *Lear* alles andere als ein Drama aus grauer Vorzeit werden. Statt dessen verlegte man das Stück in die Mitte des 19. Jahrhunderts, etwa in die Zeit des Krimkrieges. »Ich finde, wir benutzen dieses ›alte England‹ allzuoft, wenn wir etwas in die Vergangenheit verlagern wollen«, äußerte Peter damals. Außerdem sei *Lear* ein Stück, das »das gut in das höfische Leben des vorigen Jahrhunderts paßt. Es ist ein militärisches Stück, ein Stück über die Hierarchie und auch über die Etikette, denn Lear muß unter großen Schmerzen erkennen, daß wir alle im Grunde nackt sind – und uns nur unterschiedlich anziehen. Meiner Meinung nach ist Lear von Anfang an verrückt, vielleicht nicht total verrückt, aber schon ziemlich senil... Er vergißt vieles und will es nicht zugeben, bis er schließlich von außen mit sich selbst konfrontiert wird, was ihn natürlich in Selbstmitleid versinken läßt.«

Shakespeares unglückseliger Monarch beschäftigte Ustinov im Herbst 1979 sehr stark und dann noch einmal im Herbst 1980. Wäre nicht ein bürokratischer Irrtum dazwischengekommen, hätte es bis Anfang 1981 so weitergehen können. Die Inszenierung sollte nach London umziehen und im Theatre Royal am Haymarket im Dezember zwölf Wochen auf dem Spielplan stehen.

Doch im September jenes Jahres kündigte das Stratford Festival Theatre diesen Teil des Vertrags mit der Begründung, man habe bis Juli keine Bestätigung der *Triumph Productions* des Londoner Theaters erhalten. Inzwischen hätten mindestens acht Mitglieder des Ensembles bereits die Hoffnung aufgegeben und anderswo Verträge unterzeichnet. Ustinov selbst hatte einige lukrative Filmangebote abgelehnt, hatte um für das Engagement in London frei zu sein, und so blieb ihm schließlich kein anderer Ausweg, als auf Vertragsbruch zu klagen. »Das gefiel mir überhaupt nicht«, erinnert er sich, »und es ist auch nicht viel dabei herausgesprungen. Wir einigten uns außergerichtlich, und ich stimmte einer nominellen Abfindung zu, weil ich Stratford nicht ruinieren wollte. Es war höchstens ein moralischer Sieg.

Diese Erfahrung veränderte jedoch glücklicherweise weder Peters positive Einstellung zum Stratford Festival («Obwohl es schlecht organisiert ist, macht es mir großen Spaß, dort aufzutreten«), noch seine Begeisterung für die Rolle des Lear. Aber wenn man ihn fragt, ob er gern noch mehr Shakespeare gespielt hätte, lautet seine prompte Antwort:

»Nein. Ich freue mich immer, wenn Leute zu mir kommen und mir sagen, wie gut ihnen meine Darstellung gefallen habe – und ich muß sagen, das passiert recht oft. Aber ich glaube nicht, daß ich mit Shakespeare besonders viel Beifall geerntet hätte. Es machte mir Spaß, King Lear zu spielen, weil ich ein Gespür für diese Rolle hatte, aber ansonsten denke ich nicht, daß ich für Shakespeare geschaffen bin. Ich kann einfach nicht so *tun,* als wüßte ich, wovon ich rede, wie das manche britische Schauspieler so gut fertigbringen... Ich habe keine Ahnung, was sie eigentlich von sich geben – und sie selbst auch nicht. Ralph Richardson war

Peter Ustinov als Meisterdetektiv von Hawaii in ›Charlie Chan und der Fluch der Drachengöttin‹.

darin ein absolutes Aß. Bei ihm hatte man immer den Eindruck, als hätte er eine Sache eingehend studiert und wüßte jetzt so gut Bescheid, daß er seinen Mitmenschen alles erklären konnte…« Nachdem die Pläne für eine Londoner Aufführung von *King Lear* ins Wasser gefallen waren, dauerte es drei Jahre, bis man Ustinov

Peter Ustinov als Meisterdetektiv Hercule Poirot in ›Das Böse unter der Sonne‹.

wieder im West End auf der Bühne sah. Doch trotz einer inzwischen zehnjährigen Abwesenheit war seine »Präsenz« am Theatre Royal am Haymarket deutlich spürbar: Im Jahr 1981 hatte sein Stück *Overheard* Premiere, in dem Deborah Kerr und Ian Carmichael die Hauptrollen spielten. Es ist eine politisch verbrämte Liebesgeschichte, die in der Britischen Botschaft eines nicht genannten Balkanlandes spielt. In Paris und in Deutschland war das Stück bereits mit großem Erfolg aufgeführt worden.

In der Zwischenzeit konzentrierte sich Ustinov jedoch auf zwei Filme. Es waren *Charlie Chan and the Curse of the Dragon Queen* (Charlie Chan und der Fluch der Drachenkönigin), in dem er mit Angie Dickinson und Lee Grant agierte, sowie sein zweiter Agatha-Christie-Krimi *Evil Under the Sun* (Das Böse unter der Sonne), in dem er wieder die Rolle des Hercule Poirot spielte. Außerdem konnte er in diesem Film wieder mit dem Produzenten John Brabourne zusammenarbeiten. Es war dessen zweiter Film nach dem Bombenanschlag der IRA, bei dem sein Schwiegervater Lord Mountbatten getötet und Brabourne selbst schwer verletzt worden war.

Peter und Hélène Ustinovs Freundschaft mit John und Patricia Brabourne (oder Gräfin Mountbatten, wie sie sich jetzt nennt) begann während der Dreharbeiten zu *Death on the Nile,* bei dem Peter einen »absolut wunderbaren Poirot darstellte. Er entsprach

Hercule Poirot (Peter Ustinov) und einer seiner Tatverdächtigen (Colin Blakeley) in ›Das Böse unter der Sonne‹.

sicher nicht jedermanns Vorstellung, aber ich glaube, für Agatha-Christie-Fans kam er der Figur bestimmt am nächsten.«

Seit dieser Zeit trafen sich die Ustinovs und die Brabournes nicht nur privat, sondern hie und da auch bei mehr oder weniger öffentlichen Anlässen, wie zum Beispiel bei einer Preisverleihung der Norton Knatchbull School in Kent, die von John Brabournes Vorfahren gegründet worden war. Peter fungierte als Conferencier und riß die Anwesenden zu Begeisterungsstürmen hin.

Kurz vor Drehbeginn von *Evil Under the Sun* hatte Brabournes vierter Sohn, Philip Knatchbull, inzwischen selbst Regisseur und Produzent, in London ein »tolles Erlebnis mit Peter«, wie sein Vater sich ausdrückte.

»Während Philip auf Jobsuche war«, berichtet Lord Brabourne, »benutzte er seinen Wagen als eine Art Privattaxi. Peter, der im Berkeley Hotel wohnte, mußte zum Arzt, weil er für den Film ein Gesundheitsattest brauchte, und wollte danach noch einkaufen gehen. Also bestellte er meinen Sohn, aber es gab ein Mißverständnis, wann sie sich treffen wollten. Philip kam viel zu spät. Als er uns davon erzählte, amüsierten wir uns köstlich über seine Beschreibung, wie er Peter vorfand: in eine winzige Telefonzelle gequetscht, wo er Erkundigungen einzog, was mit seinem Taxi passiert sein könnte. Nach dem Arzttermin fuhren sie in die Bond Street zum Einkaufen, und als er aus dem Auto stieg, sagte Peter zu Philip: ›Es wird nicht lange dauern. Warte hier auf mich, ich komme gleich wieder.‹ So saß mein Sohn in seinem orangefarbenen Peugeot 504 und wartete und wartete.

Nach einer Weile begann er sich Sorgen zu machen und beschloß, ein Stück die Straße hinaufzugehen. Plötzlich sah er Peter mit schamrotem Gesicht auf sich zukommen. ›Oh, hab' ich einen Schrecken hinter mir!‹ stöhnte er. Wie sich herausstellte, parkte ein Stück weiter ein anderes orangefarbenes Auto, in das Peter sich gesetzt hatte, bis er endlich merkte, daß es das falsche war. Nach ihrem vorherigen Mißgeschick hat er Philip schon verflucht und sich gefragt, wo er wieder abgeblieben sein könnte.«

Ende des folgenden Jahres kam Ustinov noch einmal zum Edinburgh Festival. Mit *Die Hochzeit,* einer unvollendeten Oper von Modest Mussorgski, die nach Nikolai Gogols gleichnamiger Komödie entstanden war. Ustinov sollte die Aufführung leiten und selbst auftreten. Die Geschichte dieser Inszenierung – jedenfalls Peters Beteiligung daran – begann, als ihm die Mailänder Scala

Peter Ustinov und seine Tochter Pavla in der Neuverfilmung des Lein-wandklassikers ›Der Dieb von Bagdad‹.

den Vorschlag unterbreitete, er solle sich Gedanken machen, wie man den einzigen Akt dieser Oper – die Mussorgski im Juli 1868 begonnen und kurz darauf zugunsten eines anderen Auftrags abgebrochen hatte – zur Aufführung bringen könnte.

Peter löste das Problem, indem er eine Rahmenhandlung schrieb und sie *Proben für ›die Hochzeit‹* untertitelte. Er erfand ein russisches Provinzensemble, das den einzigen Akt der Oper seit sechs Jahren probt und darauf wartet, daß der Komponist endlich den Rest abliefert. In Mailand wurde das Stück, wie Peter berichtet, »vor einem Opernpublikum als Oper aufgeführt, und wir bekamen eine großartige Presse«.

In Edinburgh gehörte auch Ustinovs 28jährige Tochter Pavla zum Ensemble, die, wie ihre Halbschwester Tamara, Schauspielerin war und außerdem in Los Angeles als Drehbuchautorin für das Fernsehen arbeitete. Als das Werk im September 1982 im Royal Lyceum Theatre zur Aufführung kam, wurde es recht ablehnend aufgenommen. Rückblickend muß man feststellen, daß daran vor allem eines schuld war: In einem Programm, das längst nicht so reichhaltig war wie in den vorangegangenen Jahren, galt eine neue Ustinov-Inszenierung als das bei weitem interessanteste Ereignis. Offensichtlich war aus dem Werbematerial nicht zu entnehmen gewesen, daß es sich um die Rekonstruktion einer unvollendeten Oper handelte und nicht um ein neues Stück.

»In Edinburgh dachten alle, ich sei ungeheuer faul, weil ich als zentralen Teil des Stücks diese Oper übernahm«, erklärt Peter heute. »Und weil die Aufführung in einem Theater stattfand, waren die Zuschauer der Meinung, sie sei als Bühnenstück einfach nicht angemessen. Aber es war eine *Oper* – darum ging es ja gerade.«

Als wollten sie das Mißverständnis noch verschlimmern, zerrissen die Kritiker die Aufführung gnadenlos. »In einem Studio hätte es ja noch recht nett sein können, aber als großes Festivalereignis war es ein schlechter Witz«, schrieb Michael Billington im *Guardian.* »Das Ganze war eine absolute Katastrophe«, äußerte Michael Coveney in der *Financial Times* trocken. John Barber vom *Daily Telegraph* vertrat die Ansicht: »Als Höhepunkt des offiziellen Festivalprogramms wirft diese ›Hochzeit‹ ein ausgesprochen schlechtes Licht auf die Ehe.« Auch Jack Tinker stimmte für die *Daily Mail* in den allgemeinen Chor der Mißfallensäußerungen ein und fügte eine' persönliche Anmerkung hinzu: »Ich habe schon lange aufgehört, mich über Mr. Ustinovs groteske schauspielerische Höhenflüge zu amüsieren, denn man merkt nur allzu deutlich, daß er mit seiner Leistung selbst so zufrieden ist, daß es für uns beide reicht.«

Um wenigstens eine Spur von Gleichgewicht in all die Empörung und Enttäuschung zu bringen, wandte sich Irving Wardle vonder *Times* mit erhobenem Zeigefinger auch an die Organisatoren des Festivals:

»Ustinov mußte für die unglücklichen Umstände bezahlen. Man könnte behaupten, daß er selbst dazu beigetragen hat, indem er sich bereit erklärte, im großen Haus zu spielen, aber es war der Festivalausschuß, der ihn dorthin geschickt und aus seinem Namen Kapital geschlagen hat, genauso wie man herumtrompetet hat, daß Irene Worth auftritt, um eine italienische Oper ohne Musik zu präsentieren. Es war ihre Schuld, nicht Ustinovs.«

Politisch-humanitäres Engagement

Zehn Jahre nachdem *Die Hochzeit* in Edinburgh durchgefallen war, wurde sie in mehreren Opernhäusern Europas aufgeführt, was Peter natürlich mit großer persönlicher Befriedigung erfüllte. 1982 allerdings setzte er sich über die feindselige Reaktion der britischen Kritik erst einmal hinweg und wandte sich einem Projekt zu, das fast sieben Jahre brachgelegen hatte.

Die Filmrechte für *Memed, My Hawk* (Memed, mein Falke), einen 1963 erschienenen Roman des türkischen Schriftstellers Yasar Kemal, gehörten damals 20th-Century Fox. Studiochef Darryl Zanuck hatte Ustinov bereits gefragt, ob er das Buch verfilmen wolle. Das Drehbuch war allerdings eher »John Wayne mit Fez« als eine Abhandlung über türkische Bauern in den zwanziger Jahren – sonst hätte Ustinov wahrscheinlich zugestimmt.

Peter wäre gern bereit gewesen, ein neues Drehbuch für Fox auszuarbeiten, aber bevor er etwas in diese Richtung unternehmen konnte, verschuldete sich das Studio auf Grund einer Reihe teurer Flops so sehr, daß Zanuck sich zurückzog. Ende 1970 konnte Ustinov die Option auf die Verfilmung des Romans werben, und seine beiden Coproduzenten Fuad Kavur und Brian Smedley-Aston machten sich auf die Suche nach Geldgebern, um *Memed* auf die Leinwand zu bringen.

In seinem Roman erzählt der für den Nobelpreis nominierte Yasar Kemal die Geschichte des jungen, unzufriedenen anatolischen Hirten Memed, der sich als Gesetzloser in die Berge zurückzieht und schließlich zum Volkshelden wird, als er seine Bande gegen den Tyrannen Abdi Aga führt. Die Erzählung spiegelt die politischen Ereignisse in der Türkei zu Beginn der zwanziger Jahre wider, als Mustafa Kemal, besser bekannt als Kemal Attatürk, sich die Macht erkämpfte. Er stürzte den Sultan Abdul Mejid vom Marmorthron seines Rokokopalastes in Istanbul und ernannte sich im Jahr 1923 – in dem auch die Handlung von *Memed* spielt – zum Präsidenten der neuen türkischen Republik.

Ustinov schrieb nicht nur das Drehbuch, sondern übernahm auch die Rolle des Abdi Aga. Zur Besetzung gehörten außerdem Herbert Lom als Millionär und Grundbesitzer Denis Quilley, Michael Elphick, Rosalie Crutchley und der Neuling Simon Dutton in der Rolle des heldenhaften Memed. Im Oktober 1982 begannen endlich die Dreharbeiten in Jugoslawien. Doch schon bald blieb die Produktion stecken, denn ohne Peters Wissen hatten sich die finanziellen Absprachen teilweise als unrealisierbar erwiesen, und ein großer Prozentsatz des zugesagten Kapitals war nie aufgetaucht.

Nun war Ustinov in einer schwierigen Lage: nicht nur seine persönliche Integrität stand auf dem Spiel, es bestand auch die Gefahr, daß sämtliche Schauspieler und die gesamte Filmcrew von einem Tag auf den anderen arbeitslos werden würden. Daraufhin übernahm Ustinov persönlich die Verantwortung und finanzierte den Rest des Films aus eigener Tasche. Sein Agent Steven Kenis meinte dazu: »Meiner Ansicht nach riskierte Peter *persönlich* nicht sehr viel; er hätte dem Projekt einfach den Rücken kehren und andere die Suppe auslöffeln lassen können. Das kommt im Filmgeschäft schließlich öfter vor. Aber weil er nun einmal Peter Ustinov ist, kam es für ihn nicht in Frage, seine Leute im Stich zu lassen. Er rannte nicht herum und raufte sich die Haare, sondern bezahlte einfach in aller Stille die Schulden, die anstanden.« Sieben Jahre dauerte es, bis die Summe abbezahlt war.

Im September 1983 fand in London die Welturaufführung von *Memed* statt. Die Vorführung lief im ABC-Kino in der Shaftesbury Avenue zugunsten der UNICEF und in Anwesenheit des Prinzen und der Prinzessin von Kent. Leider wurde der Film längst nicht so erfolgreich, wie es sich seine Produzenten erhofft hatten. Vier Monate zuvor war Peter seit langem wieder im West End als Schauspieler aufgetreten. Man hatte ihn hier seit *The Unknown Soldier and His Wife* im Jahr 1973 nicht mehr gesehen. Im Mai 1983 fand im Vaudeville Theatre die Premiere von *Beethoven's Tenth* statt. Später ging Ustinov mit dem Stück auf Tournee nach Amerika und spielte es vom Winter 1987 bis zum Frühjahr 1988 auf deutsch in Berlin. Ustinov erweckte Beethoven zu neuem Leben und setzte ihn in die Londoner Wohnung eines ziemlich eingebildeten Musikkritikers, der zu allem Überfluß auch noch Beethovenkenner ist. Nach der Ansicht von Sheridan Morley, dem Kritiker von Punch, »führen die beiden einen doppelten Kraftakt voll geballter Menschlichkeit und umwerfendem Charme vor – man sollte dieses unschlagbare Stück auf keinen Fall verpassen. Auf seiner »Stippvisite« hilft Beethoven, die Schwierigkeiten zwischen dem Kritiker, dessen Frau und Sohn auszuräumen und nimmt sich sogar die Zeit, mit Hilfe eines Hörgeräts, das der Hausarzt seines »Gastgebers« gestiftet hat, seinem eigenen Werk zu lauschen. Vereinzelte Kritiker machten vorsichtige Andeutungen, der Abend sei vielleicht ein wenig lang geworden, aber im ganzen fand Ustinovs 23. – und bis heute letztes – Stück eine herzliche Aufnahme.

Wie der *Observer* schreibt, war es »ein fulminantes komödiantisches Ereignis«, und selbst Michael Billington, der im *Guardian* Ustinovs Inszenierung von *Die Hochzeit* als »schlechten Witz« abgetan hatte, schrieb über *Beethoven's Tenth:* »Das Stück schenkt dem West End, wo man ansonsten zur Zeit in Nostalgie zu versinken droht, eine kräftige Dosis geistreichen Humors und verbaler Eleganz.«

Ein häufig zitierter Ausspruch von Peter Ustinov besagt, daß er »lebt wie ein Engländer, denkt wie ein Franzose und fühlt wie ein Russe«. Vielleicht erklärt das auch, warum er so oft gefragt wird: »Wo liegen nun eigentlich Ihre Wurzeln?«

»Immer, wenn man mich das fragt«, meint Ustinov dazu, »dann antworte ich, daß ich finde, man kann seine Wurzeln einfach in zivilisiertem Verhalten haben. Andere ›Wurzeln‹ will ich gar nicht.« Und er schrieb einmal zu diesem Thema: »Es gibt keine Nationalhymne, zu der mein Fuß den Takt schlagen möchte, und keine Nationalfeier, bei der ich einen Kloß im Hals bekomme.« Ein bestimmter Teil seiner kosmopolitischen Herkunft hat allerdings schon immer besonderes Interesse erweckt: die enge Verbindung zu Rußland.

Seit über zwanzig Jahren, vielleicht sogar schon seit seinem ersten Rußlandbesuch im Jahr 1963, hat Ustinov als eine Art inoffizieller Botschafter zur Verbesserung der Ost-West-Beziehungen beigetragen. In einem unserer ersten Gespräche über dieses Thema meinte Peter: »Ich habe immer darauf geachtet, pragmatisch und sehr zurückhaltend vorzugehen, denn sonst läuft man Gefahr, überheblich zu werden und sich einzubilden, man habe irgendeine Mission. Ich habe keine Mission, abgesehen davon, daß wir nicht mit Raketen spielen sollten, denn sie reflektieren, demokratisch gesehen, nicht den Willen der Menschen. Und wenn ich dadurch auch nur ein paar Menschen beeinflußt habe, dann finde ich das durchaus angemessen.

Zu Beginn der achtziger Jahre nahm Ustinov Harold Macmillans

Aufforderung an, ein Buch über Rußland zu schreiben – vor allem, weil er sich sehnlichst eine Annäherung zwischen Ost und West wünschte. Seiner Aussage nach sollte das Buch »ein paar Mißverständnisse ausräumen, welche die Atmosphäre vergiftet haben«. Als es 1983 vom Londoner Verlag des ehemaligen Premierministers veröffentlicht wurde, kritisierte man *My Russia* (Mein Rußland als Schönfärberei. In dem Buch, meinten die Kritiker, gehe es »zuviel um Mütterchen Rußland und zuwenig um Onkelchen Stalin«.

Sicher stimmt es, daß Menschenrechte und andere wichtige Themen in dem Buch nicht angesprochen werden, aber andererseits war es Ustinovs erklärte Absicht, sich auf die menschlichen Aspekte zu konzentrieren, auf die Geschichte des Landes und seine Bewohner. Sein Ziel war es, das finstere Bild vom »Reich des Bösen«, das Ronald Reagan beschworen hatte, wenigstens ansatzweise zurechtzurücken.

Ein Jahr nach seiner Veröffentlichung bildete *My Russia* die Grundlage für eine sechsteilige Fernsehdokumentation, produziert von John McGreevey und seiner kanadischen Filmgesellschaft JMP. Die Dreharbeiten begannen während der 13monatigen Regierungszeit von Konstantin Tschernenko, der ausgesprochen zugänglich war, als Ustinov und McGreevey um Dreherlaubnis und Drehmöglichkeiten nachsuchten: in Dörfern, großen und kleinen Städten überall im Land durfte gedreht werden – von Moskau, Leningrad, Zagorsk, Nowgorod und Smolensk im Westens bis nach Nowosibirsk und Irkutsk am Ufer des Baikalsees mitten in Sibirien. Alles in allem legte die Crew Entfernungen von über 30.000 Kilometern zurück. Als die Dreharbeiten 1985 beendet waren, lebte Tschernenko nicht mehr, und Michail Gorbatschow hatte seine Nachfolge angetreten.

Die Dokumentation *Peter Ustinovs Rußland* erhielt den Untertitel *Eine persönliche Geschichte,* der verdeutlicht, daß es um die Position ihres Autors und Moderators geht. Zuerst wurde sie vom kanadischen Fernsehen ausgestrahlt, danach überall in Europa und den Vereinigten Staaten, und zwar, wie das Magazin *Film Comment* feststellte, mit »hervorragenden Bewertungen«. Es war eine informative und visuell beeindruckende Produktion, die – abgesehen von einigen stupiden Bemerkungen englischer Kritiker – sowohl Ustinov als auch McGreevey große Anerkennung einbrachte.

Im Oktober 1986 reiste Peter, der in der ehemaligen Sowjetunion vor allem als Schriftsteller bekannt ist und oft zu Autorentreffen eingeladen wird, wieder gen Osten. Diesmal zog es ihn nach Kirgisien zum Issyk-Kul-See am Fuß der Tien-Shan-Berge an der chinesischen Grenze. Dort war er Gast von Tschingis Aitmatow, zusammen mit den amerikanischen Schriftstellern Arthur Miller und James Baldwin, Augusto Forti von der UNESCO, dem französischen Nobelpreisträger Claude Simon, dem türkischen Autoren Yasar Kemal, dem äthiopischen Künstler Afework Tekle sowie dem amerikanischen Futurologen Alvin Toffler und dessen Frau, der Philosophin Heidi Toffler. Aitmatow, ein hervorragender Schriftsteller und gleichzeitig Mitglied des Obersten Sowjet der kirgisischen Republik, wird von Arthur Miller als »der vielleicht berühmteste Romanschriftsteller und Bühnenautor seines Landes« gepriesen. Ustinov selbst hält Aitmatow für »visionär«.

Aitmatows Ziel war es, eine Gruppe von – wie er sich ausdrückte – »kulturellen Persönlichkeiten« um sich zu scharen, die ein gemeinsames Interesse am Schicksal der Zivilisation verbinde. Diese sollten über die Zukunft der Erde und ganz speziell über die Frage diskutieren, wie man den Eintritt ins dritte Jahrtausend vollziehen könne, ohne daß die Menschheit sich selbst vernichtet. Drei Tage lang tauschten die Mitglieder der Gruppe, die sich »Das Issyk-Kul-Forum« nannten, »intensiv und gutgelaunt und ohne jede Beeinflussung von außen« (so Ustinov) ihre Meinungen aus. Danach übergaben sie ihr »knappes Manifest« sowohl Michail Gorbatschow als auch Ronald Reagan. Als spontane Reaktion erhielten sie von dem Mann, der kurz darauf der erste Präsident der Sowjetunion werden sollte, eine Einladung zu einem Treffen im Kreml vier Tage später, am 20. Oktober.

»Man teilte uns mit, das Treffen finde Punkt elf Uhr statt und werde genau eine Stunde dauern«, erinnert sich Peter später. »Es wurde aber eine ziemlich russische Angelegenheit: Zwar fingen wir wirklich Punkt elf an, verabschiedeten uns aber erst knapp drei Stunden später.«

In seiner Autobiographie *Timebends* (Zeitkurven) schrieb Arthur Miller über das Treffen:

»Anders als seine Vorgänger sah Gorbatschow nicht aufgeschwemmt aus wie ein Trinker; er hatte ein waches Lächeln und ein geistreiches Funkeln in den Augen. Die Atmosphäre permanenter Aktivität, welche er verbreitete, erinnerte mich ein wenig an John Kennedy... Hier, im Kreml, war das Herz der Finsternis oder aber der Strahl des Lichts und der Hoffnung – je nach dem, wie man es sehen wollte –, und Gorbatschows schlichte menschliche Normalität verstärkte nur das Geheimnis seiner Macht, denn ich spürte, daß unter der Autorität, die er ausstrahlte, ein starker innerer Drang ihn vorwärtstrieb.«

Bei dem Treffen sprach jeder Teilnehmer des Forums ein globales Thema an, das ihm persönlich besonders am Herzen lag. James Baldwin redete über die Dritte Welt, und Ustinov ergriff die Gelegenheit, die Probleme der Entwicklungsländer zu erwähnen, die ungeheuren Aufgaben, denen Organisationen wie die UNICEF gegenüberstehen, und die Hilfe, welche der Rest der Welt, natürlich auch die Sowjetunion, dazu beitragen könnte.

Wissenschaftlicher Fortschritt, Informationsfreiheit, Erziehung, Bildung, Kommunikation und so weiter – dies alles gehörte zu den Themen, die andere Forumsmitglieder dem Sowjetführer vortrugen, und natürlich diskutierte man auch über die nukleare Bedrohung. Hier ein Auszug aus Gorbatschows Erwiderung:

»Ich glaube, diese Begegnung hier entspringt unserer gemeinsamen Sorge um die Welt, in der wir leben. Es gibt viele Gründe, weshalb wir uns über ihre Gegenwart und ihre Zukunft den Kopf zerbrechen. Das Issyk-Kul-Forum hat Menschen unterschiedlicher Berufe und Überzeugungen zusammengeführt, und gerade darin sehe ich sein wichtigstes Verdienst. Es war eine Demonstration im kleinen, daß die Menschheit die Chance hat, gemeinsam zu handeln. Ganz unterschiedliche Menschen haben an Ihrem Forum teilgenommen, und hierin liegt seine große Stärke. Die Teilnehmer überwanden das, was sie trennte, und einigten sich auf der wichtigsten Ebene: der universellen Verantwortung für die Zukunft der Menschheit. Das ist eine Lektion, die wir alle lernen müssen.«

Im Jahr darauf traf sich das Forum in der Schweiz, wo Ustinov als Gastgeber fungierte, dann in Spanien und in Mexiko. 1990 versammelte man sich wieder in der Sowjetunion und traf sich ein zweites Mal mit Gorbatschow. Über das Forum, das Brücken schlagen soll zwischen den Intellektuellen in aller Welt, berichtet Peter: »Es ist eine sehr verdienstvolle Initiative, aber »ich weiß natürlich nicht, wieviel greifbaren Fortschritt sie bringen wird. Andererseits kann sich so etwas ohnehin nur langsam entwickeln. Man sieht erst hinterher, welche Bedeutung eine Aktion gehabt hat...«

Obwohl Ustinov nie etwas für Heldenverehrung übrig gehabt hat, hält er mit seiner Bewunderung für Gorbatschow nicht hinter dem Berg. »Er ist zweifellos *der* Mann des Jahrhunderts«, meint er. »Alles, was in Osteuropa geschehen ist, ob gut oder schlecht, ist letzlich auf seine Person zurückzuführen. Vielleicht ist er tatsächlich im Ausland populärer als zu Hause, aber es gibt keinen Weg zurück aus der Perestroika. In unser aller Interesse müssen wir dafür sorgen, daß dieser Mann Erfolg hat.«

Solche Überlegungen bestärkten Peter in seinem Bedürfnis, die positiven Seiten Rußlands zu verbreiten – vor allem angesichts der Arroganz mancher westlicher Politiker. 1986 wartete er bei einer öffentlichen Veranstaltung auf das Eintreffen der englischen Königin und sah sich auf einmal Margaret Thatcher gegenüber. Zwar gibt er zu, daß er sie »als Mensch faszinierend« findet, aber er ist ein entschiedener Gegner ihrer Politik.

»Ich habe darüber nachgedacht, was Sie mir bei unserem letzten Treffen gesagt haben«, sprach Thatcher ihn an. Peter hatte keine Ahnung, was sie damit meinte, doch die »eiserne« Lady fuhr fort: »Wissen Sie was – Sie haben absolut unrecht.«

Als er sie fragte, auf welches Gespräch sie sich denn beziehe und worauf sie hinauswolle, antwortete sie: »Es gibt in Rußland keine öffentliche Meinung.«

Überrascht, konterte Peter: »Wahrscheinlich hatten die Russen deshalb zwei große Revolutionen, während die Briten nur Fußballkrawalle und ein paar hitzige Streiks aufweisen können.«

»Machen Sie weiter«, bat Mrs. Thatcher, eine für sie erstaunliche und seltene Aufforderung. Doch leider erschien in diesem Moment die Königin.

Inflexibilität hat Ustinov schon immer geärgert. Doch in der politischen Arena wandelt sich sein Ärger in Wut, vor allem, wenn die Sturheit die Grundfesten der Demokratie bedroht. In Großbritannien gehörte die Regierung Thatcher in diese Kategorie: »vergiftet vom Monetarismus« und »geschlagen mit einer fatalen Kurzsichtigkeit«.

Als Liberaler – vom Temperament als auch von der politischen Einstellung her – hält Peter eine gemäßigte Position für die »einzig richtige«. Sein ganzes Leben lang hatte er »ein sehr starkes Gefühl für Ausgewogenheit. Das war schon immer mein zentrales Anliegen, beinahe metaphysisch.« Andererseits »ist die Mittelposition am schwersten zu verteidigen. Ich war schon immer ein Liberaler, aber ein *militanter* Liberaler. Ich sehe auch gar nicht ein, weshalb eine gemäßigte Position unbedingt passiv sein muß, nur weil sie in der Mitte liegt.

In gewisser Weise bin ich sehr zurückhaltend und sogar schüchtern. Aber wenn mich jemand auf die Palme bringt, dann werde ich unerbittlich. Insgeheim bin ich doch ein ziemlich kampflustiger Mensch. Aber ich glaube, daß der Standpunkt der Mitte der richtige ist, weil schließlich selbst in der Natur alles dualistisch ist – sogar Gott und der Teufel, die ja auch irgendwie unzertrennlich sind. Aber die hohen Noten auf dem Klavier sind, genau wie die tiefen, wesentlich dramatischer als zum Beispiel das mittlere C. Grau ist eine langweilige Farbe verglichen mit Schwarz oder Weiß – was aber nicht seine Bedeutung mindert. Die Wahrheit liegt sehr oft in der Mitte und ist nicht unbedingt das Ergebnis eines Kompromisses. Die Wahrheit ist oft schwer zu sehen, aber wenn ich sie suche, dann immer in der Mitte und nie an den Extremen.

Mich faszinieren Extreme nicht. Ich glaube, sie sind falsch, weil sie viel zu einfach sind. Diese Flegel, Anarchisten oder wie sie sich nennen, die auf die Straße gehen, Krawall schlagen und Fensterscheiben einwerfen, müssen nicht mehr nachdenken. Sie geben einfach ihren Impulsen nach. Das ist leicht. Oder die SA-Männer, die ich als Junge in Deutschland gesehen habe, die alle schrien: ›Deutschland erwache.‹ Das gibt ihnen ein Gefühl der inneren Verbundenheit, und für eine bestimmte dumpfe Mentalität kann es nichts Angenehmeres geben als den Klang marschierender Stiefel im Gleichschritt: *und-du-bist-nur-ein-Räd-chen-im-Getriebe-und-das ist-wunderbar.* Die Stimme des einzelnen hört man in der Masse nicht mehr, gerade dann, wenn es am allerwichtigsten wäre.«

Gleichzeitig mit der Produktion der Sendereihe über die Sowjetunion (1984/85) begann Peter eine weitere Serie, die prominente Persönlichkeiten des öffentlichen Lebens vorstellen sollte. Die Dokumentation mit dem Namen *Peter Ustinovs People* beruhte auf einer Idee von Sheamus Smith, einem ehemaligen Kommen-

Peter Ustinov (›Spartacus‹) und Shirley Jones (›Elmer Gantry‹) bei der Oscar-Verleihung 1960.

tator des irischen Fernsehens, der mittlerweile offizieller Filmzensor des Landes war.

Sheamus berichtet: »Eines Tages saß ich mit Peter beim Essen und erläuterte ihm, welche Vorteile eine solche Sendereihe hätte:

Erstens ist Ustinov bei allen beliebt. Zweitens könnte niemand sagen, die Sendung sei britisch beeinflußt, weil wir sie fürs irische Fernsehen machen, das mit der BBC nichts zu tun hat.«

Thema einer der ersten Sendungen war König Hussein von Jordanien, der mir schrieb, die Begegnung mit Ustinov habe ihm »großes Vergnügen« bereitet. »Obwohl wir uns zum erstenmal begegneten, war mir Mr. Ustinov kein Unbekannter, denn schon seit vielen Jahren bereichert er die Filmindustrie und das Theater mit seiner Kreativität, seinem geistreichen Humor, seinem Charme und seinen hervorragenden schauspielerischen Leistungen.«

Zuerst wurde Ustinov mit Husseins vierter Frau bekannt gemacht, der halb amerikanischen, halb libanesischen Königin Noor, die mit ein paar Kindern im Palastgarten von Amman spielte. Dann begab er sich zum König, um ein Interview aufzunehmen, in dem Hussein erfrischend offen und ungekünstelt über sein Leben und seine Karriere als einer der letzten autokratischen Monarchen der Welt berichtete.

Im Oktober 1984 führte ein weiteres Programm der Sendereihe – Titel: *The Fire and the Poenix* – nach Neu-Delhi, wo er die indische Premierministerin Indira Gandhi interviewen wollte. Erst vier Monate zuvor hatte die stets umstrittene Mrs. Gandhi für Schlagzeilen gesorgt, als sie ihren Truppen den Befehl erteilte, den Tempel in Amritsar, das Allerheiligste der Sikhs, zu stürmen. Davor hatten militante Sikhs vier Tage lang einen Tempel belagert, um ihrer Forderung nach der Unabhängigkeit des Sikh-Staats »Khalistan« Nachdruck zu verleihen. Über 700 Extremisten kamen bei den Auseinandersetzungen ums Leben, und täglich trafen Morddrohungen gegen die Premierministerin und Mitglieder ihrer Familie ein.

Im Oktober verbrachten Ustinov, Sheamus, Kameramann Rory O'Farrell und die übrige Crew zunächst zwei Tage mit vorbereitenden Aufnahmen, ehe das Interview mit der Ministerin selbst an die Reihe kam. Das Treffen war für den Vormittag des 31. Oktober im Garten von Gandhis Büro in der Akbar Road angesetzt.

Ganz in Saffrangelb gekleidet, was nach dem Glauben der Sikh Martyrium bedeutet, verließ Mrs. Gandhi ihre nahegelegene Residenz, während Peter (wie Sheamus Smith sich erinnert) »bereits Platz genommen hatte. Neben ihm sollte die Premierministerin sitzen, ihr Mikrophon war bereits angeschlossen, der Tee bestellt.« Doch als Ghandi über den Rasen vor ihrem Büro schritt, feuerten ihre eigenen Sikh-Leibwächter zehn Schüsse auf sie ab. Unterinspektor Beant Singh, der neun Jahre lang einer ihrer Beschützer gewesen war, schoß die Premierministerin in den Bauch, und als sie stürzte, eröffnete Constable Satwant Singh das Feuer. Achtzig Meter vom Tatort entfernt, hörten Ustinov und seine Kollegen die Schüsse, konnten aber nichts sehen. »Ich hörte drei einzelne Schüsse und dann das Rattern von Maschinengewehrfeuer«, berichtete Peter den Zeitungsreportern, nachdem die Polizei ihn und den Rest des Teams fünf Stunden festgehalten und vernommen hatte.

Während in ganz Indien die Hölle losbrach und blutige Anti-Sikh-Aufstände entbrannten, wurde Peter von der internationalen Presse belagert. Alle fragten ihn nach dem Preis, den er für seine Fotos von der Ermordung der Staatschefin haben wollte. »Wahrscheinlich hat mir niemand geglaubt, daß ich keine hatte. Wie sollten wir auch? Wir hatten das Attentat ja gar nicht gesehen.«

Ein paar Tage später wurde Peter am frühen Morgen von einer Fotografin mit einem ganz anderen Anliegen aus dem Bett geholt. Am 28. Oktober war Prinzessin Anne als Präsidentin des Kinderhilfsfonds zu einem offiziellen Besuch in Indien eingetroffen. Die Fotografin Jayne Fincher, bekannt für ihre offiziellen und inoffiziellen Aufnahmen der königlichen Familie, sollte die Prinzessin begleiten. Am Morgen des Attentats reiste sie mit ihr nach Uttar Pradesh, etwa 300 Kilometer von Neu-Delhi entfernt, wo sie eine tibetische Baustiftung besichtigen wollten. Als sie dort die Nachricht vom Tod der Premierministerin hörten, wurde sofort ein Flugzeug bereitgestellt, damit die königliche Gruppe umgehend in die Hauptstadt zurückreisen konnte, wo die Prinzessin eigentlich mit der Premierministerin hätte zu Abend essen sollen.

Jayne erhielt, nachdem sich auch Prinzessin Annes Hofdame für sie eingesetzt hatte, die Erlaubnis, den Jeep der britischen Botschaft zu benutzen, und machte sich auf die abenteuerliche Rückfahrt nach Neu-Delhi. Am nächsten Tag gelang es ihr, sich unter die Staatsbeamten und die trauernde Familie zu mischen und die ersten Bilder der toten Premierministerin zu machen, deren Leiche man soeben für die Verbrennungszeremonie präpariert hatte. Nun stand Jayne vor dem Problem, wie sie den Film aus Indien heraus und nach England bringen sollte. Irgend jemand schlug vor, Peter Ustinov zu fragen, der zufällig im selben Hotel wohnte und an diesem Morgen nach England zurückfliegen wollte.

»Ich warf einen Blick auf meine Uhr«, erinnert sich Jayne, »und rief: ›Was, ich soll Peter Ustinov fragen? Um zwei Uhr morgens?‹ « Aber schließlich blieb ihr keine andere Wahl‹, wenn sie ihre Konkurrenten ausstechen wollte. Ziemlich nervös pochte sie an Peters Tür. Als er endlich öffnete, bot er ihr sofort seine Hilfe an und fügte mit einem Lächeln hinzu: »Ich nehme an, Ihre Kontaktperson in London wird mich erkennen.«

Zehn Monate später kehrte Ustinov nach Neu-Delhi zurück, um *The Fire and the Phoenix* mit Hilfe von Rajiv Gandhi fertigzustellen, der schon ein paar Stunden nach dem Tod seiner Mutter zu Indiens neuem Ministerpräsidenten ernannt worden war.

Ein Teil des Charmes von John Brabournes Filmversionen der Poirot-Geschichten von Agatha Christie beruht zweifellos darauf, daß man ein Gefühl für die Zeit bekommt, in der sie angesiedelt sind. Der Mangel an Authentizität amerikanischer Fernsehproduktionen, welche die Geschichten für den Massenmarkt aufpolieren, ist vielleicht einer der Gründe, weshalb Verfilmungen wie *13 At Dinner, Deadman's Folly und Murder in Three Acts* bei einem großen Teil des englischen Publikums auf wenig Gegenliebe stießen.

Ein Poirot, der auf einem Motorrad herumbraust, mit ein paar »Puppen« auf einer paradiesischen Insel Urlaub macht oder zusieht, wie ein Filmstar in Londons Docklands einen Abenteuerfilm dreht, entspricht Agatha Christies Intentionen ebensowenig wie der Versuch, das typisch englische Dörfchen St. Mary Mead an den Rand der Wüste von Arizona zu verlegen, um Helen Hayes' Miss Marple ein wenig glaubwürdiger zu machen.

Dennoch hat Ustinov in all diesen Fernsehproduktionen den belgischen Detektiv dargestellt, mit der tatkräftigen Unterstützung von Jonathan Cecil als sein Freund Captain Hastings.

Zwischendurch tat sich Peter noch einmal mit John McGreevey zusammen, um eine zweistündige Dokumentation über China zu drehen. Zum erstenmal wurde *Peter Ustinov in China* von *Global Television* in Toronto ausgestrahlt, doch die Produktion stand unter der Schirmherrschaft der UNICEF, für die Peter die riesige Volksrepublik im September 1986 bereiste. 1987 gewann die Sendereihe den ACE-Award.

Seine Reise sollte ihn von Peking nach Tibet und von dort für zwei Tage nach Hongkong führen. Zu Beginn seines vollgepackten

Peter Ustinov und Faye Dunaway in dem TV-Krimi ›Mord à la carte‹ nach Motiven von Agatha Christie.

Zwölftagesprogramms besichtigte Peter die in der Kaiserzeit errichtete Verbotene Stadt, deren Fertigstellung 14 Jahre gedauert hatte und die 900 Räume umfaßt. Dann besuchte er die 6000 Kilometer lange Chinesische Mauer, deren Errichtung im 5. Jahrhundert vor Christus begonnen hatte und die man als einziges von Menschenhand geschaffenes Bauwerk sogar vom Mond aus erkennen kann. Auch die obligatorische Stippvisite an Maos Schrein beim Tor des himmlischen Friedens ließ er nicht aus. Man führte ihn durch die siebenstöckige buddhistische Pagode der Großen Wildgans in Xi'an, die aus dem Jahr 652 stammt, 1897 Zimmer umfaßt und in der noch heute 300 Mönche in völliger Abgeschiedenheit leben. Auch die erst 1974 entdeckte, 8000 Mann starke Terrakotta-Armee wurde ihm vorgeführt, die zum Teil von einem Bauern gefunden worden war, der während der großen Dürre einen Brunnen graben wollte. Peter starrte die Krieger an:

> »Sie erinnern mich an manche antiken griechischen Statuen, vor denen man vollkommen sprachlos stehenbleibt, weil sie den menschlichen Körperbau und die menschliche Natur so akkurat wiedergeben und weil der Gesichtsausdruck jeder einzelnen anders ist. Manche sehen ängstlich aus, manche wie erstarrt, manche fürchten sich, andere sind wild entschlossen, manche mutlos, andere tatenkräftig. Manche sind schlicht und einfach faul. Ein *wundervoller* Querschnitt durch die menschliche Gesellschaft vor 2000 Jahren oder auch von heute, wenn man sie richtig betrachtet.

Doch die Besichtigung der Touristenattraktionen waren nicht Peters einzige Aufgabe bei diesem ersten Besuch in China. Die offizielle Verlautbarung war, die Reise sei arrangiert worden, »um Mr. Ustinov die Gelegenheit zu geben, Chinas Entwicklungsprobleme, den Wissensstand und die ausländischen Hilfsmaßnahmen aus erster Hand kennenzulernen«. Nach den glanzvollen Momenten der kaiserlichen Vergangenheit konfrontierte man Peter mit den Realitäten der Gegenwart.

Peter besuchte Kansu, Chinas ärmste Provinz mit ihrem »trockenen, sandigen Boden, den der Wind als Staub davonwirbelt, von dem der Gelbe Fluß seinen Namen hat«, und besichtigte Lantschou, ihre Hauptstadt. Vor langer Zeit war sie eine große Garnisonsstadt an der berühmten Seidenstraße gewesen, Columbus und Marco Polo hatten diese Straße bereist, in einem Tempo, das »dem Gedanken seine Tiefe und dem Ehrgeiz das angemessene Maß verlieh«. Hier konnte Peter beobachten, wie das Impfungsprogramm gegen Cholera und Polio ausgearbeitet und angewandt wurde. Außerdem erfuhr er auch einiges über die Schwierigkeiten, das Serum in die 86 Verwaltungsbezirke der Provinz zu verschicken. Wegen der geringen Bevölkerungsdichte und der unwegsamen, gebirgigen Landschaft braucht die UNICEF oft zwei

Monate, um ein Dorf zu erreichen, und in dieser Zeit verlieren viele Impfstoffe ihre Wirkung.

Im Dorf Xi Pa, wo noch niemand je ein weißes Gesicht gesehen hatte, zeigte man Peter Häuser mit Wänden aus Tonerde, in denen es weder Elektrizität noch Gas gibt. Doch die Regierung der Provinz stellt jeder Familie einen Solarbrenner zur Verfügung. An der Grenze zu Vietnam besichtigten Ustinov und seine Begleiter die Reisfelder («ein einziger riesiger Sumpf) und stiegen in eine der »einzigartigen Höhlen Chinas hinab, die vor Jahrmillionen in dem Kalkgestein am Meeresgrund entstanden sind«. Peter schreibt, daß in dieser Umgebung, die erfüllt ist mit einem gespenstischen grünen, blauen und bronzenen Licht, »...die Chinesen den Iren mit ihren Kobolden und den Norwegern mit ihren Gnomen weit überlegen sind. Hier, in diesen riesigen Höhlen, kann man alles mögliche sehen: seltsame Drachen und Wesen aus einer anderen Welt, die miteinander kämpfen oder herumtollen. Die Chinesen kennen viele übernatürliche Phänomene, und hier werden diese alle fühlbar, sichtbar, erschreckend oder freundlich, je nach Perspektive.«

Nach Xi'an zurückgekehrt, beobachtete Peter die Ausbildung von Grundschullehrern und informierte sich über experimentelle Kindergartenprojekte. Man brachte ihn in einem Ruderboot hinaus auf einen See mitten in einem öffentlichen Park, in dem früher ein kaiserlicher Palast gestanden hatte. Was diesen Park, der sich ansonsten nicht von jeder anderen Grünanlage der Welt unterscheidet, so bemerkenswert macht, ist die Tatsache, daß er im Jahr 1956 freiwillig und eigenhändig von den Männern, Frauen und Kindern der Stadt angelegt worden war, »damit sie ihre Freizeit in ruhiger und angenehmer Umgebung genießen können«.

Von seinem Boot mitten auf dem See sprach Ustinov zur Kamera:

»Mir ist klar, daß meine Begeisterung zuzeiten etwas verrückt erscheinen mag, und ich weiß, daß man mir vorwirft, ich sei naiv. Und doch glaube ich, daß meine Ansichten begründet sind und ich sie sehr gut erklären kann. Ich denke, eines der Probleme unserer Welt besteht darin, daß wir uns im gleichen historischen Moment auf unterschiedlichen Entwicklungsstufen befinden und daß für verschiedene Nationen verschiedene politische Systeme geeignet sind. Ich verstehe nicht, wie man in einem Land, in dem die Menschen nicht lesen können, Demokratie erwarten kann. Hier, in China, gibt es eine Menge zu tun, in diesem großen, hochzivilisierten Land, das Zeiten der Erniedrigung, der Not und der Depression hat durchmachen müssen. Jetzt leben die Menschen hier in einem politischen System, das sie sich aus vielen anderen Möglichkeiten ausgewählt haben. Und sie strahlen eine Begeisterung aus, die ansteckend ist – jedenfalls für mich.«

Meister auf fast allen Gebieten

Peter Ustinov ist sogar in China eine Berühmtheit. In den überfüllten Straßen von Peking begrüßten ihn aufgeregte Passanten mit »Pollo«, was in ihrer Aussprache »Poirot« bedeuten soll.

Im Juli 1987, als Peter gerade *Murder in Three Acts* beendet hatte, die letzte der drei oben erwähnten Agatha-Christie-Fernsehproduktionen, trat er noch einmal in der Rolle des sanften Helden Poirot vor die Kameras, doch diesmal für einen Kinofilm.

Michael Winner drehte *Appointment with Death* (Rendezvous mit einer Leiche) in Israel. Bei den Dreharbeiten traf Ustinov auf seine alte Bekannte Lauren Bacall und außerdem auf den inzwischen über achtzigjährigen John Gielgud. Dieser stellte fest, der einst so ungeduldige und ehrgeizige Ustinov sei inzwischen »wesentlich abgeklärter« geworden, und er fand die Zusammenarbeit mit ihm »ausgesprochen angenehm. Ustinovs Toleranz und seine Arbeitsmoral waren beispielhaft, seine Imitationen und seine Fähigkeiten als Erzähler machten mir die Zeit richtig kurzweilig. Ich beneide ihn um seine außergewöhnliche Ausstrahlung, um seine natürliche Freundlichkeit und Wärme.«

Diese Meinung teilt auch Hayley Mills, die zum erstenmal mit Peter zusammenarbeitete: »Er ist ein sehr liebenswürdiger Mann. Alle mögen ihn. Er ist unermüdlich, fröhlich und warmherzig. Mir ist noch nie ein Mensch mit einem so faszinierenden Verstand begegnet. Trotz allem achtet er immer sehr darauf, daß seine Privatsphäre gewahrt bleibt. Irgendwie hat man das Gefühl, daß er in seiner eigenen Welt lebt, uns alle beobachtet und jedes Detail registriert. Nichts entgeht ihm oder wird vergessen…«

Wenn er gerade nicht drehte, blieb Peter in seinem Hotel in Tel Aviv. Dort stellte er den Text und eine Anzahl von Skizzen für sein neues Buch fertig, das im September zusammen mit der ersten britischen Fernsehausstrahlung der gleichnamigen Dokumentarserie herauskommen sollte: *Peter Ustinov in Russia.*

Um diese Zeit konzentrierte sich seine Arbeit fast ausschließlich auf Film und Fernsehen. Das Theater, das ihm immer so sehr am Herzen lag, hatte sich »irgendwie in den Hintergrund verzogen«, wie er es ausdrückte. Wie Claire Bloom vertrat auch Ustinov die Meinung, das West End sei »eine kommerziell-orientierte Wüste«, und er erklärt weiter: »Das reißt mich alles nicht vom Hocker.

Wo man hinsieht, nichts als Mittelmäßigkeit… ein Unternehmergeist, den ich ganz entsetzlich finde.«

Mitte der fünfziger Jahre hatte Mike Todd (der bis zu seinem tragischen Unfalltod im Jahr 1958 mit Elizabeth Taylor verheiratet war) Ustinov die Rolle des Detektivs Fix in seiner berühmten Version von *Around the World in 80 Days* (In achtzig Tagen um die Welt) angeboten. Um dem extravaganten Filmmagnaten eins auszuwischen, weigerte sich das Hollywood-Studio, bei dem Peter damals unter Vertrag stand, diesen zu lösen. Fast dreißig Jahre später bekam Peter jedoch eine zweite Chance, diese Rolle zu spielen, denn die Fernsehgesellschaft NBC plante eine sechsstündige Verfilmung des klassischen Romans von Jules Verne. Während Fix seinen Gegenspieler Phileas Fog, alias Pierce Brosnan, um die Welt jagte, machte Ustinov noch einen Abstecher nach Paris, um dort in einer epischen Rekonstruktion der Französischen Revolution den Mirabeau darzustellen. Produziert wurde das Projekt von *Ariane Films* für die bevorstehenden Feiern zum zweihundertjährigen Revolutionsjubiläum.

Im gleichen Jahr hielt Peter sich außerdem eine Zeitlang in Rom auf, wo er in einem italienischsprachigen Film nach der französischen Novelle *Au Bonheur des Chiens,* zu deutsch: *Hundeparadies,* von Remo Forlany auftrat. In Europa startete der Film im Juni 1990 unter dem Titel *Bow-Wow* (Spatzi und Fratzi). Peter spielte einen »ständig betrunkenen Tierarzt, der keine menschlichen Patienten mehr annehmen möchte und trinkt, weil er glaubt, das bringe ihn mit den Hunden auf eine Wellenlänge. Schließlich schafft er es, mit vierzig Hunden den Gefangenenchor aus Verdis *Nabucco* einzustudieren.« Diese Rolle zu spielen, war eine tapfere Entscheidung für einen Mann, der zugibt, Angst vor Hunden zu haben, jedenfalls vor denen anderer Leute. Ustinov selbst besaß schon eine ganze Reihe großer Hunde: von Dorothy, einem Altenglischen Schäferhund, bis zu einem Samojedenspitz namens Olga, der heute ein wachsames Auge auf die Besucher in Au Clos du Château hat. Trotzdem, meint Peter, habe er seine Furcht nie ganz verloren. »Ich dachte, ich könnte meine Feigheit überwinden, indem ich mir ein paar gefährliche Hunde zulegte. Aber ich entdeckte, daß es nicht die waren, vor denen ich Angst hatte – das waren alle anderen.«

Gegen Ende eines – wie immer – arbeitsreichen Jahres führte ein wichtiges Ereignis Peter und fast alle direkten Familienmitglieder

Man müßte Klavier spielen können ... Peter Ustinov und seine Kinder am Flügel (1959).

zum Palast Petrodworets in der Nähe des damaligen Leningrad: Am 20. September fand die offizielle Eröffnung des Benois-Museums in einem der beiden Pavillons statt, die Nicholas Benois vor über hundert Jahren erbaut hatte.

Geplant war eine Kunstgalerie, die gleichzeitig ein internationaler Treffpunkt für Austauschstudenten werden sollte. Mittlerweile genießt das Projekt die Unterstützung der UNESCO. In den 45 Räumen des Museums werden Exponate gezeigt, die den einzelnen Mitgliedern der Familie Benois und ihren Nachkommen gewidmet sind. Die Werke stammen sowohl von den Architekten und Malern des 19. Jahrhunderts als auch von Künstlern wie Alexandre Benois, seiner Nichte Nadia Benois Ustinov und ihrem Sohn und Enkelsohn.

Trotz seines berühmten Nachnamens, der es ihm zumindest in Frankreich schwergemacht hat, eine eigene künstlerische Identität aufzubauen, ist Igor Ustinovs Ruf als Bildhauer stetig gewachsen, seit er im Jahr 1979 zum erstenmal in Washington D.C. ausstellte. Igor hat die Nationale Kunstakademie in Paris besucht, und seine Skulpturen wurden bei mehr als zwanzig Sammelausstellungen in Frankreich, der Schweiz und Nordamerika gezeigt, ebenso wie auf Einzelausstellungen in London, Paris, New York, Genf, Darmstadt und Münster.

Wenn Peter über Igor – oder über seine anderen Kinder – spricht, merkt man ihm seinen Stolz deutlich an. Doch obwohl er die Rolle des Familienvaters sehr genießt, sind Treffen *en famille* recht selten, denn er verbringt nur selten längere Zeit an einem Ort. Der unabhängige Lebensstil und die geographischen Entfernungen, welche die Familienmitglieder voneinander trennen, tun ein übriges. Igor lebt mit seiner Frau Clementine und Tochter Clara (die im Oktober 1980 auf die Welt kam, während »Großpapa« in Ontario als Lear auf der Bühne stand) in Paris; Pavla wohnt wie ihre Mutter in Santa Monica, Andrea in London und Tammy im West Country.

Deshalb ist es kein Wunder, daß Peter über die jeweiligen Aktivitäten seiner Kinder oft nicht ganz auf dem laufenden ist – und umgekehrt. Einmal rief Andrea ihren Vater an, als sie sich gerade in London aufhielt. Irrtümlicherweise hielt er sie für Pavla und fragte: »Wann bist du angekommen?« Der Groschen fiel erst, als Andrea antwortete: »Ich wohne hier, weißt du noch?«

Drei Monate nach dem Besuch in Leningrad gab es allerdings gleich noch ein weiteres Familientreffen, diesmal in Paris. Im November 1987 wählte die renommierte Académie des Beaux Arts, die Peter 1984 bereits den Orden für Kunst und Literatur verliehen hatte, Ustinov »in Anerkennung seiner Leistungen in mehreren Kunstbereichen« zum »Auslandsmitglied«, was eine der höchsten Ehren darstellt, welche das Institut de France vergibt. Die Académie setzt sich aus fünfzig regulären Mitgliedern und fünfzig korrespondierenden Mitgliedern zusammen und hat außerdem 18 Auslandsmitglieder, zu denen damals Salvador Dalí, Federico Fellini, Yehudi Menuhin und der ehemalige amerikanische Präsident Richard Nixon gehörten. Nach einem genau festgelegten System kann ein neues ausländisches Mitglied nur aufgenommen werden, wenn ein anderes stirbt, und so sollte Peter die Nachfolge von Orson Welles antreten, der 1985 gestorben war. Die offiziellen Aufnahmefeierlichkeiten fanden am 1. Februar 1989 nach alter Tradition unter der kunstvoll verzierten marmornen Kuppel im Festsaal des Institut de France statt. An diesem Nachmittag beobachteten die Kameras der französischen Nachrichtenprogramme von einem hohen Fenster aus, wie die Aufseher in schwarzer Livrée mehrere hundert geladene Gäste auf ihre Plätze geleiteten. Peters Familie wurde zu ihren Stühlen nahe am Podium geführt, und in ihrer Nähe sah man bekannte Persönlichkeiten und Familienfreunde wie Georges Wilson, den bedeutenden Filmregisseur; Igors Patenonkel Alexandre Trauner, einen der gefeiertsten Bühnenbildner der Welt, der zum Beispiel auch für den berühmten französischen Klassiker *Les Elefants du Paradies* (Die Kinder des Olymp) verantwortlich zeichnete; und auch die ehemalige Tänzerin Ludmilla Tcherina, deren pechschwarze Haarmähne neben ihrem bleichen, fast weißen Make-up besonders hervorstach.

Ohne schrille Fanfarenstöße – nur unter dem leisen Klirren der traditionellen Schwerter – wurde Peter in den Festsaal geführt. Er trug die dunkelblaue Festuniform, die Pierre Cardin für ihn entworfen hatte und deren Cutaway mit einem Muster aus grünen und goldenen Blättern bestickt war. In seiner vierzigminütigen Laudatio würdigte der bekannte Architekt Roger Tallibert Peters Familiengeschichte, sein Leben und seine Leistungen und empfahl ihn am Schluß als »Inspiration des Theaters«. Daraufhin sprach das neue Mitglied der Académie auf französisch, mit »einem Hauch von Akzent«, wie es einer der anwesenden Gäste formulierte.

Nicht ganz zwei Stunden später fand ein festlicher Empfang statt, und Peter erhielt das Schwert der Akademiemitglieder. Überreicht wurde es von Jean d'Ormesson, der nicht nur ein guter Freund, sondern auch ein bekannter Schriftsteller und Mitglied der Académie Française ist. Igor und Andrea, die als Schmuckdesignerin arbeitet, hatten das Schwert entworfen; es ist aus Bronze geschmiedet und mit einem Griff versehen, der kunstvoll verschlungen die verschiedenen Embleme von Peters vielfältigen Aktivitäten aufweist.

Vom Knauf aus, der die Form eines Mikrophons hat und dessen Oberteil den Erdball symbolisiert, wölbt sich der Handschutz in Form eines Flusses, übersät mit Musiknoten. Ansonsten erkennt man die Masken von Komödie und Tragödie, zwei Federhalter, die Ustinovs Tätigkeit als Schriftsteller und Bühnenautor darstellen, das Zeichen der UNICEF, das für seine dortigen Aktivitäten steht, sowie ein Flugzeug für seine ausgedehnten Reisen.

Während er die kunstvolle Waffe für die Journalisten und Fotografen erhob, scherzte Peter: »Ich mit einem Schwert – es gibt nichts, was es nicht gibt! Zum Glück hat es nur zeremonielle Bedeutung. Sie brauchen nicht zu denken, daß ich Sie mit dem Ding verteidigen würde…«

In den folgenden Monaten war Ustinov wieder häufiger in London, vor allem, um sein erstes Romanwerk seit der Veröffentlichung von *Krumnagel* vorzustellen. Angeregt durch den lächerlichen und letztes Endes auch erfolglosen Versuch der britischen Regierung, Peter Wrights Buch *Spycatcher* zu verbieten, schrieb Ustinov eine Satire mit dem Titel *The Disinformer* (Der Intrigant). Das Buch handelt von einem ehemaligen Geheimagenten, der als Lockspitzel auf eigene Faust dunkle Geschäfte abwickelt, was schließlich in einer Schießerei mitten in London endet.

Kurz bevor er mit dem Buch fertig war, begegnete Peter wieder einmal Margaret Thatcher, die sich erkundigte, was er denn zur Zeit so mache. Er antwortete, er schreibe eine Geschichte über einen Mann, der neidisch war auf Peter Wright.

»Das verdient er gar nicht«, meinte Thatcher.

»Woher wollen Sie das wissen?«, gab Ustinov zurück. »Sie haben doch noch nie erlebt, daß jemand wie Sie ein Buch von Ihnen verboten hat.«

Als Peter und Hélène Anfang Dezember nach Cancun in Mexiko abreisten, wo das vierte Issyk-Kul-Treffen stattfinden sollte, war das folgende Jahr im wesentlichen bereits verplant. Ab März 1990 sollte Peter in London eine Reihe von One-man-Shows beginnen, mit denen er sich zum erstenmal seit sieben Jahren wieder im West End zeigte.

Im Februar sah es jedoch eine Weile so aus, als ließe Peters Gesundheitszustand nichts dergleichen zu. In Mexiko hatte er sich ein besonders hartnäckiges Grippevirus geholt, das schon seit Weihnachten auch in Europa grassierte. Zwar waren die schlimmsten – potentiell sogar tödlichen – Symptome bereits abgeklungen, doch er schleppte noch immer einen bösen Husten mit sich herum. Gegen Ende des Monats erwachte Peter in Berlin eines

Als Präsentator der TV-Sendung ›The Mighty Continent‹ steht Peter Ustinov vor dem Panzerkreuzer »Aurora« in Leningrad.

Morgens und konnte kaum atmen. Mit großer Geistesgegenwart kochte er einen Topf Wasser und inhalierte den Dampf. Immerhin war er danach in der Lage, einen Geschäftsfreund anzurufen, der ihn sofort ins Krankenhaus brachte. Die Diagnose lautete auf Lungenentzündung.

Oft wird behauptet, Peter Ustinovs größter Fehler sei, immer andere zufriedenstellen zu wollen und sich selbst dadurch manchmal keinen Gefallen zu tun. Inzwischen weiß er zwar, daß er ein Alter erreicht hat, in dem er »ein wenig vorsichtiger« sein muß, aber die Geschichte mit der Lungenentzündung ist ein ganz typischer Fall. Kaum hatte er sich nämlich einigermaßen erholt, reiste er nach Genf, um einer Konferenz des Roten Kreuzes beizuwohnen – mit dem Argument, er würde ja die ganze Zeit sitzen und könne zur Not einfach ein Nickerchen machen, wenn er müde werden würde.

Obwohl er an einer leichten Diabetes leidet (die er mit »einer kleinen Pille jeden Morgen« in den Griff bekommt) und schon immer einen nervösen Magen hatte (was übrigens einer der Gründe ist, weshalb ihm Streß zuwider ist), versucht Peter, sich so fit wie möglich zu halten, in erster Linie durch Tennisspielen. Vor ein paar Jahren hat er das Zigarrerauchen aufgegeben. Der Grund: »Ich wachte nachts manchmal auf und glaubte einen Einbrecher zu hören. Als ich merkte, daß in Wirklichkeit meine Bronchien rasselten, gab ich das Rauchen auf.« Wenn die Ärzte ihm raten, ein paar Kilo abzunehmen, hört er sich ihre Ermahnungen zwar an, verweist jedoch auf seinen Ur-Urgroßvater Michail Adrianowitsch Ustinov, der viel dicker war und 108 Jahre alt wurde.

Noch nie war er gern längere Zeit untätig, und er möchte sich auch jetzt nicht »mit einem weniger aktiven Leben abfinden«. Trotzdem gibt Peter zu, daß er mit siebzig nicht mehr »mit derselben Schnelligkeit und derselben Unbekümmertheit arbeiten« könne wie früher. Er behauptet aber nach wie vor, daß er »immer ein bißchen in Reserve« halte.

Trotz der gesundheitlichen Probleme kam Ustinov wie versprochen Anfang März nach London. Ein paar Tage später stellte er im ausverkauften Palace Theatre von Manchester eine Woche lang seine One-man-Show vor, die dann ins West End kommen sollte. *An Evening with Peter Ustinov* wurde im Theatre Royal am Haymarket mit einer Pressevorstellung vor geladenen Gästen – Familie, Freunde, Berufskollegen – am 21. März eröffnet. Zwei Stunden lang schwelgte Peter in Erinnerungen an seine Kindheit und Schulzeit, an seine Karriere und die großen Persönlichkeiten, denen er begegnet war. Queen Mary, Charles Laughton, Olivier, Gielgud und Richardson; Ronnie und sogar Nancy Reagan, Mitterand und Breschnew, dem er durch geschicktes Grimassenschneiden plötzlich unglaublich ähnlich sah. Als Zugabe gab es musikalische Eindrücke: eine Flamencogitarre, eine Mandoline...; dann das Finale... und dann... der Applaus.

Der Beifall setzte sich im Café Royal fort, wo Peter anschließend sein Abendessen einnahm. Zu den Gratulanten gehörten seine Töchter Tammy und Andrea, Angela Lansbury, Bob Geldorf, die Lords Montagu und Brabourne, die Ladys Mountbatten und Daubeny, Natalia Makarova und der sowjetische Botschafter. Auch die Kritiker schlossen sich am nächsten Tag den Lobeshymnen an. *The Times* zum Beispiel hätte sich gewünscht, »daß Ustinov weitergemacht hätte bis zum nächsten Morgen«; der *Daily Expreß* beschrieb ihn als »den großartigsten Unterhalter unter der Sonne«; und selbst Jack Tinker, dessen Besprechung von *The Marriage* in Edinburgh acht Jahre zuvor bekanntlich ziemlich giftig gewesen war, beendete seinen Artikel für die *Daily Mail* mit den Worten: »In der gegenwärtigen Welt, die von Grund auf umgemodelt wird, würde ich Ustinov sofort als neuen Papst vorschlagen.«

Am darauffolgenden Sonntag wählte Kate Kellaway vom *Observer* ein weniger ausgefallenes Kompliment, also sie den Lesern ihrer Kolumne riet: »Wenn Sie gute Konversation lieben, aber selbst eher ungern reden, dann hat das Haymarket Theatre genau das richtige für Sie.« Offenbar nahmen sich Prinzessin Margaret sowie Prinz und Prinzessin Michael von Kent diesen Tip zu Herzen – jedenfalls besuchten sie alle die Show. Inzwischen war die angesetzte Laufzeit von sechs Wochen bereits auf neun Wochen verlängert worden: Vom ersten Abend an waren die Vorstellungen ausverkauft, und es standen Tag für Tag unzählige Menschen vor dem Theatre Royal Schlange – in der Hoffnung, vielleicht noch eine zurückgegebene Karte zu ergattern.

Im West End, wo gerade fünf Aufführungen kurz hintereinander wegen mangelnden Publikumsinteresses abgesetzt worden waren, konnte sich Peter kein größeres Kompliment wünschen.

Als am 29. Mai nach Peters 61. Vorstellung die Lichter verloschen, war die Londoner Spielzeit zu Ende, doch die Show sollte bald darauf in Australien und Neuseeland wieder aufgenommen werdend. Obwohl ihn der Erfolg sehr freute, sagte mir Ustinov während der letzten Woche der Londoner Aufführungen: »Ich komme mir allmählich vor, als hätte ich sechs Sätze gegen Lendl gespielt.« Und nach einer kurzen Pause fügte er hinzu: »Ich hätte lieber gegen Lendls Vater spielen sollen.«

Am nächsten Tag war Peter Richtung Heimat unterwegs – jedenfalls nach Frankreich, wo in Paris sein Film *Bow-Wow* uraufgeführt wurde. In seiner Tasche steckte ein offizielles Schreiben aus der Downing Street, das die Premierministerin zwei Wochen zuvor am Bühneneingang des Theatre Royal hatte abgeben lassen. Mrs. Thatcher sprach in diesem Brief offiziell das Angebot aus, Ustinov in den Ritterstand zu erheben. Wenn Peter einwillige, werde Thatchers Empfehlung an den Buckingham Palast weitergeleitet, um von der Königin gebilligt zu werden. Und wenn diese ihre Zustimmung gäbe, würde Großbritanniens neuester Theater-Ritter bei den Titelverleihungen anläßlich des Geburtstages der Königin am 16. Juni die Bestätigung erhalten.

In der Zwischenzeit erhielt Peter jedoch die Anweisung, mit niemandem über die bevorstehende Ehrung zu sprechen, außer mit Hélène. »Als ich es ihr erzählte«, erinnert er sich, »bekam sie einen Lachanfall«. Nachdem sie später auch noch erfuhr, daß der offizielle Titel »Knight Bachelor« (Ritter Junggeselle) lautete, amüsierte sich Hélène noch mehr. »Ein Junggeselle?« fragte sie. »Mit drei Ehefrauen?«

Selbstverständlich freute sich Ustinov sehr über diese Auszeichnung, welche nach Ansicht vieler schon längst fällig war. Hinsichtlich des Titels »Sir Peter« jedoch meinte er zu mir: »Ich bin wie ein Jagdhund, der sein Leben lang auf einen bestimmten Namen gehört hat. Ich bin zu alt, um mich an einen neuen zu gewöhnen.«

Ustinov ist in fast jeder Hinsicht ein »moderner Renaissancemensch« oder, wie Steve Kenis es formuliert, »jemand, der sich auf sehr vielen Gebieten auskennt und es auf den meisten zur Meisterschaft bringt«. Es fällt nicht leicht, ihn zu »definieren«. Sir Alec Guinness schrieb mir folgendes:

>»Daß er ein guter Schauspieler ist, versteht sich von selbst, aber von den Kritikern ist er oft verkannt worden. Vielleicht stand sein brillantes Komikertalent einer angemessenen Beurteilung seiner ernsten Arbeiten im Weg. Sein Genie als Entertainer und als Erzähler ist unvergleichlich, und mit zunehmendem Alter scheint es noch zuzunehmen.
>
>Peter Sellers war ein großartiger Stimmenimitator, aber seine Texte waren längst nicht so geistreich, scharfsichtig und kritisch wie die von Ustinov. In allem, was Ustinov anfaßt, zeigt sich Weisheit und Menschlichkeit; er ist, glaube ich, einer der klüg-

sten Männer, der gleichzeitig auch Schauspieler ist. Wenn ich seine Persönlichkeit mit drei Adjektiven umschreiben sollte, würde ich wählen: menschlich, warmherzig und klug«.

Wenige würden bestreiten, daß Ustinov einer der begabtesten Menschen unserer Zeit ist. Doch er gilt auch als einer der widersprüchlichsten. Die Vorstellung, daß ihn fast die ganze Welt kennt, ist das vielleicht größte Paradox. Obgleich er zweifellos eine der berühmtesten Persönlichkeiten des öffentlichen Lebens ist, legt er doch stets größten Wert auf seine Privatsphäre. Auch wenn er selten allein ist, so ist und bleibt er im Grunde seines Herzens doch ein Einzelgänger.

So sehe ich ihn. Und ich glaube auch, daß sich diese Ansicht in den Worten bestätigt, die er dem »Erfinder«, einer Figur aus seinem Stück *The Unknow Soldier an His Wife,* in den Mund gelegt hat: »Ich folge meinem eigenen Rhythmus.« Und genau das tut auch Peter Ustinov.

Blick zurück

In den vergangenen zwei Jahren haben in den verschiedensten Teilen der Welt einschneidende politische Ereignisse stattgefunden, die Peter Ustinov nicht nur reichlich Stoff zum Nachdenken lieferten, sondern auch eine Vielzahl von Themen für seine wöchentliche Kolumne in *the European,* die er bei der Gründung der Zeitung durch den verstorbenen Pressezaren Robert Maxwell im Jahr 1990 übernahm.

Am dramatischsten waren wohl die Veränderungen in der damaligen Sowjetunion. Der Putsch vom August 1991 führte – trotz seiner Kurzlebigkeit – der Welt noch einmal mahnend das Ausmaß der Unzufriedenheit innerhalb der UdSSR vor Augen und zeigte sehr deutlich die labile Position ihres damaligen Präsidenten Michail Gorbatschow. Obgleich dieser bereits 48 Stunden, nachdem er mit seiner Frau Raissa in seiner Feriendatscha auf der Krim unter Hausarrest gestellt worden war, sein Amt offiziell wieder innehatte, ging die historische Ära seiner Regierung unaufhaltsam dem Ende entgegen. Vier Monate später besiegelten die Auflösung der UdSSR und die Gründung der fragilen GUS unter der Führung Boris Jelzins Gorbatschows politisches Schicksal. Die Geschichte hatte ihn überholt, und an Weihnachten trat er – »nach der Vollendung seines Lebenswerks«, wie er erklärte – offiziell zurück. Das Ende des kommunistischen Regimes spiegelte sich darin, daß die Leninbüsten und -bilder verschwanden, die alte zaristische Hauptstadt wieder ihren früheren Namen St. Petersburg erhielt und über dem Moskauer Kreml die rote Fahne eingeholt und durch eine unvertraute rot-weiß-blaue Trikolore ersetzt wurde. Rußland ist auf seinem Weg zur Demokratie in eine neue Phase eingetreten, auch wenn Ungewißheit und Erfahrungsmangel vorschnellem Optimismus entgegenstehen.

Bei einem Gespräch Anfang 1992 erzählte mir Peter Ustinov, er sei kürzlich bei einem Aufenthalt in Kanada um einen Kommentar zur derzeitigen Situation in der ehemaligen Sowjetunion gebeten worden. »Ich habe gesagt, daß ich es sehr erleichternd finde, über ein Thema zu reden, zu dem es keine Experten mehr gibt,« sagte er. »Niemand weiß, was passieren wird – nicht einmal Jelzin.« Doch die Ereignisse, so fuhr er fort, hätten gezeigt, »daß Rußland es ernst meint und kein Blutvergießen mehr will«. In Bezug auf den Ex-Präsidenten erklärte er mir: »Was geschehen ist, war ganz normal. Gorbatschow wurde nicht überstürzt abgesägt. Er hatte einfach irgendwann ausgedient, wie eine Tube Zahnpasta, und wurde in ein anderes Fach abgeschoben. Aber als Symbol ist er immer noch zu wertvoll, um ihn in der Versenkung verschwinden zu lassen.

Ein Jahr zuvor schien die Auflösung der Sowjetunion vielleicht eine entfernte Möglichkeit, inzwischen ist sie Wirklichkeit. In Großbritannien aber stand eine andere wichtige Figur der Weltpolitik im Mittelpunkt einer dramatischen Entwicklung, und das Undenkbare wurde plötzlich Wirklichkeit: Nach elfeinhalb Jahren wurde der Ära Thatcher ein Ende gesetzt, und zwar nicht durch die britischen Wähler, sondern durch den wachsenden Unmut innerhalb ihres eigenen Kabinetts. Zu dieser »typisch britischen Angelegenheit« schrieb Peter Ustinov:

> »Die Lady selbst wurde von einem Großteil derjenigen, die nur darauf warteten, sie endlich los zu sein, als größter britischer Friedens-Premier gepriesen. Dieser Ehrentitel wurde ihr im nachhinein mit einem taktvoll unterdrückten Stoßseufzer der Erleichterung verliehen, und zwar in dieser spezifizierten Form, um Churchills Position in den Geschichtsbüchern nicht anzutasten. Es ist eine merkwürdige Auszeichnung, da die privat sehr nette, sympathische und rücksichtsvolle Lady doch vor allem als ihr *Alter ego* in Erscheinung trat – als die große Kriegerin, von unerreichter Arroganz und fast schon lachhaftem *Overstatement.«*

Sir Peter konnte aus persönlicher Erfahrung sprechen, denn er hatte Margaret Thatcher während der langen Jahren ihrer Regierungszeit sowohl in Chequers als auch in Downing Street Nr. 10 mehr als einmal in Aktion erlebt.

Weit tragischer als Maggies tränenreicher Abschied von der Downing Street war jedoch die Ermordung Rajiv Ghandis im Mai 1991. Peter sprach damals von einem »als Unschuld maskierten Wahnsinn«. An anderer Stelle bin ich bereits auf die Ermordung der Mutter Rajivs, Indira Ghandi, im Jahr 1984, eingegangen und habe erwähnt, daß Sir Peter zu diesem Zeitpunkt gerade an einem Filmporträt der indischen Premierministerin arbeitete, das er später mit Hilfe ihres Sohns und Nachfolgers vollendete. Seine Kontakte zu Rajiv Gandhi drehten sich hinfort vor allem um humanitäre Anliegen, die ihnen beiden am Herzen lagen. So lud Gandhi Sir Peter 1991 zur »Indira Gandhi – Konferenz über die Herausforderungen des 21. Jahrhunderts« ein, die, nachdem sie zunächst wegen des Golfkriegs verschoben werden mußte, für das Ende des Jahres angesetzt war. Rajiv Gandhi sollte sie nicht mehr erleben.

Am 21. Mai hielt Gandhi eine Wahlkampfrede im südindischen Bundesstaat Tamil Nadu. Hier schlug die Attentäterin zu. »Meine erste Reaktion«, sagte Ustinov, der zu diesem Zeitpunkt gerade mit seiner Ein-Mann-Show in San Francisco gastierte, »war weniger Schock als vielmehr verzweifelte Wut. Wieder standen wir vor einem Geschehen, das es an Schrecklichkeit und Unausweichlichkeit mit jeder griechischen Tragödie aufnehmen konnte. Und was bringt ein solcher Mord? Das ist doch, als versuchte man, den Ozean mit einem Messer zu verletzen. Nur ein Idiot kann Befriedigung aus einer so sinnlosen Geste ziehen, jemand, der nicht an morgen und nicht an übermorgen denkt: ein Krüppel mit kastriertem Verstand.«

Mit derselben Empörung wie bei der Ermordung Rajiv Gandhis reagiert Peter auf jede Form von Unmenschlichkeit oder Ungerechtigkeit. Er zögerte nicht, bei einem Fernsehfilm über die Arbeit des Internationalen Roten Kreuzes mitzuwirken. *Light the Darkness* wurde im Mai 1991 in ganz Europa gesendet und lenkte das Augenmerk der Öffentlichkeit auf die unschuldigen Menschen, die unter den Folgen kriegerischer Auseinandersetzungen zu leiden haben. Die auf rüttelnden Bilder mündeten in den direkten Appell an die Welt, sich an die Genfer Konvention und die Genfer Protokolle zu halten. Außerdem wies der Film – der im Wechsel mit Ausschnitten eines Live-Konzerts aus Genf gesendet wurde – darauf hin, daß allein während des Golf-Kriegs vom 17. Januar bis 18. Februar 1991 32 weitere Kriege auf der Welt getobt hatten. Er bilanzierte, daß seit 1949 Kriege zwanzig Millionen Menschen das Leben gekostet und 60 Millionen zu Flüchtlingen gemacht hatten.

Nach gut zwei Stunden beschloß Peter die Sendung mit einem Dostojewski-Zitat, das die Wandinschrift im Hauptquartier des Roten Kreuzes in Genf bildet: »Jeder von uns ist allen gegenüber für alles verantwortlich.«

Einen knappen Monat später, am Dienstag, dem 16. April 1991, beging Peter Ustinov seinen siebzigsten Geburtstag. Hätte man es

David Niven, Sophia Loren und Peter Ustinov während der Dreharbeiten zu ›Lady L‹.

ihm überlassen, dann hätte er diesen Tag wohl ohne größere Feierlichkeiten daheim in der Schweiz verbracht. Tatsächlich wurde jedoch ihm zu Ehren ein Gala-Abend im Palais de l'Unesco veranstaltet, wo ihn königliche Hoheiten, Politiker, Schauspieler, Opernsänger, berühmte Musiker und Pop-Stars mit Reden und musikalischen Darbietungen würdigten.

Ich muß gestehen, daß mir, als ich mit den Recherchen für dieses Buch befaßt war, angesichts des bewundernden Tenors des Materials ein wenig unbehaglich wurde. Nicht, daß ich die Aufrichtigkeit der Aussagen bezweifelt hätte, aber als Biograph mußte ich befürchten, daß es mir der Mangel an kritischen Äußerungen schwer machen würde, ein ausgewogenes Bild von Sir Peter zu zeichnen. In der Zwischenzeit habe ich den Menschen Peter Ustinov viel besser kennengelernt, und ich verstehe jetzt, weshalb

261

Peter Ustinov als Prince of Wales und Stewart Granger in der Titelrolle von ›Beau Brummel – Rebell und Verführer‹.

er so viel Achtung und Sympathie genießt. So ist es denn auch nicht verwunderlich, daß sich die Gästeliste seiner Geburtstags-Gala wie eine Art internationaler *Who's Who* liest.
Berühmte Persönlichkeiten aus Großbritannien, Frankreich, den USA, aus Rußland, Deutschland, Griechenland und Australien entboten Peter persönlich oder über den eigens aufgestellten großen Monitor ihre Geburtstagsgrüße – jede auf ihre Art. So sangen Montserrat Caballé und Barbara Hendricks gemeinsam Puccini und Yehudi Menuhin, Ivry Gitlis, Stephan Milencovic und Larry Adler präsentierten Klassik-Jazz. Leslie Caron, Juliette Gréco, Arthur Miller, Tony Curtis und Robert Mitchum steuerten ebenso ihren Tribut bei wie Klaus Maria Brandauer, Ute Lemper, Kirk Douglas, Stewart Granger und Jean Simmons. Von Henry Kissinger lag eine schriftliche Grußbotschaft vor, in der er sich als »alten

Fan« bezeichnete und mit den Worten schloß: »Sie können sicher sein, daß mein Lob noch überschwenglicher ausfallen würde, wenn ich nicht Angst davor hätte, zum Gegenstand einer Ihrer erbarmungslosen Parodien zu werden.« Als ein weiterer Gratulant aus der Welt der Politik trug der deutsche Ex-Kanzler Helmut Schmidt eine leicht stockende Klavier-Version von *Happy Birthday to You* vor, während später Edward Heath mit »mächtigem Händelschem Schwung«, wie Peter es später beschrieb, am Keyboard *For He's a Jolly Good Fellow* zum besten gab. Dem britischen Ex-Premier fiel es auch zu, eine Glückwunschbotschaft von »Charles und Diana« zu verlesen. Prinz Charles entschuldigte sich dafür, daß sie nicht persönlich anwesend sein konnten, und erklärte: »Aber ich kann mir kaum vorstellen, daß man uns vermissen wird! Nur Sie können ein so glanzvolles Aufgebot an Talent an einem Ort zusammenbringen. Bitte nehmen Sie unsere

Jean Simmons und Peter Ustinov in ›Spartacus‹.

263

herzlichen Glückwünsche zu Ihrem Eintritt in die mittleren Jahre entgegen.«

Zum Schluß betrat Peter selbst die Bühne. »Dieser Abend«, erklärte er den 1 200 Anwesenden, »sollte eine Überraschung für mich sein – und ich bin gestern hierhergekommen, um das Überraschtsein zu proben. Ich habe keine Tränen parat, weil ich sie alle schnell zurückgepfiffen habe, aber es hat mich schrecklich gerührt, so viele Freunde heute abend hier versammelt zu sehen.«

Anschließend an dieses kurze Intermezzo in Paris aus Anlaß seines Geburtstags – der in London mit einer Retrospektive im National Film Theatre und mit einer Sondernummer des *European* gewürdigt wurde – war Ustinov gleich wieder auf Reisen. Nach dem Erfolg seiner Ein-Mann-Show im Vorjahr in London (der in der Nominierung für den Olivier Award 1991 gipfelte) sowie in Neuseeland und Australien ging Peter jetzt auf eine USA-Tournee. Im September war er wieder in Großbritannien, um eine dreimonatige Gastspielreise durch England, Irland und Wales zu absolvieren, die ihren Höhepunkt in einer Gala-Vorstellung zur offiziellen Wiedereröffnung des renovierten Theatre on the Green in Richmond (Surrey) fand, bei der auch Prinzessin Margaret anwesend war.

In die Zeit dieser Tournee fiel noch eine ganze Reihe anderer Verpflichtungen, wie etwa die Arbeit an einem Dokumentarfilm über den Orientexpreß, die Peter zeitweise zum Pendlerdasein zwang. Als schließlich im Dezember in Cardiff der letzte Vorhang fiel, war für den Beginn des neuen Jahres bereits eine Gastspielserie in Singapur, Hongkong und Kuala Lumpur arrangiert. Da es dort jedoch keine Theater gibt, wurden die Speisesäle großer Luxushotels als Spielstätten auserkoren. Das hatte strikte Auflagen zur Folge. »Als ich mein Visum für Malaysia bekam«, erzählte mir Peter, »fand ich darin die Beschränkung, daß ich zwar als ›Komiker‹ auftreten, auf keinen Fall jedoch mit Personen aus dem Publikum *tanzen* dürfte!«

Nachdem er Weihnachten mit seiner Familie in seinem Schweizer Wohnsitz Au Clos du Château verbracht hatte, machte Peter während der ersten drei Wochen des neuen Jahres mit seiner Frau Hélène Urlaub im thailändischen Phuket. Während seiner Abwesenheit erfuhr die Öffentlichkeit, daß Sir Peter ein hohes akademisches Amt angenommen hatte, eine Würde, die selbst ihn zunächst sprachlos machte. 1968 bis 1974 war er bereits Präsident der Universität von Dundee gewesen, und nun trug ihm die Universität von Durham an, als Nachfolger der verstorbenen Margot Fonteyn die noch prestigereichere Funktion des Kanzlers zu übernehmen.

»Meine Reaktion war zuerst Überraschung«, erklärte er dem versammelten Lehrkörper, »dann Ungläubigkeit und schließlich uneingeschränkte Freude. Eines der Dinge in meinem Leben, die ich am meisten bedaure, ist die Tatsache, daß es mir nicht vergönnt war, an einer Universität zu studieren. Die Präsidentschaft an der Universität Dundee und jetzt dieses Amt kommen mir vor wie ein Geschenk, das alle meine Erwartungen übersteigt.«

Nach der feierlichen Amtseinführung am 7. Mai in der mittelalterlichen Kathedrale von Durham verlieh der zehnte Kanzler der Universität, angetan mit schwarzgoldenem Talar und goldbetreßtem Doktorhut, drei Persönlichkeiten seiner eigenen Wahl die Ehrendoktorwürde. Der russische Diplomat und Politiker Alexander Jakowlew, Gorbatschow-Berater und einer der Architekten von Glasnost, wurde ebenso wie Léon Davico von der UNESCO zum Ehrendoktor der Rechte erhoben, während die Schauspielerin Glenda Jackson den Titel eines Ehrendoktors der Literatur erhielt.

Der Senat der Universität hatte eigentlich Ende 1986 beschlossen, daß Terry Waite 1987 von Margot Fonteyn die Würde eines Ehrendoktors der Rechte entgegennehmen sollte. Doch an dem Tag, als die Universität die Liste der Ernennungen bekanntgab, war Waite im Libanon im Zuge seiner Mission als Sonderbeauftragter des Erzbischofs von Canterbury als Geisel verschleppt worden. Nachdem Waite, wie auch seine Mit-Geiseln John McCarthy und Jackie Mann, 1991 endlich freigekommen war, fiel es jetzt Sir Peter zu, ihm diesen Titel zu verleihen.

Es mag als Wiederholung des Offensichtlichen anmuten, wenn ich mit der Bemerkung schließe, daß Peter Ustinov voller Überraschungen steckt. Doch an einem Punkt, da die meisten Mitglieder seiner Generation sich längst zur Ruhe gesetzt haben, hat dieser Mann nichts von seiner Neugier und erst recht nichts von seiner Lebenslust verloren. Zum Thema Alter erklärt er: »Meine Gedanken sind dieselben wie vor fünfzig Jahren, nur, daß mir heute die Leute zuhören – das ist ein großer Unterschied. Aber wenn ich in den Spiegel schaue, sehe ich einen Fremden. Dieser Körper, dem ich nie sonderlich viel Beachtung geschenkt habe, beginnt allmählich, ein Eigenleben zu führen. Ich liebe diesen Körper nicht, ich benutze ihn nur. Und ich nehme an, er ist nur geliehen. Genau wie einen Mietwagen werde ich ihn irgendwann einmal zurückgeben müssen.«

Doch wenn es nach Sir Peter geht, ist dieser Tag noch fern. Als ihm im Frühjahr 1991 ein neuer Paß ausgestellt wurde, bemerkte er, daß das Ablaufdatum – der 11. April 2000 – fünf Tage vor seinen 79. Geburtstag fällt. Mit einem poltrigen Lachen erklärte er: »Ich sehe es als Ehrensache an, daß mein Leben nicht eher erlischt als die Gültigkeit dieses Papiers.«

Der Künstler Peter Ustinov

1. Theater

A) Bühnenauftritte (mit Produktionsjahr und Autor)

Als Student im London Theatre Studio:
Alcestis von Euripides
Wild December von Clemence Dane
The Plain Dealer von William Wycherley

Im Barn Theatre, Shere/Surrey:
The Wood Demon von Anton Tschechow
Mariana Pineda von Federico Garcia Lorca
The Rose and the Cross (Rose und Kreuz) von Alexander Blok, übersetzt
von PETER USTINOV und Nadia Benois Ustinov

Im Players' Theatre Club:
The Bishop of Limpopoland von PETER USTINOV
Madame Liselotte Beethoven-Fink von PETER USTINOV

Beim Aylesbury Repertory Theatre:
French Without Tears von Terence Rattigan
White Cargo von Ida Vera Simonton
Rookery Nook von Ben Travis
Goodness How Sad von Robert Morley
Laburnum Grove von J.B. Priestley
Pygmalion von George Bernard Shaw

Professionelle Engagements:
1940
Swinging the Gate, Revue von Norman Marshall
Diversion, Revue von Herbert Farjeon
1941
Diversion 2, Revue von Herbert Farjeon
1946
Crime and Punishment (Schuld und Sühne) von Fjodor M. Dostojewski
1948
Frenzy von Ingmar Bergman, übersetzt und adaptiert von PETER USTINOV
1949
Love in Albania von Eric Linklater

1951
The Love of Four Colonels von PETER USTINOV

1952
The Love of Four Colonels (USA)

1956
Romanoff and Juliet von PETER USTINOV

1957
Romanoff and Juliet (USA)

1962
Photo Finish von PETER USTINOV

1963
Photo Finish (USA)

1967
The Unknown Soldier and His Wife (USA) von PETER USTINOV

1968
The Unknown Soldier and His Wife (Chicester)

1973
The Unknown Soldier and His Wife (London)

1974
Who's Who in Hell von PETER USTINOV

1979/1980
King Lear (König Lear) von William Shakespeare (Stratford/Ontario)

1983
Beethoven's Tenth von PETER USTINOV (London)

1983/1984
Beethoven's Tenth (USA)

1987/1988
Beethoven's Tenth (BRD)

1990
An Evening with Peter Ustinov (London)
An Evening with Peter Ustinov (Australien & Neuseeland)

1991
An Evening with Peter Ustinov (USA)

1992
An Evening with Peter Ustinov (Ferner Osten)

B) Theaterstücke von Peter Ustinov
(mit Produktionsjahr)

1942
House of Regrets
Beyond
The Banbury Nose

1943
Blow Your Own Trumpet (Hafen der Illusion)

1945
The Tragedy of Good Intentions

1948
The Indifferent Shepherd
Frenzy, von Ingmar Bergman, übersetzt und adaptiert von PETER USTINOV

1949
The Man in the Raincoat

1951
The Love of Four Colonels (Die Liebe der vier Obersten)
The Moment of Truth

1952
High Balcony

1953
No Sign of the Dove

1956
Romanoff and Juliet (Romanoff und Julia)
The Empty Chair (Der leere Stuhl)

1958
Paris Not So Gay

1962
Photo Finish (Endspurt)

1964
The Life in My Hands (Das Leben in meiner Hand)

1967
Halfway Up the Tree (Halb auf dem Baum)
The Unknown Soldier and His Wife (Der unbekannte Soldat und seine Frau)

1974
Who's Who in Hell

1981
Overheard (Abgehört)

1983
Beethoven's Tenth

C) **Regiearbeiten** (mit Produktionsjahr und Autor)

1940
Let the People Sing von J.B. Priestley, Dialogregie: PETER USTINOV

1941
Squaring the Circle von Valentin Katayev

1942
The Rivals von Sheridan

1949
Love in Albania von Linklater

1952
A Fiddle at the Wedding von Patricia Pakenham-Walsh

1953
No Sign of the Dove von PETER USTINOV

1956
Romanoff and Juliet von PETER USTINOV

1962
Photo Finish von PETER USTINOV

1967
Halfway up the Tree von PETER USTINOV
The Unknown Soldier and His Wife von PETER USTINOV

2. Filmographie

1940

Hullo, Fame!
Darsteller: PETER USTINOV

Après Mein Kampf Mes Crimes
Regie: J.J. Valjan, Drehbuch: Jose Lacaze
Darsteller: Line Noro, Roger Karl, PETER USTINOV
Frankreich/90 Minuten/schwarz-weiß
Propagandafilm um die »Karriere« Adolf Hitlers.

1941

The Goose Steps Out
Darsteller: PETER USTINOV

One of Our Aircraft is Missing
Regie: Michael Powell, Drehbuch: Michael Powell & Emeric Pressburger, Kamera: Ronald Neame, Schnitt: David Lean, Ausstattung: David Rawnsley
Darsteller: Godfrey Tearle, Eric Portman, Hugh Williams, Bernard Miles, Hugh Burden, Emrys Jones, Pamela Brown, Joyce Redman, Googie Withers, Hay Petrie, Selma van Dias, Arnold Marle, Robert Helpmann, PETER USTINOV (Priester)
GB/Länge: 102 Minuten (GB), 82 Minuten (USA)/schwarz-weiß
Propagandafilm einer Bomberbesatzung, die, über Dänemark abgeschossen, von der Widerstandsbewegung Hilfe bekommt.

1942

The New Lot
Regie: Carol Reed, Drehbuch: PETER USTINOV u.a.
Propaganda-Kurzfilm, der neuen Rekruten das Armeeleben näherbringen soll.

1944

The Way Ahead (GB) / Immortal Battalion (USA)
Regie: Carol Reed, Drehbuch: Eric Ambler & PETER USTINOV, Kamera:

271

Guy Green, Musik: William Alwyn, Schnitt: Fergus McDonnell, Aus-
stattung: David Rawnsley
Darsteller: David Niven, Stanley Holloway, Raymond Huntley, William
Hartnell, James Donald, John Laurie, Leslie Dwyer, Hugh Burden,
Jimmy Nanley, Renée Asherson, Penelope Dudley Ward, Reginald Tate,
Leo Genn, Mary Jerrold, PETER USTINOV
GB/Länge: 115 Minuten/schwarz-weiß
2. Weltkriegsfilm um einen Zug kampfunerfahrener Soldaten.

1945

The True Glory (Kompilationsfilm)
Regie: Carol Reed & Garson Canin, Drehbuch: Eric Maschwitz, Arthur
Macrae, Jenny Nicholson, Gerald Kersh, Guy Trosper & PETER USTINOV,
Nachforschung: Peter Cusik, Musik: William Alwyn
GB & USA/Länge: 90 Minuten/schwarz-weiß
*Das letzte Kriegsjahr wird anhand von zusammengeschnittenen
Wochenschau-Beiträgen geschildert.*

1946

School for Secrets (GB) / Secret Flight
Regie: PETER USTINOV, Drehbuch: PETER USTINOV, Kamera: Jack Hily-
ard, Produktion: Rank/Two Cities (George H. Brown & PETER USTINOV)
Darsteller: Ralph Richardson, Raymond Huntley, Richard Attenbo-
rough, Marjorie Rhodes, John Laurie, Ernest Jay, David Tomlinson,
Finlay Currie
GB/Länge: 108 Minuten/schwarz-weiß
*Eine Mischung aus Komödie, Drama, Kriegsfilm und Dokumentation in
deren Mittelpunkt die Leute stehen, die das Radar erfunden haben.*

1947

Vice Versa
Regie: PETER USTINOV, Drehbuch: PETER USTINOV, nach einem Roman
von F. Anstey, Produktion: Rank/Two Cities (PETER USTINOV & George
H. Brown)
Darsteller: Roger Livsey, Kay Walsh, Anthony Newley, James Robertson
Justice, David Hutcheson, Petula Clark, Joan Young
GB/111 Minuten/schwarz-weiß
Im viktorianischen England angesiedelte Komödie, in dem es einem

kleinen Jungen gelingt – mit Hilfe eines Zaubersteins –, mit seinem anmaßenden Vater die Plätze zu tauschen.

1949

Private Angelo
Regie: PETER USTINOV, Drehbuch: PETER USTINOV & Michael Anderson, nach einem Roman von Eric Linklater, Kamera: Erwin Hillier, Produktion: Pilgrim (PETER USTINOV)
Darsteller: PETER USTINOV, Godfrey Tearle, Robin Bailey, Maria Denis, Marjorie Rhodes, James Robertson Justice, Moyna McGill
GB/106 Minuten/schwarz-weiß
Satirische Komödie um einen italienischen Soldaten, der den 2. Weltkrieg haßt und für keine Seite Partei ergreift.

1950

Odette
Regie: Herbert Wilcox, Drehbuch: Warren Chetham Strode, nach einem Buch von Jerrard Tickell, Kamera: Max Greene, Musik: Anthony Collins
Darsteller: Anna Neagle, Trevor Howard, PETER USTINOV, Marius Goring
GB/123 Minuten/schwarz-weiß
Auf Tatsachen basierende Spionagegeschichte um eine Französin, die mit einem Engländer verheiratet ist und für die Resistance arbeitet.

1951

Quo vadis? / Quo vadis?
Regie: Mervyn Le Roy, Drehbuch: John Lee Mahin, S.N. Behrmann & Sonya Levien, nach dem gleichnamigen Roman von Henryk Sienkiewicz, Kamera: Robert Surtees & William V. Skall, Musik: Miklos Rozsa, Ausstattung: Cedric Gibbons, Edward Carfagno & William Horning
Darsteller: Robert Taylor, Deborah Kerr, Leo Genn, PETER USTINOV (Nero), Patricia Laffan, Finlay Currie, Abraham Sofaer, Marina Berti, Buddy Baer, Felix Aylmer
USA/171 Minuten/Farbe
Literaturverfilmung um die Christenverfolgung zu Kaiser Neros Zeiten.

Hotel Sahara/Hotel Sahara
Regie: Ken Annakin, Drehbuch: Patrick Kirwan & George H. Brown, Kamera: David Harcourt, Musik: Benjamin Frankel

Darsteller: PETER USTINOV (Hotelbesitzer), Yvonne De Carlo, David Tomlinson, Roland Culver, Albert Lieven, Bill Owen, Ferdy Mayne, Mireille Perrey
GB/96 (in der BRD 85) Minuten/schwarz-weiß
Durch die geschickte Anpassung an die jeweiligen politischen Verhält-nisse gelingt es einem Hotelbesitzer und seiner Frau, ihr Etablissement während des 2. Weltkriegs vor der Zerstörung zu retten.

1952

The Magic Box
Regie: John Boulting, Drehbuch: Eric Ambler, Kamera: Jack Cardiff, Musik: William Alwyn, Ausstattung: John Bryan
Darsteller: Robert Donat, Margaret Johnson, Maria Schell, John Howard Davies, Richard Attenborough, Leo Genn, Bernard Miles, Laurence Olivier, Margaret Rutherford, PETER USTINOV
GB/118 Minuten/Farbe
Leben und Sterben des britischen Kino-Pioniers William Friese-Greene.

Le plaisir / House of Pleasure
Erzähler in der englischen Fassung: PETER USTINOV

1954

Beau Brummel / Beau Brummel – Rebell und Verführer
Regie: Curtis Bernhardt, Drehbuch: Karl Tunberg, nach einem Bühnen-stück von Clyde Fitch, Kamera: Oswald Morris, Musik: Richard Addin-sell, Ausstattung: Alfred Junge
Darsteller: Stewart Granger, Elizabeth Taylor, PETER USTINOV (Prince of Wales), Robert Morley, James Donald, James Hayter, Rosemary Harris, Paul Rogers, Noel Willman, Peter Bull
GB/111 Minuten/Farbe
Aufwendiger, in Stereoton gedrehter Kostümfilm um einen Emporkömm-ling, der, nachdem er die Freundschaft zum Kronprinzen überstrapaziert hat, in Armut stirbt.

The Egyptian
Regie: Michael Curtiz, Drehbuch: Philip Dunne & Casey Robinson, nach einem Roman von Mika Waltari, Kamera: Leon Shamroy, Musik: Ber-nard Herrmann & Alfred Newman, Ausstattung: Lyle Wheeler & George W. Davis

274

Darsteller: Edmund Purdom, Victor Mature, PETER USTINOV, Bella Darvi, Gene Tierney, Michael Wilding, Jean Simmons, Judith Evelyn, Henry Daniell, John Caradine
USA/140 Minuten/Farbe
Bestseller-Verfilmung um ein im alten Ägypten von seinen Eltern verlassenes Kind, das es bis zum Leibarzt des Pharaos bringt.

We're No Angels / Wir sind keine Engel
Regie: Michael Curtiz, Drehbuch: Ronald MacDougall, nach dem Theaterstück La Cuisine des Anges von Albert Husson, Kamera: Loyal Griggs, Musik: Friedrich Holländer, Ausstattung: Hal Pereira & Roland Anderson, Schnitt: Robert Swink

Die Ausbrecher Peter Ustinov und Aldo Ray in Michael Curtiz' ›Wir sind keine Engel‹.

275

Darsteller: Humphrey Bogart, Aldo Ray, PETER USTINOV (Jules), Joan Bennett, Basil Rathbone, Leo G. Carroll, Gloria Talbot, John Baer, Lea Penman, John Smith
USA/106 Minuten/Farbe
Drei entflohene Strafgefangene finden bei einer Kaufmannsfamilie Unterschlupf und helfen ihr gegen böse Verwandte. Märchenhafte Komödie.

1955

Lola Montès / Lola Montez
Regie: Max Ophüls, Drehbuch: Max Ophüls, Jacques Natanson, Annette Wademant & Franz Geiger, nach einem Roman von Cécil Saint-Laurent, Dialoge der englischen Fassung: PETER USTINOV, Kamera: Christian Martras, Musik: Georges Auric, Ausstattung: Jean D'Aubonne & Willy Schatz
Darsteller: Martine Carol, Anton Walbrook = Adolf Wohlbrück, PETER USTINOV (Stallmeister/Ringmeister), Henri Guisol, Ivan Desny, Lise Delamare, Paulette Dubost, Oscar Werner, Will Quadflieg, Jean Galland
Frankreich/BRD/110, 113 bzw. 140 Minuten/Farbe
Episoden aus dem Leben der wohl berühmtesten Kurtisane der Welt, erzählt vom Ringmeister des »Mammouth Circus«.

1956

I Girovaghi / Der Narr und die Tänzerin
Regie: Hugo Fregonese, Drehbuch: Berto, d'Anza, Mangione, Mudano, Vivarelli, nach einem Roman von Luigi Capuana, Kamera: Alvaro Mancori, Musik: Francesco Lavagnino
Darsteller: PETER USTINOV, Abbe Lane, Carla del Poggio, Gaetano Autiero, Guiseppe Porelli
Italien/85 Minuten/Farbe
Gauklerballade um einen fahrenden Puppenspieler auf Sizilien.

1957

Les Espions / Spione am Werk
Regie: Henri-Georges Clouzot, Drehbuch: Henri-Georges Clouzot & Jérome Geronimi, nach einem Roman von Egon Hostovsky, Kamera: Christian Matras, Musik: Georges Auric
Darsteller: Curd Jürgens, O.E. Hasse, Vera Clouzot, PETER USTINOV, Martita Hunt
Frankreich/100 Minuten/schwarz-weiß

*Peter Ustinov als Marionettenspieler Don Alfonso und Abbe Lane in
›Der Narr und die Tänzerin‹.*

*Geheimdienst-Thriller um einen Professor, der eine billig zu produzie-
rende Atombombe entwickelt hat.*

Un angel volo sobre Brooklyn / Der Hund, der »Herr Bozzi« hieß
Regie: Ladislao Vajda, Drehbuch: Istvan Bekeffi, Gian Luigi Rondi &
Ladislao Vajda, Kamera: Enrique Gerner, Musik: Bruno Canfora
Darsteller: PETER USTINOV (Hausbesitzer), Pablito Calvo, Aroldo Tieri,
Silvio Marco, Maurizio Arena
Spanien/Italien/89 Minuten/schwarz-weiß
*Märchenhafte Komödie um einen hartherzigen Hausbesitzer, der in
einen Fleischerhund verwandelt wird.*

1959

Adventures of Mr. Wonderbird
Stimme: PETER USTINOV

Peter Ustinov in der spanisch-italienischen Co-Produktion ›Der Hund, der ›Herr Bozzi‹ hieß‹.

1960

Spartacus / Spartacus
Regie: Stanley Kubrick, Drehbuch: Dalton Trumbo, nach dem Roman von Howard Fast, Kamera: Russell Metty, Musik: Alex North, Ausstattung: Alexander Golitzen, Schnitt: Robert Lawrence, Robert Schultz & Fred Chulack

278

Darsteller: Kirk Douglas, Laurence Olivier, Jean Simmons, Charles Laughton, Tony Curtis, PETER USTINOV (Batiatus), John Gavin, Nina Foch, Herbert Lom, John Ireland, Woody Strode
USA/196 (in der BRD 192) Minuten/Farbe
Historien-Drama um einen Sklavenaufstand im alten Rom, der blutig niedergeschlagen wird.

The Sundowners / Der endlose Horizont
Regie: Fred Zinnemann, Drehbuch: Isobel Lennart & Jon Cleary, nach einem Roman von Jon Cleary, Kamera: Jack Hildyard, Musik: Dimitri

›Der endlose Horizont‹: Der Schaftreiber Paddy Carmody (Robert Mitchum), seine Frau Ida (Deborah Kerr) und der neue Partner Venneker (Peter Ustinov).

Tiomkin, Ausstattung: Frants Folmer & Terence Morgan, Schnitt: Jack Harris

Darsteller: Robert Mitchum, Deborah Kerr, PETER USTINOV (Venneker), Glynis Johns, Dina Merrill, Michael Anderson Jr., Molly Urquhart, Chips Rafferty, Lola Brooks, Wylie Watson

USA/GB/Australien/133 Minuten/Farbe

Ein Schaftreiber führt in den 20er Jahren in Australien mit seiner Familie ein unstetes Wanderleben. Aufwendiger Familienfilm.

1961

Romanoff and Juliet (GB) / Dig That Juliet (USA) / Romanoff und Julia

Regie: PETER USTINOV, Drehbuch: PETER USTINOV, nach seinem Theaterstück, Kamera: Robert Krasker, Musik: Mario Nascimbene, Ausstattung: Alexandre Trauner, Produktion: U-I/Pavla (PETER USTINOV)

Darsteller: PETER USTINOV, Sandra Dee, John Gavin, Akim Tamiroff, Tamara Shayne, John Phillips, Alix Talton, Peter Jones

USA/103 (in der BRD 98) Minuten/Farbe

Komödie um einen fiktiven Kleinstaat, der durch seine Stimmenthaltung bei einer UNO-Abstimmung eine schwere sowjetisch-amerikanische Krise auslöst.

La donna nel mondo / Alle Frauen dieser Welt

Regie: Gualtiero Jacopetti, Drehbuch: Gualtiero Jacopetti, Kamera: Gualtiero Jacopetti, Paolo Cavara & Franco Prosperi, Musik: Nino Oliviero & Riz Ortolani

Erzähler: PETER USTINOV

Italien/110 Minuten/Farbe

Der zweite von den sechs »Mondo«-(Pseudo)Dokumentarfilmen des ehemaligen Journalisten Gualtiero Jacopetti.

1962

Billy Budd / Die Verdammten der Meere

Regie: PETER USTINOV, Drehbuch: PETER USTINOV & Robert Rossen, nach dem Roman von Herman Melville und einem Bühnenstück von Robert Chapman & Louis O. Coxe, Kamera: Robert Krasker, Musik: Anthony Hopkins, Produktion: Anglo-Allied (A. Ronald Lubin & PETER USTINOV)

Darsteller: PETER USTINOV, Robert Ryan, Terence Stamp, Melvyn Dou-

glas, Paul Rogers, John Neville, Ronald Lewis, David McCallum, Lee Montague, John Mcillon
GB/125 (in der BRD 117) Minuten/Farbe
Ein heimtückischer Offizier wird im Affekt von einem Matrosen getötet. Abenteuerfilm um die Problematik der Kriegsgesetz-Rechtssprechung.

1964

Topkapi / Topkapi
Regie: Jules Dassin, Drehbuch: Monja Danischewski, nach einem Roman von Eric Ambler, Kamera: Henri Alekan, Musik: Manos Hadjidakis
Darsteller: Melina Mercouri, PETER USTINOV, Maximilian Schell, Akim Tamiroff, Robert Morley, Gilles Segal, Jess Hahn
USA/120 Minuten/Farbe
Eine buntgemischte Bande stiehlt in »Rififi-Manier« einen wertvollen Dolch aus dem Topkapi-Museum in Istanbul.

Gilles Segal, Peter Ustinov und Maximilian Schell planen in ›Topkapi‹ einen Einbruch in »Rififi«-Manier.

281

Peter Ustinov übt sich in ›Eine zuviel im Harem‹ im Hula-Hoop.

John Goldfarb, Please Come Home / Eine zuviel im Harem
Regie: J. Lee Thompson, Drehbuch: William Peter Blatty, Kamera: Leon
Shamroy, Musik: Johnny Williams
Darsteller: Shirley MacLaine, PETER USTINOV, Richard Crenna, Jim
Backus, Scott Brady, Fred Clark, Wilfrid Hyde White
USA/96 Minuten/Farbe
*Im Palast eines Wüstenscheichs angesiedelte Satire auf den Kalten
Krieg, den Kampf der Geschlechter, american football, die amerika-
nisch-arabischen Beziehungen etc.*

The Peaches
Erzähler: PETER USTINOV
Kurzfilm

282

1965

Lady L / Lady L
Regie: Peter Ustinov, Drehbuch: Peter Ustinov, nach einem Roman von Romain Gary, Kamera: Henri Alekan, Musik: Jean Françaix, Ausstattung: Jean D'Eaubonne & Auguste Capelier, Produktion: Concordia/Champion/MGM (Carlo Ponti & Peter Ustinov)
Darsteller: Sophia Loren, David Niven, Paul Newman, Peter Ustinov, Claude Dauphin, Philippe Noiret, Michel Piccoli, Marcel Dalio, Cecil Parker, Eugène Deckers
Frankreich/Italien/USA/124 (in der BRD 117) Minuten/Farbe
Star- und Ausstattungkomödie um eine 80jährige, die sich an ihren gesellschaftlichen Aufstieg erinnert.

Bravo, bravo, ›Lady L‹.

1967

Blackbeard's Ghost / Käpt'n Blackbeard's Spuk-Kaschemme

Regie: Robert Stevenson, Drehbuch: Bill Walsh & Don DaGradi, nach einem Roman von Ben Stahl, Kamera: Edward Colman, Musik: Robert F. Brunner

Darsteller: PETER USTINOV (Käpt'n Blackbeard), Dean Jones, Suzanne Pleshette, Elsa Lanchester, Richard Deacon

USA/107 Minuten/Farbe

Familienfilm aus dem Hause Disney, in dem der Geist eines Piratenkapitäns den Bürgern einer von Gangstern unterdrückten Stadt zum Recht verhilft.

The Comedians / Die Stunde der Komödianten

Regie: Peter Glenville, Drehbuch: Graham Greene, nach seinem Roman, Kamera: Henri Decae, Musik: Laurence Rosenthal

Darsteller: Richard Burton, Elizabeth Taylor, Alec Guinness, PETER USTINOV, Lilian Gish, Paul Ford, Roscoe Lee Browne, James Earl Jones, Raymond St. Jacques, Cicely Tyson

USA/Bermuda/Frankreich/160 (in der BRD 147) Minuten/Farbe

Verfilmung von Graham Greenes gleichnamigen Roman um politischen Terror und die Notwendigkeit persönlichen Widerstands.

1968

Hot Millions / Das Millionending

Regie: Eric Till, Drehbuch: PETER USTINOV & Ira Wallach, Kamera: Ken Higgins, Musik: Laurie Johnson

Darsteller: PETER USTINOV, Maggie Smith, Bob Newhart, Karl Malden, Robert Morley, Cesar Romero

USA/106 Minuten/Farbe

Hollywood-Komödie um einen Gauner, der sich mittels Computer ein ansehnliches Vermögen verschafft.

1969

Viva Max / Viva Max

Regie: Jerry Paris, Drehbuch: Elliott Baker, nach einem Roman von James Lehrer, Kamera: Henri Persin, Musik: Hugo Montenegro, Ralph Dino & John Sembello

Darsteller: PETER USTINOV, John Astin, Pamela Tiffin, Jonathan Winters, Keenan Wynn, Henry Morgan, Alice Ghostley

USA/94 Minuten/Farbe
Parodie um einen mexikanischen General, der mit einer armseligen Kompanie in die USA einmarschiert, um das 1836 verlorene Fort Alamo zurückzuerobern.

1971

Hammersmith Is Out / Hammersmith Is Out
Regie: PETER USTINOV, Drehbuch: Stanford Whitmore, Kamera: Richard H. Kline, Musik: Dominic Frontiere
Darsteller: Richard Burton, Elizabeth Taylor, PETER USTINOV, Beau Bridges, Leon Ames, John Schuck, George Raft
USA/114 Minuten/Farbe
Systemkritische Allegorie auf die Gier und das Böse, in der ein entsprungener Geisteskranker zum mächtigsten Mann im Land wird.

Big Truck and Poor Clare
Regie: Robert Ellis Miller
Darsteller: PETER USTINOV

1973

Robin Hood / Robin Hood
Regie: Wolfgang Reitherman, Drehbuch: Larry Clemmons, Ken Anderson u.a., Musik: George Bruns
Stimmen: PETER USTINOV (Prinz John), Terry-Thomas, Phil Harris, Andy Devine, Pat Buttram
USA/82 Minuten/Farbe
Disney-Zeichentrickfilm, in dem alle »Personen« als Tiere gezeichnet sind.

1974

One of Our Dinosauriers Is Missing / Wer hat unseren Dinosaurier geklaut?
Regie: Robert Stevenson, Drehbuch: Bill Walsh, nach einem Roman von David Forrest, Kamera: Paul Beeson, Musik: Ron Goodwin, Schnitt: Hugh Scaife
Darsteller: Helen Hayes, PETER USTINOV (Hnup Wan), Clive Revill, Derek Nimmo, Joan Sims, Bernard Bresslaw, Roy Kinnear, Richard Pearson, Deryck Guyler
USA/94 Minuten/Farbe

›Wer hat unseren Dinosaurier geklaut‹: Peter Ustinovs zweiter Auftritt in einer Disney-Produktion.

Disney-Komödie um einen Mikrofilm, der in einem Dinosaurier-Skelett eines naturhistorischen Museums versteckt ist.

1975

Logan's Run / Flucht ins 23 Jahrhundert

Regie: Michael Anderson, Drehbuch: David Zelag Goodman, nach einem Roman von William F. Nolan & G.C. Johnson, Kamera: Ernest Laszlo, Musik: Jerry Goldsmith

Darsteller: Michael York, Jenny Agutter, PETER USTINOV, Richard Jordan, Roscoe Lee Browne, Farrah Fawcett-Majors, Michael Anderson Jr.

USA/117 Minuten/Farbe

Science-fiction-Film um eine Gesellschaft, in der niemand älter als 30 Jahre werden darf.

Treasure of Matecumbe
Regie: Vincent McEveety, Drehbuch: Don Tait, Kamera: Frank Phillips,
Musik: Buddy Baker
Darsteller: Robert Foxworth, Joan Hackett, PETER USTINOV, Vic Morrow,
Jane Wyatt, Johnny Duran, Billy Attmore
USA/116 Minuten/Farbe
*Disney-Produktion um zwei Jungen, die in Florida nach einem Gold-
schatz suchen.*

1976

The Last Remake of Beau Geste / Drei Fremdenlegionäre
Regie: Marty Feldman, Drehbuch: Marty Feldman & Chris Allen, Ka-
mera: Gerry Fisher, Musik: John Morris
Darsteller: Marty Feldman, Ann Margret, Trevor Howard, Michael York,
PETER USTINOV, James Earl Jones, Henry Gibson, Terry-Thomas, Spike
Milligan, Hugh Griffith
USA/85 Minuten/Farbe
*Filmposse um zwei ungleiche Adoptivsöhne, die sich wegen eines kost-
baren Diamanten plötzlich in der Fremdenlegion wiederfinden.*

*Peter Ustinov und Michael York in Michael Andersons ›Flucht ins
23. Jahrhundert‹.*

287

Un taxi mauve / Irisches Intermezzo

Regie: Yves Boisset, Drehbuch: Michel Déon & Yves Boisset, nach einem Roman von Michel Déon, Kamera: Tonino Delli Colli, Musik: Philippe Sarde, Schnitt: Albert Jurgenson

Darsteller: Charlotte Rampling, Philippe Noiret, PETER USTINOV (Taubelman), Fred Astaire, Agostina Belli

Frankreich/Italien/Irland/120 Minuten/Farbe

Melancholische Geschichte um vier Aussteiger, die in Irland in eine merkwürdige Beziehung zueinander treten.

Doppio delitto / Vom Blitz getroffen

Regie: Steno (= Stefano Vanzina), Drehbuch: Steno, Age & Scarpelli, nach einem Roman von Ugo Moretti, Kamera: Luigi Kuveiller, Musik: Riz Ortolani

Darsteller: Marcello Mastroianni, Ursula Andress, PETER USTINOV, Agostina Belli, Jean-Claude Brialy

Italien/Frankreich/108 Minuten/Farbe

Kriminalkomödie um einen erfolglosen und verklemmten Kriminalkommissar, der einen Mord an einem Grafen aufklären soll.

The Mouse and His Child

Regie: Fred Wolf & Chuck Swenson

Stimmen: PETER USTINOV, Alan Bartzman, Marcy Swenson, Cloris Leachman, Andy Devine, Sally Kellerman

USA/83 Minuten/Farbe

Zeichentrickfilm um die Abenteuer einer Spielzeugmaus und deren Kind in der realen Welt.

1978

Tarka the Otter / Tarka, der Otter

Regie: David und Janet Cobham, Drehbuch: Gerald Purrell & David Cobham, nach dem Roman von Henry Williamson, Kamera: Terry Channell, John McCallum & Slim MacDonnell, Musik: David Fanshawe

Darsteller: Peter Bennett, Edward Underdown, Brenda Cavendish, John Leeson

Erzähler: PETER USTINOV

GB/88 Minuten/Farbe

Tier- und Landschaftsfilm um das Aufwachsen eines jungen Otters in der Grafschaft Devonshire in den Jahren 1927/28.

Death on the Nile / Tod auf dem Nil
Regie: John Guillermin, Drehbuch: Anthony Shaffer, nach einem Roman
von Agatha Christie, Kamera: Jack Cardiff, Musik: Nino Rota, Ausstat-
tung: Peter Murton
Darsteller: PETER USTINOV (Hercule Poirot), Bette Davis, Mia Farrow,
Angela Lansbury, Jane Birkin, David Niven, George Kennedy, Jack
Warden, Lois Chiles, Maggie Smith
GB/140 Minuten/Farbe
Star- und Ausstattungsfilm nach Agatha Christie, in dem Hercule Poirot
auf einem Nil-Dampfer einen Mord aufklärt.

The Thief of Baghdad / Der Dieb von Bagdad
Regie: Clive Donner, Drehbuch: A.J. Carothers, Kamera: Denis Levin-
ston, Musik: John Cameron
Darsteller: Roddy McDowall, Kabir Bedi, PETER USTINOV, Marina Vla-
dy, Terence Stamp
GB/102 Minuten/Farbe
Aufwendige Verfilmung einer der Erzählungen aus »1001 Nacht«.

Ashanti / Ashanti
Regie: Richard Fleischer, Drehbuch: Stephen Geller, nach einem Roman
von Albert Vasquez Figueroa, Kamera: Aldo Tinto, Musik: Michael
Melvoin
Darsteller: Michael Caine, Beverly Johnson, PETER USTINOV, Kabir Bedi,
Omar Sharif, Rex Harrison, William Holden, Zia Mohyeddin
Schweiz/117 Minuten/Farbe
In Westafrika angesiedelter Abenteuerfilm, in dem die Frau eines Arztes
von Sklavenhändlern entführt wird.

1979

Players / Spiel mit der Liebe
Regie: Anthony Harvey, Drehbuch: Arnold Schulman, Kamera: James
Crabe, Musik: Jerry Goldsmith, Ausstattung: Richard Sylbert
Darsteller: Ali MacGraw, Dean-Paul Martin, Maximilian Schell, Pancho
Gonzales, Steven Guttenberg, PETER USTINOV
USA/120 Minuten/Farbe
Liebesfilm im Tennismilieu.

Winds of Change
Erzähler: PETER USTINOV

1980

Charlie Chan and the Curse of the Dragon Queen / Charlie Chan und der Fluch der Drachenkönigin

Regie: Clive Donner, Drehbuch: Stan Burns & David Axelrod, Kamera: Paul Lohmann, Musik: Patrick Williams

Darsteller: PETER USTINOV, Lee Grant, Angie Dickinson, Roddy McDowall, Rachel Roberts, Michelle Pfeiffer, Richard Hatch, Brian Keith, Johnny Sekka

USA/95 Minuten/Farbe

Kriminalkomödie um den berühmten Detektiv, der in San Francisco eine rätselhafte Mordserie aufklären soll.

Short Cut to Haifa

Darsteller: PETER USTINOV

1981

Grendel, Grendel, Grendel

Regie: Alexander Stitt, nach einem Roman von John Gardner

Stimmen: PETER USTINOV, Keith Michell, Arthur Degnam, Ed Rosser, Bobby Bright, Ric Stone

Australien/90 Minuten/Farbe

Zeichentrickfilm um das legendäre angelsächsische Monster Grendel.

The Great Muppet Caper

Regie: Jim Henson, Drehbuch: Tom Patchett, Jay Tarses, Jerry Juhl & Jack Rose, Kamera: Oswald Morris, Musik: Joe Raposo, Ausstattung: Harry Lange

Darsteller: die Muppets, und als Gäste: Charles Grodin, Diana Rigg, John Cleese, Robert Morley, PETER USTINOV, Jack Warden

GB/95 Minuten/Farbe

Die Muppets Kermit und Fozzie klären als Reporter einen Juwelendiebstahl auf.

1982

Evil Under the Sun / Das Böse unter der Sonne

Regie: Guy Hamilton, Drehbuch: Anthony Shaffer, nach einem Roman von Agatha Christie, Kamera: Chris Challis, Musik: Cole Porter, Ausstattung: Elliot Scott

Darsteller: PETER USTINOV (Hercule Poirot), Jane Birkin, Colin Blakely,

Nicholas Clay, James Mason, Diana Rigg, Maggie Smith, Roddy McDowall, Sylvia Miles, Dennis Quilley
GB/117 Minuten/Farbe
Der belgische Meister-Detektiv Hercule Poirot löst in einer noblen Ferienanlage einen Mord an einem Filmstar.

1983

Memed My Hawk
Regie: PETER USTINOV, Drehbuch: PETER USTINOV, nach dem Roman von Yashar Kemal, Produktion: Fuad Kavur & PETER USTINOV
Darsteller: PETER USTINOV, Herbert Lom, Denis Quilley, Michael Elphick, Simon Dutton
GB/110 Minuten/Farbe
Mischung aus Komödie und Melodram um einen unfähigen Tyrannen, der einen seiner jungen Untertanen verfolgt.

1988

Appointment with Death / Rendezvous mit einer Leiche
Regie: Michael Winner, Drehbuch: Anthony Shaffer, Peter Buckman & Michael Winner, nach einem Roman von Agatha Christie, Kamera: David Gurfinkel, Musik: Pino Donaggio, Schnitt: Arnold Crust (= Michael Winner)
Darsteller: PETER USTINOV (Hercule Poirot), Lauren Bacall, Carrie Fisher, John Gielgud, Piper Laurie, Hayley Mills, Jenny Seagrove, David Soul, John Terlesky, Valerie Richards
USA/108 (in der BRD 102) Minuten/Farbe
Agatha Christie-Verfilmung mit humoristischen Einlagen, in dem der belgische Meister-Detektiv während einer Kreuzfahrt eine Mordserie aufklärt.

Tango Bar / Tango Bar
Regie: Marcos Zurinaga, Drehbuch: Jose Pablo Feinman, Juan Carlos Codazzi & Marcos Zurinaga, Kamera: Marcos Zurinaga, Musik: Atilio Stampone, Schnitt: Pablo Mari
Darsteller: Raul Julia, Valeria Lynch, Ruben Juarez, Carlos Gardel, Rudolph Valentino, Fred Astaire, Gene Kelly, Gary Cooper, Angela Lansbury, PETER USTINOV
Argentinien/89 Minuten/Farbe & schwarz-weiß
Tanz- und Musikfilm über die Geschichte einer populären Tango-Show in Buenos Aires.

1989

The French Revolution
Regie: Roberto Enrico, Darsteller: PETER USTINOV

1990

C'era un castello con 40 cani / Spatzi Fratzi & Co.
Regie: Duccio Tessari, Drehbuch: Ennio de Concini, Duccio Tessari & Mahnahem Velasco, nach einem Roman von Remo Forlani, Kamera: Marco Onorato, Musik: Detto Mariano, Schnitt: Mario Morra
Darsteller: PETER USTINOV (Dr. Muggione), Salvatore Cascio, Roberto Alpi, Delphine Forest, Mercedes Alonso, Jean Claude Brialy, Gina Rovere, Fiammetta Baralla, Jose Caffarel
Italien/Frankreich/Spanien/91 Minuten/Farbe
Ein Großstädter erbt ein Schloß in der Toscana und richtet darin eine Hundepension ein – sehr zum Ärger diverser Grundstückspekulanten.

3. Bücher

A) von Peter Ustinov (mit Erscheinungsjahr und Verlag)

Add A Dash of Pity, Heinemann, 1960
Ustinov's Diplomats, Cassel, 1960
We Were Only Human, Heinemann, 1961
The Loser (Der Verlierer), Heinemann, 1961 '
Frontiers of The Sea, Heinemann 1966
Krumnagel (Krumnagel), Heinemann, 1971
Dear Me (Ach du meine Güte), Heinemann, 1977 (Biographie)
My Russia (Mein Russland), Macmillan, 1983 (Heyne Allg. Reihe 6507)
Ustinov in Russia (Ustinovs Russland), Michael O'Mara, 1987
The Disinformer (Der Intrigant), Michael O'Mara, 1989 (zwei Novellen)
The Old Man and Mr Smith (Der alte Mann und Mr. Smith), Michael O'Mara, 1990
Ustinov at Large, Michael 0'Mara, 1991
Ich und ich. Erinnerungen eines Weltbürgers, 1989/91

B) über Ustinov (mit Erscheinungsjahr und -ort)

Geoffrey Williams: Peter Ustinov, London 1957
Tony Thomas: Ustinov in Focus, London/New York 1971
Nikolaj Ustinov: O diese Ustinovs, 1975

Interviews mit Ustinov

Doing It All at Once. In Films and Filming, Mai 1960;
Robun Bean: *Art and Artlessness.* In Films and Filming, Oktober 1968

4. Fernsehen und Radio

TV- und Radio-Auftritte (Auswahl)

Die zahlreichen internationalen Gastauftritte in Spiel- und Talkshows
werden hier nicht aufgeführt.

In All Directions BBC Radio/1952
Some Diversions on a Projected Trans-Atlantic Expedition BBC
Radio/1953
Some Further Diversions BBC Radio/1955
Omnibus »The Life of Samuel Johnson« USA TV/1957
(Emmy Award als bester Darsteller)
Storm in Summer USA TV/1970
(Emmy Award als bester Darsteller)
Barefoot In Athens USA TV/1966
(Emmy Award als bester Darsteller)
The Mighty Continent BBC TV/1974
The Hermitage NBC/1979
Around the World in Eighty Days NBC/1989/90
Ustinov Ad Lib BBC/1969
Einstein's Universe PBS & BBC/1979
The Well Tempered Bach PBS/1984
Peter Ustinov's Russia BBC TV/1984/85
13 at Dinner CBS/1985
Deadman's Folly CBS/1985
Murder in Three Acts CBS/1987
Peter Ustinov in China Global Television/Kanada/1987
Light the Darkness BBC/1991

5. Opern (Regiearbeiten)

1962
L'Heure Espagnole von Maurice Ravel
Gianna Schicchi von Giacomo Puccini
Erwartung von Arnold Schoenberg (alle Convent Garden)

1968
Die Zauberflöte von Wolfgang Amadeus Mozart (Hamburg)

1973
Don Giovanni von Wolfgang Amadeus Mozart (Edinburgh), auch Kostüme & Ausstattung
Don Quixote von Jules Emile Frédéric Massenet (Paris), auch Ausstattung & Produktion

1978
Les Brigands von Jacques Offenbach (Berlin), auch Produktion

1982
The Marriage von Modest Mussorgsky (Mailand und Edinburgh), auch Libretto
Marva und The Food von Igor Stravinsky (Mailand)

1985
Katja Kabanowa von Leos Janácek (Hamburg)

1987
Figaros Hochzeit von Wolfgang Amadeus Mozart (Salzburg und Hamburg, 1987)

6. Schallplattenaufnahmen (Auswahl)

Mock Mozart und **Phoney Folk Lore,** Parlophone
The Grand Prix of Gibraltar, Orpheum
Peter und der Wolf, mit Herbert von Karajan als Dirigent, Angel Records (Grammy Award)
Die Nußknacker-Suite und **Between Birthdays, Columbia**
L'Histoire Du Soldat, mit Jean Cocteau, Phillips
Hary Janos, mit dem London Symphony Orchestra, London Records
Der kleine Prinz, Argos Records
The Old Man of Lochnagar, Multi Media Tares

Grandpa, CBS
Babar and Father Christmas, Random House
Peter und der Wolf, Castle Records
The Story of Babar, The Little Elephant und **The Story of the Little Taylor,** Angel Records

7. Preise und Auszeichnungen (Auswahl)

Ritterwürde, 1990
Commander of the Order of the British Empire (CBE), 1975
Commandeur des Arts et des Lettres, Paris/1984
Foreign Associate, l'Académie des Beaux Arts, Paris/1988
Benjamin Franklin Medal, 1957
Orden von Istiglal, Königreich von Jordanien
Orden der jugoslawischen Fahne
Orden des Lächelns, verliehen von den Kindern Polens, 1975
Unicef Award für herausragende Leistungen, 1978
Goldene Medaille der Stadt Athen, 1990
Medaille für herausragende Leistungen, Griechisches Rotes Kreuz, 1990
Prix de la Butte, für die beste Autobiographie, Paris, 1978
Variety Club of Great Britain Award for Best Actor, 1979
Academy Award (Oscar)/Golden Globe, für die beste Nebenrolle in »Spartacus«, 1960
Academy Award (Oscar), für die beste Nebenrolle in »Topkapi«, 1964
Evening Standard Drama Award, für »Romanoff und Julia« (bestes Stück)
Ehrendoktor der Musik, Cleveland/1969
Ehrendoktor des Rechts, Dundee/1969
Ehrendoktor des Rechts, Philadelphia/1971
Ehrendoktor der Literaturwissenschaft, Lancaster/1972
Ehrendoktor der Schönen Künste, Lethbridge/Kanada
Ehrendoktor der Universität von Toronto, 1984
Ehrendoktor der Humanistik, Washington DC/1988
Ehrendoktor der Literaturwissenschaft, Durham/1992

DANKSAGUNG

Seit unserer ersten Begegnung im September 1987 haben Peter Ustinov und ich uns häufig getroffen – in London, in Paris und in seinem Haus bei Genf. Ich bin ihm sehr dankbar – nicht nur für die Zeit, die er mir geschenkt hat, sondern auch für seine Großzügigkeit, sein Interesse und seine Gastfreundlichkeit. Mein Dank gilt also zuerst und vor allem ihm. Nicht weniger dankbar bin ich Hélène Ustinov, Peters Sohn Igor und den Töchtern Tamara und Andrea für all die Hilfe, die ich von ihnen bekommen habe. Außerdem möchte ich Liliane Couturier, Peters Sekretärin, danken – wie auch seinem Cousin Dimitry Vicheney von der Association des Benois in Paris.

Ferner bin ich allen folgenden zu großem Dank verpflichtet: Sir Richard Attenborough, Brian Auld, Bunny Austin- Lauren Bacall, Robin Bailey, Charlotte Balazs, Dirk Bogarde, Lord Brabourne, den Archivaren des British Film Institute, Brenda Bruce, Suzanne Bruno, Faith Buckley, John Cavanough, Jonathan Cecil, Horst M. Cerni (UNICEF New York), Schuyler Chapin, Peter David (UNICEF, New York), Lady Daubeny, Léon Davico (UNESCO, Paris), Fergus Davidson (Teltale Limited, Edinburgh), Yvonne de Valera, dem verstorbenen Robert Eddison, John Field und Valerie St. Johnston (Westminster School), Jayne Fincher, Dr. Garret FitzGerald, Patrick Fitz-Gibbon, Angela Fox, Francesca Franchi (Royal Opera House, Covent Garden), Bettina K. Fredrick (Boston), Margaret Gardner, Valerie Garner, Dr. Anne Geneva, Sir John Gielgud, Sir Alec Guinness, Angela Hawke (UNICEF Großbritannien), Clare Head, Edward Heath, MP; S. Mervyn Herbert, König Hussein von Jordanien, Stephen M. Kenis, William Morris Ltd. (London), Deborah Kerr, Erica Lawrence (University of Durham), Professor Rolf Liebermann, Cyril und Violet Luckham, Tom McCormick vom Players Theatre, John McGreevey (Toronto), Robin Macwhirter, Sir Yehudi Menuhin, dem verstorbenen Lord (Bernard) Miles, Hayley Mills, Lord Montagu of Beaulieu, Doreen Montgomery, Frank Muir, Julie Murphy vom Edinburgh Festival, Anna Neal von der Pressestelle des Buckingham Palace, Denis Nordenk, Michael O'Mara, Dilys Powell, Peter Roberts, *Plays International,* Paul Rogers, Dr. Helmut Schmidt; James Sharkey, Ned Sherrin, Carey Smith, Sheamus Smith, Timothy Smith, Irene Swinton (Universität von Dundee), Judy Tarlo, Ming Tcherepnin, den Archivaren des Theatermuseums im Concent Garden, Mr. und Mrs. J. C. Trewin, Liv Ullmann, Dr. Kurt Waldheim, Diane Waterland, Nigel West, Jean Williams, Ian Woodward und Barbara Young.

Beim Verlag Pan geht mein herzlichster Dank an Ingrid Connell.

Chris Warwick

Register

303